挑戰引力

Escaping Gravity

My Quest to Transform NASA

and Launch a New Space Age

Lori Garver

洛瑞・加弗

時報出版

挑戰引力

Escaping Gravity

My Quest to Transform NASA

and Launch a New Space Age

Lori Garver

洛瑞‧加弗

謹將此書獻給戴夫、衛斯里及米奇，你們是我的宇宙裡最閃亮的星星。
並獻給所有為更美好的未來照亮前路的人。

各界讚譽

洛瑞·加弗以「太空海盜」自詡，她不僅敢於挑戰ＮＡＳＡ、挑戰整個太空界，甚至還挑戰了許多國會議員，一時掀起巨浪，然後這股浪潮又推動了新時代的商用太空產業。她的故事引人入勝，既不顯恐懼也不見偏袒，涵蓋的範圍甚至不只侷限在太空產業之中，帶領我們用局內人的角度來看看華盛頓到底是怎麼運作的，了解政治世界裡到底誰勝誰負，而又是誰在默默負傷。

——克里斯蒂安·達文波特（Christian Davenport），《太空王侯：伊隆·馬斯克和傑夫·貝佐斯的宇宙殖民之路》作者

天底下除了伊隆·馬斯克，沒有其他人能像洛瑞·加弗這樣為商業太空計畫出力了，她

又推又拉又鼓勵，終於讓NASA接受了商業太空計畫，以及它將帶給世人的美好願景。如今這個行業已經變成舉世豔羨的對象，但加弗卻要將過去三十年的故事娓娓道來，告訴大家我們是怎麼辦到的，而且她直接指名道姓，揭開太空界深藏的醜陋面目，同時又能以啟迪人心的筆法，告訴我們要怎麼迎接前方光明的未來。

——艾瑞克・伯傑（Eric Berger），《SpaceX升空記：馬斯克移民火星・回收火箭・太空運輸・星鏈計畫的起點》作者

加弗就是政府高層裡的支柱，就是她讓太空產業的商業種子發芽，讓它日益茁壯……她不僅忠實執行歐巴馬政府的太空政策，還能有效地加以提倡，她對政府所制定的太空政策有著顯而易見的重大影響。

——馬克・阿布雷希特（Mark Albrecht），曾任小布希政府的國家太空委員會執行主任

洛瑞・加弗是幫助NASA進入太空新時代的催化劑，她挺身對抗這個行業裡的地方利

益分配（還有父權主義），努力推動更有意義、可長可久的太空計畫，在這些方面沒有人比她的付出更大。《挑戰引力》所講述的內容具有非常長遠的意義，因為這是講一個擁有不同的背景與視角的女性如何影響全局，最後成為一股不可忽視的力量的故事。

——艾蜜莉．卡蘭得利（Emily Calandrelli），屢獲殊榮的科學傳播者，曾擔任福斯頻道《探索外太空》及網飛頻道《艾蜜莉的實驗室》節目主持人

《挑戰引力》揭開了我們今天看到的商業太空飛行背後的內幕，在SpaceX、藍色起源、維珍公司和X大獎翻紅之前，太空產業根本就是一個老男人的俱樂部，被少數幾個國防軍事公司所把持，一方面花錢不手軟，卻又一點風險都不敢冒。因為有洛瑞．加弗帶頭推翻這些老派的做法，引入企業力量的源頭活水，才成就了我們所見的這番面貌。如果沒有洛瑞．加弗的熱情和遠見，我們今天就不會一步步朝著月球和火星逐漸邁進。

——彼得．迪亞曼迪斯（Peter Diamandis），醫學博士，X大獎和奇點大學的創辦人兼主席，著有《富足》、《膽大無畏》、《未來呼嘯而來》等書

一位女性先驅發起革命，改變了被男性宰制的太空產業，如果你對這樣的故事有興趣的話，那就務必要讀讀本書。如果你佩服伊隆・馬斯克和理查・布蘭森的太空事業，想知道他們早年經歷了哪些關鍵時刻的話，那也應該要讀讀本書。如果你想了解政府、企業和非營利單位如何運作，想一探要如何在這些體制內推動實質改變，那你更是一定要讀讀這本書！洛瑞的人生故事充滿了不可思議的冒險奇遇，而她對人類的未來更造成了深遠的影響，不論是太空裡還是在地球上都是如此。

——喬治・懷德賽（George Whitesides），維珍銀河公司前執行長

如果你想了解二十一世紀美國太空產業的重生之路，那麼洛瑞・加弗的《挑戰引力》就是必讀之作。她身居NASA的核心職位，站在美國的權力殿堂之上，用洞明世事的眼光為我們揭露了各種祕辛，讓大家知道這個太空新時代背後發生過什麼事，又為什麼會發生這些事。洛瑞還用高超的筆法，在書裡講到了她跟幾十位重量級人物的交往經歷，裡頭有如今家喻戶曉的億萬富豪，有政治人物，有官員、名人、企業家、企業主管等等，她的故事引人入勝，而且都是親身經歷，裡頭不只有著名的歷史事件，有大家沒聽過的對話內容爆料，更有

許多矢志不移的奮鬥故事。

——麥可．希茲（Michael Sheetz），CNBC太空線記者

現在我們每個禮拜都會看到又有頭條新聞在報導新的商業太空任務，NASA如今扮演著最大聲的啦啦隊的角色，然而他們從前可不是這樣的。在《挑戰引力》一書裡，前NASA副署長洛瑞．加弗寫下了多年來NASA內爭外鬥的故事，這些事情往往都不為人知，但也因為有這些奮鬥過程，太空總署才能慢慢接納商業太空的理念，而她就在當時的戰地裡，身處於壕溝中，努力推動這個機構進行改革。如果你想真正了解當前在商業太空發生的革命是怎麼產生的，那就一定要讀讀這本書。

——基思．科溫（Keith Cowing），NASAWatch.com 編輯

目次

再仔細看看那個小點，對，就是那裡，那就是我們的家，我們就在這裡。在這個小點上頭，你所愛的每個人、所認識的每個人、所聽過的每個人，每個曾經存在過的人，全都在這裡度過了一生。我們所有的歡樂和痛苦，世上千千萬萬的信仰、意識形態和經濟學說，不論是獵人還是採集者，是英雄還是懦夫，是文明的創造者還是毀滅者，是國王還是農民，是母親還是父親，是發明家還是探險家，是道德導師還是腐敗政客，是聖人還是罪人；又或者是一對年輕的愛侶，是一個滿懷希望的孩子，是一位「超級巨星」，是一位「最高領袖」，我們這個物種的歷史上每一個曾經出現的人，都生活在這顆懸浮的塵埃上，受到陽光的照拂……

我們喜歡故作姿態，喜歡想像自己有多重要，以為自己在宇宙裡有某種了不起的地位，然而看到這幽暗的一個小點，我們的念頭就受到了挑戰，原來我們的星球只是一顆寂寞的塵埃，被那黑色的浩瀚宇宙所包圍。望不見他者，念宇宙之悠悠，要想拯救我們，讓我們不要毀掉自己，我看不出除了自己以外還有誰可以依靠。

——卡爾·薩根，《預約新宇宙》（*Pale Blue Dot*）

序言

一九五〇年代晚期，人類開啟了太空時代，這也成為了二十世紀的一大標誌，地球大氣層之上的空域之中漸漸布滿了衛星和太空船，不僅與我們的世界緊緊相連，同時也向我們展示了這個星球及宇宙的新知。美國很早就在載人太空飛行方面完成了壯舉，把第一批人類送上月球行走，這也是在對世人宣告，我們不但可以實現大膽的目標，而且也達成了以往認為無法企及的偉業。

我在杜蘭大學裡教授一門科技史的課程，學生們會在課間討論創新驅動力的問題，大型的政府計畫案會比較能夠見效嗎？還是靠那些靈活百變的企業家比較好？答案想當然耳是：那些驚人的重大突破，往往都有雙方共存的協力成果。萬尼瓦爾．布希（Vannevar Bush）——麻省理工學院工程系系主任兼雷神技術公司（Raytheon）的共同創辦人——在一九四〇年被小羅斯福任命為國防研究委員會（National Defense Research Committee）的主席後，就開始督導政府的科學計畫，其中的研究成果包括了原子彈與電子計算機，他在一九四五年提交了一篇影響深遠的報告：〈科學——無盡的最前線〉（Science—the Endless Frontier），在裡頭細述了學院、企業與政府之間要如何合作，以此方能推動創新。

以電子數值積分計算機（ENIAC）為例，它由賓夕法尼亞大學建造、美國陸軍出資，而後來出現的通用自動計算機（UNIVAC）以及多數的其他電子計算機均以此為濫觴；還有今天所用的網際網路，也可以溯源到國防高等研究計畫署（DARPA）贊助的網路架構；至於生技產業方面，最早也是從人類基因組定序後展開的，而這計畫的大部分資金都是來自於美國國家衛生院（National Institutes of Health）。由此見得，一次又一次的創新，走的都是這條合作的老路。

洛瑞・加弗一直都是位敢做事也會做事的領導者，她確保了美國的太空計畫遵循著上述的「創新進程」，讓政府各機關（尤其是她任職的太空總署）與民間企業能夠通力合作，包括伊隆・馬斯克（Elon Musk）、傑夫・貝佐斯（Jeff Bezos）、理查・布蘭森（Richard Branson）等人的公司在內。

馬斯克在 SpaceX 創立的隔年曾說過：「就像當年國防高等研究計畫署發力推動了網際網路，並且還承擔下網路發展之初所需的大筆成本，太空總署這些年花錢打造……各項基礎科技，從本質上來說可能也是在做同樣的事。如今只要跟那種商業性的、自由的企業單位合作，接下來的進步就會一飛衝天，就像當年的網路一樣。」

加弗努力讓美國國家航空暨太空總署（NASA）與民間公司合作，這點相當重要。當年NASA贏得了太空競賽的勝利，成功在月球上降落，之後的歷任總統也紛紛發表了類似的聲明，要再把人類送上月球去建立基地，以之作為前往火星的中繼站。不過從NASA對這些計畫所提出的執行方案來看，雖然預算數字上確實是阿波羅計畫等級的價位，卻少了當年阿波羅計畫那樣的合理性。而且由政府主導的大型集中式任務一定會產生高昂的機構成本，這也就扼殺了NASA持續創新、降低成本的能力。為了要取代太空梭，太空總署推行了許多傳統類型的計畫，卻都被政府合約本身的特性所困，產生了反向獎勵的效果。

二〇〇八年夏季，加弗受邀去幫總統候選人巴拉克．歐巴馬（Barack Obama）審查NASA的狀況，當時NASA的太空梭已經排定要在兩年內退役，可是替代方案卻完全不如預期，以至於唯一的可行辦法居然是付錢給俄國人，找從前在冷戰時的對手幫忙，請他們搭載美國的太空人往返國際太空站。即便如此，可是當後來的歐巴馬政府建議NASA向美國的民間單位求助，一起完成它無法獨立辦到的任務，這個想法還是廣受各方惡評，包括NASA裡的主導人物、航太產業界，乃至於國會方面，都期期以為不可。

近年來受到民間單位的投資影響，使得太空活動的成本大幅降低、成果大有斬獲，這一點我們現在的大多數人都已經很清楚地認識到了。新創公司所開發出來的創新成果，已經是世界上其他公司比不上的，而靠著這些新創公司，美國也得以重回太空領域的領導地位，繼續擴展我們的經濟、強化我們的國家安全。相較於從前所有的載人太空飛行任務，SpaceX只要用低一個數量級的成本就已經可以載運我們的太空人團隊，雖然這樣的成功確實有受到政府的計畫與政策的鼓勵，但卻並不是當初預期的結果，而算是個意外之喜。

不論是加弗自己，還是被她稱為「太空海盜」的那些太空先鋒，他們都體認到降低太空運輸成本的重要性，只有這樣才能讓社會充分利用太空所能帶來的好處，而當初他們就是結合了各方合適的人才、技術、政策與民間資本，才能成功從強大的軍工複合體手上搶回一點NASA載人太空飛行計畫的預算，繼而促成了之後的種種進展。

在商場上，勇於挑戰的創業家同行們常會對彼此帶來正向的刺激，馬斯克、貝佐斯和布蘭森這三人就是如此，而他們的競爭最後不但造福了NASA，甚至還幫到了NASA另一個大型的企業承包商聯合發射聯盟（ULA），一家由洛克希德·馬丁（Lockheed Martin）和波音（Boeing）合資的傳統航太公司。這可以說是一種共存共榮的關係，政府在提供資源時必須要有遠見，而企業家們要敢於冒險犯難，唯有兩者的結合才能締造最偉大的技術進步。

很多人都想在政府裡推動革新，但是很少人能夠成功。加弗這本書講述了她個人在這方面的經驗，讓我們看到了推動革新的種種甘苦，書裡告訴我們，她當初是怎麼幫助一些愛作夢的人、一群肆無忌憚的官僚，以及幾位億萬富豪，一起開啟了嶄新的太空時代，也讓我們聽到了一段奇妙的往事。

——華特·艾薩克森（Walter Isaacson）

載人太空飛行大事記

一九五七年　俄羅斯發射第一具人造衛星史普尼克號到太空

一九五八年　艾森豪總統簽署法案，成立美國航太總署

一九六一年　尤里·加加林成為首位上太空並進入繞地軌道的人（四月）

艾倫·雪帕德成為首位上太空的美國人（五月）

甘迺迪總統向國會提案，要送人上月球（五月）

一九六二年　約翰·葛倫成為首位進入繞地軌道的美國人

一九六七年　阿波羅一號起火，三名太空人在訓練任務中喪生

一九六八年　阿波羅八號首次繞行月球

一九六九年　阿波羅十一號的尼爾·阿姆斯壯和巴斯·艾德林成為首批在月球上行走的人

一九七一年　尼克森總統提出太空梭計畫

一九七二年　阿波羅十七號的哈里遜・舒密特和尤金・賽南進行最後一次的阿波羅任務，並於月球上行走

一九七三年　三名太空人登上美國的第一個太空站「天空實驗室」（Skylab），並在軌道上待了一共一百七十一天

一九七五年　美國太空人和俄國太空人在阿波羅及聯盟號的共同任務中在太空軌道上握手致意

一九八一年　第一艘太空梭啟航

一九八四年　雷根總統提出自由號太空站計畫

一九八六年　挑戰者號太空梭在發射時爆炸，七名太空人喪生

一九八八年　太空梭重新復航

一九八九年　老布希總統提出太空探索計畫（SEI），要送人類上月球和火星

一九九三年　太空探索計畫終止

柯林頓總統提議與俄羅斯合作利用太空站，之後並將自由號太空站更名為國

際太空站（ＩＳＳ）

一九九六年　ＮＡＳＡ與洛克希德·馬丁公司簽署合作協議，進行Ｘ－33的研發計畫

二〇〇〇年　第一批長期駐站太空人進駐國際太空站

二〇〇一年　Ｘ－33研發計畫終止

二〇〇三年　哥倫比亞號太空梭在返航時爆炸分解，七名太空人喪生

二〇〇四年　小布希總統提案，將在二〇一〇年之前讓太空梭退役，並將於二〇二〇年之前送人類重返月球（一月）

保羅·艾倫和伯特·魯坦的「太空船一號」贏得一千萬美元的安薩里Ｘ大獎（十月）

二〇〇五年　太空梭重新復航

二〇〇六年　ＮＡＳＡ簽約展開星座計畫

二〇〇九年　由《美國復甦與再投資法》提供第一筆資金，ＮＡＳＡ首度展開商業載人計畫

二〇一〇年　歐巴馬總統提案取消星座計畫，改建立商業載人計畫（二月）

二〇一一年　NASA完成首輪商業載人計畫競標案，簽訂合作協議（二月）

立法部門指示星座計畫合約依然成立，改為研發後來的太空發射系統（SLS）（十月）

NASA完成第二輪商業載人計畫競標案，簽訂合作協議（四月）

太空梭進行最後一次飛行任務（七月）

NASA向國會提出計畫，利用星座計畫的合約來製造太空發射系統（九月）

二〇一二年　NASA宣布進行商業載人計畫第三輪競標案

二〇一四年　NASA與波音及SpaceX簽約進行商業載人計畫

二〇一八年　維珍銀河的太空船二號成功載送兩名飛行員往返太空

二〇一九年　川普政府宣布要在二〇二四年前送太空人重返月球

二〇二〇年　SpaceX首度成功執行商業載人計畫的發射與返航任務（五月－十月）

SpaceX開始定期進行前往國際太空站的商業載人任務（十一月）

二〇二一年　NASA選擇交由SpaceX打造登月要用的載人登陸系統（四月）

維珍銀河將創辦人理查·布蘭森送上太空，同行的還有三位乘客及兩名飛行

員（七月十一日）
藍色起源將創辦人傑夫・貝佐斯送上太空，同行的還有三名乘客（七月二十日），之後又在十月與十二月的觀光航班載送了一共十位其他乘客上太空
波音的商業載人太空船「星際航線」不斷出現問題，之後遲遲無法再進行試飛（八月）
SpaceX 完成了首次完全由民間執行的軌道太空飛行任務，共有四人搭乘此班飛龍號（九月）

開端

二〇一二年八月五日，火星科學實驗室預計要在太平洋時區的晚上十點三十分登陸到這顆紅色星球上，此時太空船已經以一萬英里的時速行進了兩百八十三天。這項任務——大家就直接叫它ＭＳＬ——派出了有史以來最巨大、最複雜、科學技術上最先進的太空船，負責降落在地球之外的任何一處；探測車的名字叫做「好奇號」（Curiosity），負責確認我們鄰近的星球上是否曾經存在過孕育生命的條件，希望藉此幫助我們窺知人類在宇宙中的地位。

這次任務中最關鍵的一個環節，就是要進到火星的大氣層裡。太空船上搭載著汽車大小的探測實驗室，原本航行於華氏零下四百五十五度的低溫太空環境裡，穿越時的溫度會增加到兩千三百度，然後還要降速來完成軟著陸。以往派到這顆紅色星球的任務裡，能夠成功飛到那裡，並在抵達後回傳訊號的，大約只有一半。

由於這次探測車的體積較大，所以要為它全新研發一套降落傘登陸系統、一台起重機，以及多種反推進火箭，以求能準確達成精密編排的自動化程序，整套程序需歷時七分鐘，被NASA說成是「恐怖的七分鐘」。雖然降落時的訊號會以光速傳送到地球這邊，但畢竟距離很遠，也就是說等到地球上的人收到好奇號接觸到大氣層的訊號時，這輛探測車已經成功降落，又或者已經墜毀在地表了。在我任職於NASA期間，失敗和成功的火星登陸經驗都有碰過，但是唯獨這次的任務讓我有一種特別的情感。

替NASA打造與運行這個太空船的，是噴射推進實驗室（Jet Propulsion Laboratory），我在將近四年前，也就是二〇〇八年秋天的時候，曾聽過該實驗室負責人查爾斯・伊拉奇（Charles Elachi）博士對MSL諸項問題的簡報，當時我正為剛當選的歐巴馬政府負責領導NASA的過渡團隊，而這項任務預計要在隔年的夏天執行發射，彼時MSL已經超支了四億美元，其原本的預算是十五億，而且每隔二十六個月才會出現短短幾週把太空船送往火星的良機，如果錯過不久之後的這次機會，那麼就得等到二〇一一年才能發射了，開支也會跟著增加到二十五億美元，使超支達到六成之譜。

當時我在NASA擔任的過渡角色，屬於顧問性質，所以沒有對這件事做出決策，但是等到新政府接手後，再過幾個月MSL就要實際執行了，所以噴射推進實驗室的主任特別跑到了華盛頓特區，想看看未來的總統是否有意要推遲計畫。雖然這算不上我的事，不過查爾斯還是問我覺得新政府會想要怎麼做，而我的回答也很直接，如果是我來決定的話一定不會趕鴨子上架，上上之策是讓團隊有餘裕，得到必要的時間與資源，這樣成功的機會才會最大。在我看來，與其花二十億美元搞出一個失敗的任務，花二十五億來把太空船成功降落到火星上絕對比較上算。

◉　◉　◉

後來計畫有了更多的時間，讓工程與科學團隊們可以好好細究太空船的每一個環節，而MSL也終於要在二〇一一年十一月登上發射台，而這時候我已經當上了NASA的副署長，得要負責陪伴貴賓，也要向團隊致意。感恩節過後兩天，好奇號在佛州的甘迺迪太空中心升空了，踏上了前往火星的旅程，而隨著它的成功發射，接下來登場的就是好好等待了。

經過八個月，飛了三點五億英里後，太空船已經快抵達目的地了，此時負責所有行動的換成了西岸那一邊，由位於加州東南部的噴射推進實驗室的太空飛行操作中心（SFOF）進行。我提早了一天去到那裡，為的是在帕薩迪納會議中心參加一場名為「太空慶典」（Planetfest）的座談會，對會場上齊心祝願任務順利的與會者們發表演說。這個活動每隔幾年會舉辦一次，時間都選在有宇宙級大事發生的時候，我第一次參加太空慶典是一九八九年，當時航海家（Voyager）探測器——NASA的星際探測機器人裡駛離地球最遠的其中一個——正是跟海王星最接近的時候。太空慶典的資金贊助來源是行星協會（Planetary Society），該協會由已故的卡爾．薩根（Carl Sagan）博士創立，是一個推廣與教育組織。

我從一九八〇年代中期開始就一直是該組織的成員，也有機會可以跟裡頭的管理階層共事，包括卡爾．薩根本人，直到他不幸於一九九六年早逝。薩根博士相信，如果我們在地球以外發現了生命，其形式該當是極為不同於我們的；他還懷抱著一顆自由之心，勇於對當權者說真話，並把他的價值觀及信念傳遞出去，影響了包括我在內數以百萬計的人。二〇一〇年時比爾．奈（Bill Nye，《比爾教科學》節目的主持人）當上了行星協會的主席，我感到相當興奮，他原本就是我的好朋友，更加上他還曾是薩根的學生，交給他似乎正得其人。比爾一開始只是邀我到行星慶典上去講講NASA的太空政策，後來又問我是否還願意幫協會一起紀念莎莉・萊德（Sally Ride）博士，因為她在那次大會舉辦之前兩週剛剛過世了。

我知道，講起莎莉要想不帶情緒是很難的，但是為了感念她的遺澤，我還是打起了全部精神上場。莎莉不只是在太空計畫中，還有在我個人的生涯裡都扮演著重要的角色，我把演講的重點聚焦在她對於各項計畫的影響，而那些計畫又讓NASA得以開創新局，為人類的未來跨出更大的步伐。跟卡爾・薩根一樣，與其緬懷過往，莎莉更在意的也是未來的事，一心想帶來正面的影響。

事先準備好的內容講完後，我看到還有好些人舉手想發問，於是就望向我的行政助理愛麗絲・尼爾森（Elise Nelson），想知道我是否已經超時了，卻發現她和一名保全一起站在舞台不遠外，所以我就盡快做個結尾，然後去看看到底發生了什麼事。走到愛麗絲身旁時，保全就告訴了我，我們必須跟著他快點離開這個地方。雖然按照往例，會有很多人等著我在演講後跟他們說些話，所以馬上離開似乎感覺並不禮貌，不過我還是按照吩咐跟著走掉了。

我腦子裡首先閃過的，是國際太空站（ISS）發生了某種巨大災變，也有可能是地球上的設施出了大事，接著我又想到了好奇號，難道太空船最後功敗垂成了嗎？可是當我詢問到底發生了什麼事，保全卻說等確定我安全了以後會馬上告訴我。這話聽來讓人摸不著頭腦，如果我身處險境，那想必是這裡出現了什麼炸彈威脅之類的狀況，可是這樣的話為什麼只有我一個人被護送出去？我甚至都沒有被帶到外頭去，而只是去了那個建築物的另一個部分。我們到了一個空的會議室，保安把我們引進去，然後說他會守在門口，如果有什麼需要的話就告訴他，但我們得要待在房間裡頭。

等到房裡只剩愛麗絲和我以後，她馬上就說有人對我發出威脅，然後她被告知要馬上帶我離開公共場所，而NASA位於華盛頓特區的安全單位之前也指示過她，等我「安全」了以後就叫我打電話聯絡他們。我開始意識到情況可能很嚴重，打電話的時候不禁一直發抖。NASA的安全團隊向我解釋，NASA總部收到了一封恐嚇信，信裡還附上一些白色的粉末，署名是要寄給我的。收發室裡打開這封信的那個人已經被隔離了，等待那些粉末物進行檢測，而我則要跟外界隔絕，直到他們評估出威脅等級為止。

愛麗絲跟著我到處出行，一起經歷了許多美好時光，也成了親密的夥伴，我們盡可能想要了解情況。沒等多久，我的電話響了，我們聽到檢測結果是陰性，那不是炭疽或其他的什麼毒物。我替那個暴露在危險環境裡的收發室人員鬆了一口氣，然後開始好奇信上究竟說了什麼，怎麼會讓安全單位認為身在兩千三百英里外的我需要保護。在那份工作的前三年裡頭，我曾樹立了一些強大的敵人，但就我所知這還是頭一次碰到人身威脅。NASA的安全團隊對署裡頭領導階層的安全問題向來謹慎，我希望這次的事並非特別針對誰，他們只是反應過度而已。然後我設法轉移注意力，思考一件更當前、更有趣的大事：明天太空船就要放手一搏去登陸火星了。

二〇一二年八月五日，當我從觀景台看著噴射推進實驗室的團隊在進行任務操控時，我腦子裡想著跟眼前這些人一樣的事，他們花了十多年的光陰投入這次的任務，如果他們成功了，有可能就會為人類某些最古老也最深沉的疑問揭開答案。隨著好奇號探測車進入大氣層，太空船面臨了那恐怖的七分鐘，我也屏息以待。

引力

gravity

第一部

字義——●在所有物質之間所產生的普遍吸引力。●物體往地心方向所受到的吸引。●極度重視。

一、變局驟起

我跟巴拉克．歐巴馬第一次對NASA事務進行過的實質性對話是在二〇〇八年的六月，當時他剛剛確定成為民主黨推舉的總統候選人，我以前當過柯林頓競選團隊的太空政策顧問，因此有人就向他舉薦了我，而這樣的推薦似乎很能引起這位參議員的興趣，他告訴我「班．尼爾遜這位友人一直在勸說他，希望能讓太空梭延役」，然後就問我是否贊成這項建議。當時民主黨在參議院裡有兩位叫做尼爾遜的——內布拉斯加州的班，以及佛羅里達州的比爾。我聽完後回覆道：「我想你指的應該是比爾吧。」然後又說：「不，我不贊成。」我說這些話時並無意顯得無禮，而他對我也報以那招牌的燦爛笑容，看到他並不覺得受到冒犯，我這才鬆了一口氣。

很快他就承認，一直在遊說他的的確是比爾．尼爾遜（Bill Nelson），並問我為什麼認為太空梭不應該延役。我解釋說，太空梭曾是NASA最受人矚目的一部分，它所象徵的目標——而且是在超過三十五年以前定下的——乃是降低發射成本，讓太空旅行日常化，然而遺憾的是，它一直都距離達成目標非常遙遠。我還提醒他曾有兩批太空人喪命，而其事故調查委員會也建議讓太空梭在二〇一〇年退役，並指出建造太空梭所用的乃是四十年前的技術。雖然按照原本的設計，太空梭一年應該要飛個四、五十趟，但在前面的二十七年裡，每年平均只飛了五趟，還花掉了超過一千億美元。他聽完了我的一番痛陳，接著又問：「那妳覺得我們應該改成怎麼做？」

這次輪到我對他發出燦爛的笑容了，我接著細述了自己認為NASA要怎麼推動先進技術與尖端科學，這樣才能更實際達成它對美國人民的承諾，而不是光顧著一遍又一遍在炒冷飯，只會跟民間公司爭利。我建議要鼓勵企業來接手進行該計畫的常規工作，這樣NASA就有餘裕可以把資金放到一些跟更多納稅人相關的計畫上。我進一步解釋道，成立NASA是為了要善用太空資源來造福大眾，然而它現在所進行的計畫，能解決我們當前問題的——例如跟氣候變遷相關的問題——只占了其預算的一成不到。讓民間企業來開拓新市場，既可以讓一些比較重要的太空研究活動降低開支，而且這項政策改變還能為經濟與國家安全締造更大範圍的收益。這次的談話就像是一次面試，而幾個星期後我接到了一通電話，告訴我如果他在十一月當選了總統，希望由我來領導NASA的過渡團隊，此時我也知道自己的面試過關了。

在我之前二十五年的職涯裡，可以說都是在為這次受任命的工作做準備，雖然跟之前擔任過這個職位的所有其他人相比，我的背景非常不一樣，但我相信這毋寧算是一件好事，而不是一個缺陷。

我之所以會受到吸引，投入一份跟太空相關的行業，並不是因為我想要打造火箭或者當一名太空人，真正吸引我的乃是太空活動，那為我們的文明提供了無限的可能性。我是一九六〇年代長大的孩子，原本就熱愛挑戰，等到一九八〇年代初期我要踏入社會時，太空似乎就是我眼前最有意義的一項挑戰了。在高中受過多位老師與輔導員各式各樣的洗腦轟炸，告誡我不要踏入男性主導的科學和工程領域後，我改而攻讀政治經濟學以及國際科技政策，並下定決心要有所作為，此時太空在我眼中就像一片空白的畫布，充滿了價值與無窮的機會。

由於行星排成一列這樣的罕見機會，讓我這樣——一個不大符合過去常見背景——的人得以領導歐巴馬總統的NASA過渡團隊，而如此的際會又恰好發生在一個歷史上的重要時機，一方面太空經濟的前景越來越被看好，但是政府方面卻又因缺乏進展而深感受挫，這讓許多民間人士敢於開發自己在太空船與太空運輸方面的創新科技，而且也開始有了成果。我認為NASA應該為這些新進場的人士與想法搭橋鋪路，因為他們最終會把上太空的門檻給降低下來。被指派到這個職位，便讓我有了機會，也有了義務，要確保政府單位能夠提出相應的政策與計畫，轉移當前的範式，繼而促成更大的進步。

我招募了一批小型的志工團隊，一起開始蒐集當前NASA各項活動的資料，並找出其中各種替代做法的優缺點，同時提交出一些更有意義的計畫項目。我們最後做出的交接報告，不僅跟我一開始跟總統當選人所說的方向一致，而且也很符合他在科學和創新方面的跨部門政策，裡頭提供了一套轉型的進程，可以降低跨入太空的門檻，同時也讓大眾能夠藉此投資而獲益。

我們的報告得到了準政府方面的極度好評，所以等到總統一就職以後，馬上就表示有意要提名我當NASA的副署長，而後過了幾個星期又屬意要選史蒂夫・伊薩科維茨（Steve Isakowitz）擔任NASA的署長一職。在我所推薦去領導總署的名單中，史蒂夫是頭號人選，現在既然選擇了他，就代表新政府對NASA也抱持著一樣的期待。史蒂夫・伊薩科維茨擁有麻省理工學院的好幾個航太技術學位，在航太產業裡也累積了二十年的資歷，並曾在NASA、行政管理暨預算局（Office of Management and Budget，OMB）、＊中央情報局以及能源部擔任高階職務，還曾分別在共和黨與民主黨政府裡頭做過事，廣受政界敬重。由他來擔任這個職位，所有人都會認為是無可挑剔的選擇。

白宮方面有意要把我們兩人的提名一起交付出去，到了審查程序的進行階段，我們便開始討論要怎麼制定出一個雖然大膽卻可長可久的計畫。我並不是從一開始就站出來支持歐巴馬競選的人，不過我也早已看到，為太空活動改弦易轍其實很合乎他的競選口號「希望與改變」，可以讓這句話變得更接近真實，人們在五十年前所展望的那個太空時代，終於有機會在我們手上成真。每個總統都夢想要當一位改革家，而在二〇〇九年的二月，我也相信NASA可以讓歐巴馬的政府美夢成真。

這個計畫所遭遇到的第一個亂流，是參議員比爾・尼爾遜拒絕安排與我們會面。雖然這位佛州的民主黨人物有說出拒絕的理由，不過太過含糊，內容也跟我無關，直到後來白宮人事辦公室才轉告我們，參議員另有他自己屬意的人選。我一開始並沒有認真看待這個隱患，還以為總統的力量並不是自己黨內一名參議員能夠阻撓的——更何況推出的還是一個擁有史蒂夫這等資格的人。

既然民主黨掌握了參議院中的六十票，所以幾乎可以肯定提名任何人到NASA任職都會通過，而且尼爾遜甚至也不是負責主持聽證會的委員會主席，而是一位西維吉尼亞州的民主黨保守派參議員傑伊．洛克菲勒（Jay Rockefeller）。洛克菲勒是國會裡少數會認真監督太空總署的人——而且還有顆開闊的心胸，所以不論新總統要提出什麼樣的NASA領導團隊名單，他顯然都已經安排好了會舉辦公開的聽證會。

即使沒有尼爾遜參議員的支持，白宮這邊其實也可以逕自作業，幫我們跟洛克菲勒參議員及委員會的其他成員安排聽證會的會前會，但也只有一開始的時候有這種打算，因為那時他們還不曉得，改革要想取得任何一丁點的寸進都得爭個頭破血流才行。人事團隊後來告訴史蒂夫，他們考慮要採取臨時任命的方式，這樣的話就很有機會可以過關，可是總統並不願

＊ 譯注：本書有許多機關單位、工程技術方面的專有名詞，而NASA又一向以愛用縮寫著稱，書中這類名詞在重複出現時大多會採用縮寫，作者也在書中有另外附上一個縮寫名詞對照表，但對中文讀者來說較不符合直覺與習慣。因此在提到大家較不熟悉、容易混淆的專有名詞時，除了改用中文全稱外，還會不時附上縮寫以避免混淆，希望能讓讀者更容易掌握書中內容。

意直接得罪尼爾遜參議員，最後史蒂夫只能黯然退出。

我簡直不敢相信，僅憑一名民主黨參議員的個人意見，就可以讓總統所提出的那位極其適任的候選人出局，要想爭取進步看來很不樂觀。

比爾．尼爾遜當了一輩子的政治人物，最為人所知的事蹟就是他在一九八六年的一次政治出航，一飛就飛到了世界外頭——他搭上了太空梭，花的是納稅人的錢。跟其他南方幾州的國會議員一樣，由於自己的選區裡有NASA的工廠，他所關心的議題往往就會顯得很狹隘。當此前一年歐巴馬總統候選人告訴我尼爾遜正在遊說他，希望能夠展延太空梭計畫的時候，我便已經覺得他的提議很是短視。

二〇〇三年哥倫比亞號太空梭失事，事後調查委員會曾建議太空梭機隊應於十年內退役，而小布希總統也予以同意，在二〇〇四年制定了這項政策。我認為再多飛一、兩趟任務無妨，但是如果到了二〇〇九年還想全面推翻原本的決定，這不僅要多花幾年的功夫來執行，徒耗數十億美元，而且也會讓更多太空人的生命陷於險境。然而我二〇〇八年在過渡團隊期間聽過NASA的多次簡報，總歸一句話就是事情已成定局，問題還不只這樣，我們得知原本的替代計畫——命名為「星座」（Constellation）計畫——進展大大不如預期，但這項新計畫每年都得花掉三十到四十億美元，而且原本為期四年的開發計畫，卻還要再多拖五年，又一直遲遲不見成效。

星座計畫的建立是為了支援一項長期目標，也就是要把一些太空人送回到月球上——NASA從一九八〇年代以來就一直希望要這樣做。這項計畫所需的資金規模與阿波羅計畫相當，但不論從地緣政治的角度、國家的角度或理性的角度都找不出其目標何在。從前的阿波羅計畫曾促使科技躍進，但現在這項計畫卻是立足在現存的科技上頭，只是把太空梭的零件和承包商重新調整一下罷了。

由於距離規劃的登月任務還有十多年的時間，所以星座計畫就把初始目標改訂為載運太空人往返太空站，不幸的是火箭及太空艙所需的資金太多，已然超出實際可能的預算範圍。NASA這項五年計畫是由布希政府所提出的，而根據他們對過渡團隊所做的報告，原本是預計要挪用太空站本身的預算金額來填補眼前的資金缺口。然而如果沒有了資金的話，太空站就會提早脫離軌道，那麼火箭和太空艙也就跟著失去了據點，這樣等到星座計畫的第一批成果準備好要飛航的時候，太空站早已經散成了碎片，沉入太平洋海底。這樣一來，NASA不只會有許多年都無法再把人給送上太空，而且它自己與其國際合作夥伴們的太空飛行活動也都會因而中止。

ＮＡＳＡ在這計畫裡暗藏玄機，其實就是要設陷阱套住下一任總統，使之不得不每年再花多幾十億美元來繼續供養太空梭、星座計畫以及太空站的承包商。由於ＮＡＳＡ最優先照顧的通常是載人太空飛行這方面的事務，所以他們就認為可以先挪用地球科學及太空科學這方面的資金，以彌補原先的超支。然而就算這樣做，載人太空飛行任務還是會面臨無法進行太空運輸的局面，這是再多錢都補不上的。ＮＡＳＡ原本的打算——國會方面也完全知情——是要付錢給俄羅斯太空總署，也就是俄羅斯航太署（Roscosmos），請他們在太空梭退役之後，幫忙載運美國的太空人往返太空站。

載人太空飛行陷入了難以為繼的局面，新的領導團隊又不能馬上上任，無法制定出比較實際可行的解決方法，讓寶貴的時間就此白白流逝。

在決定ＮＡＳＡ署長一職遴選標準的過程中，早期還有一位參議員芭芭拉．米庫斯基（Barbara Mikulski）也曾積極與事，從許多方面上來說，米庫斯基參議員（代表馬里蘭州，已退休）對ＮＡＳＡ的影響力甚至比尼爾遜參議員更大，因為她是該機構撥款小組委員會的主席。我在過渡交接期間跟她第一次碰面開會，米庫斯基參議員就要我向新當選的總統傳達一句話：「沒有太空人，就沒有軍人。」我也認同這句話，並將之記下。我們又討論了其他議題，到我快要離開之前，她又回頭談到了她對署長資格一事的看法，說道：「沒有太空人可以勝任，除非是莎莉・萊德。」後來我把她的想法轉告了人事團隊，他們便要我去問問莎莉，看她是否有這個意願。

莎莉博士在卸下太空人的身分後還幫NASA做過許多事，我也是在她不當太空人之後認識她的，我去找她時並沒有抱著絲毫期待，傻到以為她會願意升職任事，因為八年前柯林頓總統就曾找過她擔任這項職務了。我們的對談一如預期，莎莉了解這其中的官場門道，並不想跳進去，表示自己願意用這以外的任何其他方式來幫忙，她甚至明白拜託了我一件事，不要讓歐巴馬直接打電話給她，因為拒絕他比拒絕我要困難許多。我認為莎莉會是一名出色的署長，而且也知道如果她首肯的話，尼爾遜參議員大概會像米庫斯基參議員一樣力挺她，但莎莉不想要這份工作，我們只好又回到了原點。後來白宮又繼續面試了一些可能適合擔任署長職務的人選，但是都在審核不久後就淘汰了，這位子也就一直懸缺。

這樣的延誤出現在審核預算的關鍵時刻，導致預算案難有進展。而我既然已經知道自己會被提名為副手，於是就在一月二十日正式卸下了過渡團隊的角色，此前我還有權進行監督，看看NASA對刺激經濟法案的預算提了什麼內容，我們各項優先發展項目的大筆資金都在那裡頭；可是等到我離職之後，代理署長就跟國會方面合作，挪用大部分分配給星座計畫的資金。下一年度的預算照例必須在那年的春天制定出來，而如果NASA不願意為載人太空飛行任務規劃一個較為長遠的計畫，政府方面就得要找個替代方案才行了。

由於來不及組建一個新的領導團隊，我們就組了一個總統委員會來審查載人太空飛行計畫，同時也先規劃出一條日後比較可行的道路。政府方面指派了十名聲譽卓著的技術專家和政策負責人——連莎莉．萊德都在其列——組成一個小組，也就是後來所謂的「二號奧古斯丁委員會」（Second Augustine Committee），這個名字來自於其主席諾姆．奧古斯丁（Norm Augustine），他也曾擔任過航太業巨頭洛克希德．馬丁公司的執行長。

到了五月，載人太空飛行審查委員會的名單公開了，幾個星期後總統又公布了他提名執掌NASA的人選，那就是查理．博爾登（Charlie Bolden）。他曾是海軍陸戰隊的少將，也當過太空人，二十五年前跟國會議員比爾．尼爾遜一起搭乘太空梭的就是他。我這個副署長的提名是同時進行的，不過相比之下根本就沒人在意，我們的提名順利走完了審核過程，在七月時得到了參議院的許可。

國會通過提名之後幾個月，奧古斯丁委員會的調查結果發布了。調查小組發現「美國的載人太空飛行計畫似乎無法一直維持下去」，其報告中指出NASA「一直在走一條非常危險的路，所追求的目標跟所分配到的資源並不相稱」，另外還從大方向上提出了可能的解方，那就是發展新科技，有效利用當前正蓬勃發展的太空商業領域，這樣不只可以增長新的技術能力，還有可能會降低成本。奧古斯丁委員會的看法其實跟過渡團隊報告的看法並沒有出入，有了這兩者的共同資料與背書，讓歐巴馬總統決定提案讓NASA改弦易轍，不要再繼續開發及持有日常性的操作系統，改而鼓勵由民間單位來提供貨物與人員（也就是太空人）的太空運輸服務，讓NASA可以多多投資一些尖端科技與突破性的科學發明。

到了二〇一〇年二月一日，政府當局公布了第一份完整的預算書，編列了一百九十億美元給NASA，任務包括要安全地執行完太空梭剩下的飛行任務、延長太空站的使用壽命，還增編了資金要用於地球科學、先進科技、火箭引擎研發、基礎建設振興這些方面，並開始與美國的企業界合作載運太空人到太空站，將之命名為「商業載人」（Commercial Crew）計畫。設計這樣的革新目標，是想要讓太空總署能逐步擺脫掉阻礙進步的體制沉痾，而這又非得要終止星座計畫這個大泥淖不可。

這些規劃方向一出，國會和產業界裡頭原本大力支持太空計畫的人都很不高興。航太產業的利益盤根錯節，所以他們的職涯裡都一直在規劃各式各樣類似星座計畫的東西，這樣才能在關鍵的國會選區中一直保留昂貴的基礎建設與工作機會，但這樣做卻犧牲掉了更有競爭力的其他計畫，也罔顧現實的運作成效是好是壞。有些公司本已簽下了價值數百億美元的合約，此時紛紛站出來大聲疾呼，並結合彼此的遊說力量一起反對新的規劃。那些一直以來利益相關的人，眼裡根本看不到那許許多多的政府審計數字，也無視於奧古斯丁委員會的調查公告，一味主張我們所提出的變革太過激進，會對NASA這個機構造成傷害，而且還說這個提案是黑箱作業，打得他們措手不及。有意思的是，由於署長在解釋該提案時說不大出優點何在，所以外界反倒認定了他沒有參與制定過程，要不然就是他根本不支持這樣的方略。

然後，在站出來反對這些規劃的人眼中，我就成了頭號目標。我在國會裡遭到民主黨與共和黨的夾攻，外頭攻擊我的還有航太產業，以及一些有英雄形象的太空人，因為我提出的規劃並不符合他們的一己之利。雖然政府有望可以推動有意義的變革，但這份承諾與所帶來的欣喜，卻遭到了有上兆美元利益鏈的軍工複合體的威脅，而我就是那個頂著炮火的人。

路易斯安那州的參議員大衛．維特（David Vitter）指控我一手操縱取消了星座計畫，還暗指我「無署長之名，有署長之實」。《十月的天空》一書的作者荷馬・希坎姆（Homer Hickam），也就是同名電影裡的那位主人翁，他站出來說我是「應該下台的討厭鬼」。資深的共和黨參議員理查・謝爾比（Richard Shelby），同時也是掌管NASA資金的撥款小組委員會成員，說總統所提出的NASA預算「開啟了一條死亡之路，將會葬送美國載人太空飛行的未來」，「原本那周全的方針、久經檢驗的正軌、穩定的成功之道，就這般魯莽地都被拋棄掉，毀了我們的載人太空飛行計畫，國會必不能也不會坐視」。在談到商業載人這部分的預算請款時，他還說：「現在跟NASA簽約的那些供應商，他們連把垃圾從太空站運回來都做不到，更別說是要讓人安全地往返太空了。」

尼爾遜參議員是參議院裡掌管NASA事務的小組委員會的主席，他也站出來批評總統削減了登月計畫的預算，還說此舉可能會導致美國在太空探索方面落後給其他國家——尤其是俄羅斯和中國。他一方面把預算書裡的幾個地方提出來大加讚揚，例如讓太空站延役等，但是又說這份預算給人的觀感不好，因為會讓人覺得是要扼殺美國的載人太空計畫。他告誡政府應該要有領導力，並建議總統設法派遣專人來審視這些預算，想以此來讓他操控NASA的發展規劃。

在三月分一場討論美國在太空方面的商貿能力的小組委員會聽證會上，尼爾遜參議員反覆在追問一筆六十億美元的預算請款，那是要撥給商業載人計畫運送人員用的，他問道：「總統未來五年要投入六十億美元，如果我們國會這邊決定──反正錢包是握在國會手上──不把這筆錢用在商用載人太空飛行指標上頭，而是用來加速發展火星計畫的大型運載火箭，那會怎麼樣呢？」這位佛州的參議員並不是唯一反對我們的提案的人，不過民主黨在國會裡就屬他對ＮＡＳＡ的影響力最大而且也最為關注，何況連總統都曾經暗地裡接受了他對太空總署領導人選的要求。他並不認可這份提案的價值，也不幫其中的實質內容說些什麼話，反而是去找對手陣營的共和黨議員，要串連起來一起反對。

凱・貝莉・哈奇森（Kay Bailey Hutchison）是共和黨的德州參議員，在對ＮＡＳＡ最重要的幾個委員會中她都具有領導地位，她在早期的一次聽證會中就曾經說過：「國會必須仔細審查擬議的這份ＮＡＳＡ預算書到底有何憑據，我相信如果國會直接照單接收的話，就等於宣告我們國家在太空探索這方面將不再具備領導地位，特別是在載人太空飛行這方面的能力定會如此。」她還說看到這份提案要提供資金協助開發商業火箭，讓自己「感到質疑，並相當失望」，又說「一個才剛剛起步的商業技術，在我看來並不穩當，現在居然要砸下六十億美元的鉅資，這麼做肯定不可靠」。雖然批評這個計畫的人那麼多，但沒有一個願意承認，他們心中屬意的替代方案其實就等於是要把幾億美元送去給俄羅斯航太署，請他們幫忙載運太空人到太空站去。

在國會裡，當世尚存的兩位美國最偉大的太空人也出席了，分別是第一位和最後一位登上月球的美國人，尼爾．阿姆斯壯（Neil Armstrong）和尤金．賽南（Gene Cernan），他們作證說「政府用於載人太空探勘的預算並沒有確切目標，事實上就只是畫了一張瞎打轉的藍圖而已」。尼爾．阿姆斯壯還補充道，這套規劃很可能就是由一小撮人私下討論出來的，還指稱總統「沒有聽取多方意見」；賽南則說這份提案想必是在匆促間制定出來的，根本就幾乎沒有署長的意思在裡頭，只是一些人在推行他們自己的理念而已。他還聲稱「危在旦夕的不只是載人太空飛行與太空探索，就連這個國家以及我們子子孫孫的未來都有危險」。在證詞的結尾他還說道：「是時候該起來反對這個政府對於平庸的耽溺了，是時候該要放開膽子，以創新和智慧來決定要怎麼投資美國的未來了。」

當時我已經認識尤金和尼爾有二十年了，而且我也跟這個星球上的其他人一樣，對於他們的英雄事蹟與成就充滿讚嘆。但他們也跟許多早期的太空人一樣，都寧願政府繼續花下阿波羅任務那種規模的大預算，送幾名跟他們一樣的太空人到太空中更遠的地方去。尤金的證詞經過刻意編排，他本人也是一個相當敢言的共和黨員，常站出來批評歐巴馬總統。雖然他們都聲稱自己的觀點不是針對何黨或何人，但是很難讓人相信真的是對事不對人，因為尼爾·阿姆斯壯還曾寫過這些話：「過渡團隊對於這一類的決策不應該有所沾染，雖然這些人對於太空計畫都是既有經驗又有熱忱的老手，但他們本身既不是航太工程師，也沒當過計畫的主管，其知識並不足以在技術領域中做出決斷。」

我完全贊同不應該由像我這種只能稱為太空愛好者的人來做出技術上的決策，但不論是過渡團隊裡，或是NASA副署長的職位上，我的角色都並非如此。我對總統的建言都盡可能納入了可靠且獨立的技術分析，以為我提出的政策與管理方面的意見提供相關資料，而且這些建議也跟新當選的政府領導團隊的目標一致。我確實從來沒上過太空，但我多年來所研究的正是政府該扮演什麼角色，以及要怎麼設計政策來鼓勵最符合大眾利益的行為，而這可不是太空人培訓課程裡會學到的東西。

接下來一場史詩般的戰鬥開始了，一邊是忠於傳統太空思維的那些人，另一邊是倡導新一代太空思維的人，後者認為NASA已然遭到了綁架，需要被拯救出來。其中一邊站著的是大批的利益相關人士——航太企業、遊說者、太空人、貿易協會、有利可圖的國會代表，還有NASA的大部分成員；至於另一邊，則有一小群直言不諱的太空愛好者及官員，幾位億萬富翁、政務官，還有美國總統。

電影《魔球》（*Moneyball*）上映的時候，剛好就是各種批評與威脅達到顛峰之際。紅襪隊的老闆約翰．亨利（John Henry）在片中對奧克蘭運動家隊總經理比利．比恩（Billy Bean）——就是布萊德．彼特飾演的那個人——說，第一個穿越壁壘的人一定會滿身是血，聽聞此言，讓我得以接受甚至擁抱我所受的傷疤。這一幕我看了十幾遍，每次都能讓我感到寬慰：

> 我知道你現在已經鐵了心要這樣做，但是第一個穿越壁壘的人……必定會滿身是血……沒有例外。這樣做不只會威脅到這一行的做事方法……而且在他們的心裡，這根本就是直接威脅到了整個比賽。這真正威脅到的，是他們的生計，他們的工作，威脅到了他們做事的方式……每次只要有這種事情發生，不管是針對政府，是針對某個行業的行事方法，不管是對誰，總之掌控大權的人——他們手握生殺予奪的權柄——這些人都

會抓狂的。

以我們當時在推動的轉型來說，真正造成的改變在於：它威脅到了這一行的生財之道——這是一個價值數千億美元的行業，於是他們的回應充滿了保護主義的色彩，發動了猛烈的抨擊與指責，而我看起來並沒有獲得總統或NASA署長的力挺，於是就成了他們的目標，在他們口中成了會永遠毀掉載人太空飛行的威脅，而那些手握生殺予奪權柄的人，從一九六〇年代以來就一直在控制著太空計畫的各個機構裡頭，現在也抓狂了。我想追求的是讓太空變得更親近大眾，更能永續經營，並無意要掀起一場戰爭，我也沒有想要偷走誰的未來，我其實是在執行一項救援任務，但我們所必須克服的並不只有地球的重力，我們身邊的處境才更加沉重。

⦿　⦿　⦿

一九五八年NASA根據法案成立，日後就是它把第一位美國人送上了太空，而在誕生的頭三年內，它就驟然肩負起要把人類送上月球的使命，但這個年輕的機構還是成功在之後的十年內完成了水星、雙子星與阿波羅計畫。水星計畫所進行的飛行任務中，有二十次是無人駕駛或以黑猩猩試飛，還有六次成功搭載太空人飛行；雙子星計畫也曾成功完成十次發射任務，將十六名太空人送上太空；阿波羅計畫則進行了十一次的載人飛行任務，發射送出了二十九名太空人，其中有二十人踏上了月球土地，並且全都被安然送回地球。

我十歲時正是阿波羅計畫的鼎盛時期，當時有許多對NASA未來的研究都預測，到一九八〇年的時候就可以讓一般人負擔得了太空旅行的費用，或是到月球去殖民，甚至把人給送上火星去。然而將近三十年後，當我向總統當選人建言要怎麼改定NASA政策會最好的時候，美國也才一共送了不到三百五十名太空人上太空而已，而且沒有人能飛行到四十萬英里以外的地方。算起來每位出航的太空人平均要花掉納稅人十億美元以上的金額，而且開發和發射機器人太空船與人造衛星的費用，也都一樣還是天文數字。

把通貨膨脹的相應條件計算進去的話，跟冷戰時全力要擊敗蘇聯完成登月的那個砸下最多費用的期間相比，NASA的預算一直都保持著當時的一半以上，可是太空界依然會把自己進步緩慢的原因歸罪於資金不足。NASA的領頭人物通常都是一些太空人或工程師，這些人並不會質疑他們所做的事有沒有公眾價值，或是跟大眾到底有什麼關係，事實上他們裡頭有很多人都認為自己或自己的朋友們可以上太空本來就是應該的，根本就不需要證明什麼。他們喜歡做這些事，而且還可以領到薪水，所以說到要把這些工作轉移給民間單位去做，自然顯得興趣缺缺，而且還會認定這種事應該讓他們來決定才對。

為了讓NASA充分發揮潛力，我認為我們必須重新調整政府的計畫和政策，這樣會讓太空活動更能永續進行下去。這調整包括了要降低基礎建設和運輸的成本、確保上太空的長期能力，並且要保護好環境以幫助維持地球（和太空）的宜居性。但是對其他人來說，「永續」的意思就是到關鍵的國會選區裡頭分配好大家的工作，這樣才能確保現存的計畫不會被取消。我擁有多方面的不同經歷，這給了我一種局外人的視角，我知道這樣的視角是航太界的人很難認可的，但是我也知道，為了大局著想還是值得奮力一搏。

我從小就對NASA的歷史感到著迷，可是進入NASA後卻看到大家執著於過去的成就，反倒限制了我們的未來，我們奔向的是一個早就已經不存在的戰場。NASA很早就取得了無與倫比的成功，卻反而讓其視野變得狹窄，讓太空計畫不能按照預期的腳步前進，而太空界一方面為這幾十年的停滯不前感到受挫，卻又不願意接受問題的根本所在。有太多人都與此利益相關，因為會從中得利，也就引得他們出手保護目前這種做事方式。

其實真說起來，地球上有多少人就會有多少種發展太空計畫的動機，而這才是關鍵所在。與其只帶給少數人好處，太空應該要被全面善用，以嘉惠全人類與整個社會，未來的太空活動不只可以幫助我們發展壯大，而且還事關生存問題。大家所說的太空這個地方——就是地球大氣層以外——其全球的直接營運活動市場已經締造了將近五千億美元的經濟產值；此外，就算你不是念數學系或經濟系的也會知道，相較於成為一個多星球生存的物種，現在我們受限於單一家園的情況，讓人類顯得更加脆弱許多。

太空是一個無可比擬的地方，具有許多獨到的特性——就像地球也有獨特的大氣及海洋那樣。有很多產業都是圍繞著海洋與大氣開發在發展的，而這些產業又各自提供了大相逕庭卻都很重要的用途，例如運輸、通訊、科研、國安、觀光及娛樂。早年有許多的探險家進入了這些原本危機四伏的陌生環境，也幫我們開創出了更多因應這些環境的能力。現在有很多產業也鎖定了太空的開發，而且正在快速發展，以類似上述的那種方式來提供各式各樣重要的用途。因為到了太空上進行作業，我們才能在全球進行即時的語音、資料與影像資訊的傳送，才能準確測量時間與地點，也才能進行對地球的各項觀測，監測大氣、陸地、冰層與海洋的交互影響，這些東西關係到我們所有的人。那些努力開發太空的人把這個世界跟更遙遠的地方連結起來，也讓我們的知識、經濟與國家安全都能有所進益，這些都為我們帶來了更大的好處。NASA早年在載人太空飛行方面的成就不僅提高了美國的科技優勢，也鞏固了我們的全球領導地位，而且還鼓舞了世界各地的人們。

要想穿越不同的自然環境，就需要利用不同的運輸系統，這才能平安在其中穿梭。隨著上太空變得越來越沒風險，也越來越省成本，日後就會跟著創造出大量的交通工具、用途及目的地，以更好地利用太空的視野、條件和資源，就像現在大家看慣了的航運與空運一樣。但不同於航運和空運的是，人類的太空運輸在五十多年來都一直是由政府在主導。不論是在NASA或其他的政府機構，處處都有許多系統性的問題存在，從而限制了進步的幅度。一直以來那些掌權的人都認為，一定要在他們的掌控之下，人們才可以擺脫重力。然而事實上政府還有一個重要的角色，就是要推動科技的進步，並減少美國民間單位跨足參與的門檻，以讓他們能夠更具國際競爭力。隨著產業的逐漸成熟，政府這邊跟公共安全、環境管理及共同資源分配相關的諸項法規也必須與時俱進，這樣才能跟上新科技能力的腳步。

綜觀美國歷史，有很多重要的技術成就都是由個別人士或民間企業研發出來的，不論是萊特兄弟、格倫・柯蒂斯（Glenn Curtiss）、霍華・休斯（Howard Hughes）、貝爾實驗室、史蒂夫・賈伯斯、比爾・蓋茲，他們都透過發明或投資讓科技發生了革新，這些單靠政府的努力是做不到的，而且都對社會與我們國家的利益做出了巨大的貢獻。可是相較之下，載人太空飛行技術的進展卻一直遭受阻礙，不僅政府本身的計畫就彼此傾軋，而且政策的制定架構也不合宜，吸引不了該技術發展所需的資本投入幅度——這點一直到最近才有所改變。

航空業在最初的幾十年有很大的進展，現在太空活動終於也即將獲得類似的成果。那些花得起錢上太空的人，只是想去看看那裡的風景，體驗無重力的刺激感——就像當年大家看空中飛行表演（barnstormers）一樣，而像SpaceX、藍色起源（Blue Origin）、維珍銀河（Virgin Galactic）等等數以百計的民間企業，他們就會受到這市場的刺激而願意闢路前行，創造出更有市場價值的技術與方法，不過這樣也還只是踏出了第一步而已。

如今我們已經具備了知識、認識，以及能力，可以規劃出一條充分利用太空領域的發展路線，幫我們永續經營地球的資源。只要我們成功的話，有一天那些人群裡最有冒險精神的人就可以跟那些太空探測機器人一樣，飛到外面去拓展人類的邊界。

身為一個六〇年代在密西根州長大的女孩，一個家庭主婦和股票經紀人的女兒，祖父母還是農夫，根本料想不到日後會在ＮＡＳＡ擔任一個充滿爭議的職務。我已經記不清當年在電視上看到登月時的印象了，不過我媽保留了一張我畫的圖，上頭是一名太空人手握國旗站在月球上，一旁則是登月艙，可是我當時怎麼也想不到，日後我居然會跟自己所畫的那個太空人變得那麼熟悉。我努力挖掘記憶，想要在八歲的我身上找出一些對於太空所深藏的連結，可是我大部分只記得在玩芭比娃娃而已。如果我父母當初有努力幫我把小時候的興趣培養成職業的話，那我大概就會變成一名美容師了——這點從我當初會把娃娃的頭髮給剪掉就可以看得出來。

小時候沒有兄弟的話，家裡當然就不大可能會有什麼飛機、火箭等太空玩具，而我家確實沒有男孩，所以跟我現在所選的領域最接近的一次經驗，是在一九七〇年代時曾短暫想要當一名空服員，這興趣還是一個在聯合航空公司當機長的叔叔所引發的。我在五年級的課堂上看到了布魯斯叔叔，他在我們到蘭辛機場校外教學的時候向大家展示了他開的波音七三七飛機的駕駛艙，然後班上的男孩子都拿到了寫著「未來的飛行員」的飛翼胸針，而給女孩子的飛翼胸針上頭則寫著「初級空服員」。

我十二歲的時候，教會裡堅振班（confirmation class）的人在私底下會幫彼此挑一個最能形容對方的字眼，然後在當著各位教徒面前行堅振禮時告訴大家。我們挑給男孩的都是像「領導」、「聰明」、「運動員」這一類的字眼，對女孩則是挑「開朗」、「優雅」、「和善」之類的。當時我站在教眾面前，緊張地等待牧師宣布我朋友眼中所看到的我是什麼特質，可是牧師說出來以後，我卻忍不住流下了眼淚——他說的是「堅決」（determined）。雖然我的堅決性格在日後對我很有幫助，但是對一個一九七三年時的十二歲女孩來說，我還是希望能被看成是開朗、優雅與和善的人。然而事實證明，我的朋友比我當時還要了解我自己。

回想起來，我還有可能被人家叫做男人婆（tomboy），這通常是套用在女生身上的負面標籤，以表示她展現出了一般認為專屬於男性的性格及行為。我當時留著短髮，不但喜愛而且擅長各種運動，我還喜歡科學和數學，而且也確實擅長這些；不過我同時也喜歡跳芭蕾舞、演奏音樂，還有當啦啦隊長。我就是什麼都不想放過，而身在一九七〇年代的密西根州中部，我也覺得這是可以辦到的。我在高中時全科都拿到優等成績，能力傾向測試

（aptitude tests）的結果說我適合擔任工程設計或科學方面的工作。我們這個年級裡頭有六個人在高三以前就已經學完了學校裡所有能教的數學，等到過完暑假回到學校，我發現學校的教務人員已經幫其他五人——全都是男的——登記要去當地的大學裡上微積分課，而先前並沒有人找過我說跟他們一起去上課的事，當我的父母問起原因時，聽到的答案是以前從來沒有女孩子會想上微積分。我媽媽對此感到格外生氣，但我卻很高興可以在課表裡再多挑一門選修課，而且想到自己不用大老遠跑去跟那些怪男生一起上課，我也鬆了一口氣。可是我在高中裡沒有修微積分，這導致我後來上大學只能選擇社會科學，而我也跟許多同齡的女孩一樣，對於太空並沒有多大的直接興趣，直到後來NASA派了一名太空人到我們大學，才發現他給人的感覺跟我很是相似。

那一年是一九八三年，我當時從科羅拉多大學畢業，開始了第一份全職工作，就是幫約翰．葛倫（John Glenn）競選總統。很多人以為我跑到華盛頓特區幫約翰．葛倫工作是因為他是一名太空人，不過我並不見得會解釋這個誤會，因為我覺得這樣講還挺符合我自己心裡的想法，覺得那算是一段神奇的緣分。這份職務是我大學畢業後的第一個工作，其實比較算是出於現實考量才去做的，我自己對當前的國家領導階層已經不抱期待，所以希望能幫助其他我認為更好的人當選。在大選之前一年多的時候，我正在規劃畢業後的方向，而約翰．葛倫是民主黨人選中唯一在民調上領先雷根總統的人。

我的血液裡頭本來就帶著政治成分，甚至從我可以走路開始就一直在參與選戰。我的祖父和叔叔都是共和黨人，他們不只務農，而且兩人加起來也在密西根州議會裡任職了一共四十年的時間。我姊姊跟我的照片還出現在競選宣傳手冊上，在我還是個嬰兒的時候，祖父會一邊抱著我一邊跟當地的遊行民眾握手。有次我們學校到州議會大廈去校外教學，當時剛好是議會開議期間，祖父就帶我到議場裡頭跟他坐在一起，這次的經驗非常有意思，讓我一直都印象深刻。我從小最景仰的對象就是一些樂於幫助鄰人的公僕，繼而也開始矢志仿效他們，希望能做一樣的事。

在一九八三年的時候，雖然我老早就參與過很多次的選戰，不過倒是還沒投入過全國級別的選舉，所以能有這樣的經驗讓我興奮不已。我最後爭取到了職務，負責安排大小行程，每天花大把時間在各個辦公桌上打轉，那些桌子上頭除了有許多裝到滿出來的菸灰缸，還有很多大型的電話機，並且用螺旋狀的電話線路連接著話筒，而電話老是響個不停。我不但愛上了這場選戰，也愛上了不久後就成為我丈夫的戴夫．布蘭特（Dave Brandt），他才剛從肯特州立大學畢業，然後就到了葛倫的新聞辦公室裡工作。

約翰・葛倫是第一個離開NASA的太空人，而且是在他單獨一人執行完飛行任務後不到兩年，當上了參議員後也故意不加入跟太空事務相關的委員會，為的就是希望大家不要只記得他曾花了五個小時在太空繞行地球三圈這件事。可是當湯姆・沃爾夫（Tom Wolfe）的書籍所改編的同名電影《太空先鋒》（*The Right Stuff*）上映時，因為剛好碰上了選舉期間，所以他還是願意把他往日的飛行事蹟再搬出來打知名度，不過事情的發展卻出乎他所料，電影裡雖然把他描寫成一個好人，但是這個人物跟水星計畫的其他太空人相比卻顯得可有可無，以至於有些人覺得電影對他的宣傳效果可能是負面大於正面。到了一九八四年三月，超級星期二的選舉結果出爐，縱然葛倫參議員砸下了比其他對手都更多的錢來打選戰，結果卻連一個州的勝果都沒有拿下。隔天的報紙上頭出現了一則政治漫畫，裡頭的蓋瑞・哈特（Gary Hart）說「我還是個新手」，而華特・孟岱爾（Walter Mondale）說「我已準備好了」，至於約翰・葛倫說的則是「我已經成為過去了」。

我跟參議員本人並不是很熟，但他畢竟是政治人物，所以每次打電話或親自到辦公室的時候總會假裝認得我，而我的職業後來又讓我跟他數度有共事的機會，這是因為我們兩人都在NASA，而且都會幫不同的總統候選人提供諮詢。由於我早年曾與他攜手打過選戰，這為我倆日後在專業上的關係打下了良好的基礎，雖然他對政策的觀點比我更為保守，但依然無妨。

因為那次的選戰任務忽然就終止了，資深的員工就想特別關照資淺的那些人，於是他們幫我另外找到了一個入門級別的工作，那是一個非營利性的會員組織，名叫國家太空研究院（National Space Institute），創立者是人稱登月計畫之父的華納．馮．布朗（Wernher von Braun），當年他眼見大眾與政治人物在阿波羅計畫後就不再那麼支持NASA，感到灰心之餘就在一九七四年藉著航太產業界的資助來另起爐灶。雖然馮．布朗在一九七七年就過世了，不過我的這位新老闆，也就是執行董事葛倫．威爾森（Glen Wilson）博士乃是他的舊識，而且是從剛剛入行時就認識，當年他是時任參議員的林登．詹森（Lyndon Johnson）的法務祕書。威爾森博士打算在不久之後就退休，從此早上看看報紙，下午講講故事，分享一些舊日回憶，說些跟馮．布朗以及太空計畫初期相關的事情，包括當初為什麼會成立NASA。只是還沒等到威爾森博士退休，國家太空研究院就已經跟另一個太空推廣組織「L5協會」（L5 Society）合併了，並更名為國家太空協會（National Space Society）。

國家太空研究院最初的成立有產業界的支持，其架構乃是自上而下的，與L5協會形成了強烈的對比，後者乃是由一群傑瑞德·歐尼爾（Gerard O'Neill）的追隨者所創立的，他是普林斯頓大學的物理學教授，提出了許多的觀念構想，其中包括星際游離（free-floating），以及自給自足的太空殖民地等等，而該協會的名稱則取自地月系統中的拉格朗日點（Lagrangian points），因為他們提出要把歐尼爾所設想的巨型旋轉太空棲地設在這上頭。

國家太空研究院做的事很單純，反正NASA提出什麼計畫他們就跟著推廣，但是L5這些人是行動派，他們想要改變計畫的方向，邁向更永續性的太空發展。簡單來說的話，馮·布朗這一派的人是探險家，因為有冒險犯難的精神而受到太空活動所吸引；歐尼爾這派的人則是開發者，吸引他們的目標是經濟擴張和人類殖民。兩造不僅支持的方向不同，連達成目標的手段也不一樣，國家太空研究院用的還是自上而下的那種老方法，而L5的那群人則是願意挑戰現狀的社運人士，但這也只是對他們的初步介紹，在我心中他們還有另一個頭銜，我稱他們叫「太空海盜」。

跟公海上的海盜一樣，人們也會把太空海盜描繪得既像英雄又像壞蛋，在一九三〇年代的巴克·羅傑斯（Buck Rogers）連環漫畫裡，那些一直重複出現的壞蛋就叫做太空海盜，可是早期的科幻作家卻把這個稱謂用在英雄身上，這些人除了會在未來的太空貿易路線上炸掉小行星，也進行其他的賞金任務，大家比較熟悉的例子包括《星際大戰》裡的韓・索羅（Han Solo），以及安迪・威爾（Andy Weir）的小說《火星任務》（*The Martian*）裡的主角馬克・瓦特尼（Mark Watney），該小說後來也改拍成電影《絕地救援》，裡頭這個主角就有說自己是第一個太空海盜，因為他為了在火星上活命就占據了一艘太空船，而這船未經NASA許可就停在了「國際水域」的火星上。到了二〇一九年，參議員泰德・克魯茲（Ted Cruz）為了替川普政府新成立的太空軍（Space Force）說話，公開表示太空就像公海一樣，都可能會出現海盜的威脅，然後伊隆・馬斯克就發了一條推特圖片，上頭是一個由骷髏頭和十字骨構成的海盜旗幟。

跟任何團體一樣，太空海盜也是由個別的人組成的，只是大家擁有某些共同的特質與觀點而已。為了打造出一個航太文明，他們有很多人都不惜花費幾十年的時間，砸下大筆的個人財產，因此也推動了許多重要的政策與法案，而且他們還盯著美國政府，不讓它簽署日後會阻擋太空發展的條約。此外還創辦了許多新的公司與組織，並且遊說國會議員。這種種做法不僅引起了航太業界領袖人物們的不滿，也讓他們經常被老字號的太空社群所無視或排擠，但也正是這些人一手拉拔了我——他們就是我在太空界的原生家庭。

太空梭計畫在一九七二年時宣布，當時的尼克森總統說它會成為「一種全新類型的太空運輸系統，可以讓上太空這件事變得不一樣，一九七〇年代勉力才能抵達的太空邊界，將會變成我們熟悉的範圍，到了一九八〇與九〇年代時，人類輕輕鬆鬆就可以抵達這些地方」，而且他還說：「它將會是一種革命性的交通工具，讓近太空（near space）成為我們例行造訪之處，讓太空工程的成本不再是天文數字。」NASA最初預估的開發成本是六十億美元，結果花了四倍的錢，而且到了一九八〇年代中期，只要是有關注這件事的人心裡都很清楚，它永遠都不會達到當初承諾的那樣了。

太空海盜們很早就已經看出來，太空發展的最大障礙就是找不出一種成本可以接受、技術可以信賴的上太空方法，而且還認為太空梭本身就是阻礙進步的罪因。對此，有些人覺得太空海盜是英雄，但其他人卻因此把他們看成壞蛋。在推動目標的過程裡，他們最早的做法之一就是制定出了一九八四年的《商業太空發射法案》（Commercial Space Launch Act），以立法的方式來支持政府從民間單位取得更多創新的設備與服務。在我看來，這一步的想法是極其合理的，所以就沒有反過來想想，為什麼這個國家太空機構並沒有鼓吹這種做法，反而只有一個小型的非營利倡議組織在做。我當時還不明白這一件事，不過太空海盜卻已經很清楚了，那就是傳統的航太界真正關心的是自己能否從ＮＡＳＡ的預算裡搶到一塊更大的餅，至於降低成本、打造更能長遠進行的計畫，那只是次要的考量。

跟其他大多數人一樣，ＮＡＳＡ在我心裡還是有很崇高的地位，而我任職的國家太空協會的辦公室就位於ＮＡＳＡ在哥倫比亞特區總部的對街，我跟同事經常會去附近的酒吧，在那裡也結識了許多太空人和署裡的主管，我自己身邊的一切好像都跟ＮＡＳＡ有關，甚至還加入了他們的壘球隊裡打球。太空梭計畫在剛開始的時候確實成功激發出了大眾的熱情，而當我得知太空人的隊伍裡並不全部都是軍方背景的白人時，我心裡有了一種感覺，我們就快要進入新的太空時代了。當時國家太空協會規劃了許多會員參訪與公共教育活動，而活動的重點就放在當時熱門的新型太空飛機上，我自然也很高興能有機會可以親身參與其中。

一九八六年一月十二日那天，哥倫比亞號執行了編號61－C的發射任務，我當時正帶團在佛羅里達州參訪。這次的任務已經是第五次嘗試發射了，從前一年的十二月到現在，我也已經跟著四度延後開團。這個計畫一直備受各項技術與天氣問題所困擾，花了五年的時間，到現在也只是第二十四次執行任務而已，所以ＮＡＳＡ急著想證明他們可以把發射頻率提高到跟當初宣傳時說的一樣，同時也想讓大家知道這套系統很安全，可以用於例行任務，所以就開始找一些非專業出身的太空人來搭乘太空梭。於是乎，佛州的國會議員比爾・尼爾遜在那天早上就成為了其中一位機組人員，外加一位新手飛行員查理・博爾登。我作夢也想不到，這兩人在這次飛行裡所發展出來的關係，會在日後大大影響到太空計畫，以及我個人的職業生涯。

既然ＮＡＳＡ想要加快步伐，所以第二艘太空梭——就是挑戰者號——也已經在隔壁的發射台上就定位了，只待哥倫比亞號一飛衝天後，下一輪的發射任務已經排定在兩個星期以後。

挑戰者號的發射任務預定在一月二十七日執行，我很高興又可以帶著另一批發射參訪團回到佛羅里達的陽光下見證。我陪著我的團員一起在四英里外的觀景台上等待，同時也回答他們對於ＮＡＳＡ和太空梭計畫的種種疑問，一路從早上等到了下午，這才知道原來太空艙門的把手卡住了，負責關閉艙門的技術人員拆不下來，先是試圖以人力方式拆卸而未果，於是他們又找來電動工具幫忙拆除，發射架的技術人員跑去拿了電池式的鑽頭和切割刀，可是等人到了發射架上才發現沒電了，然後他們決定用鋼鋸來切割把手，又叫人把工具送過來，所以作業大樓那邊又跑出了一位維修工人，搭著升降梯上了發射架，作業團隊這才鋸斷了把手。拖到了這時候，有一道鋒面已經吹到這個地方，風速跟著就超過了發射所容許的門檻，而由於這場烏龍鬧劇已經花掉了好幾個小時，所剩的時間也不足以等到強風遠去，這次的發射時機就這樣白白耗光了，只好把七名太空人給請出太空艙。

要想提升大眾的興趣，並證明太空梭很安全、可以用於勤務，這可不光只是把國會議員載上天就夠了，NASA也啟動了一項計畫要讓一般民眾搭乘，打頭陣的叫做「太空教師」（Teacher in Space）計畫，而第一位參加的老師——名叫克莉斯塔・麥考利芙（Christa McAuliffe）——就是挑戰者號的機組員之一，所以這一天鬧出的問題就更加難堪地暴露在大眾面前。我在華盛頓的幾場活動裡碰見過克莉斯塔等幾位機組員，心裡可以想像他們對於這種糊塗的延誤會感到何等沮喪，其程度當不在任何人之下。

在我們離開觀景台的時候，我問了NASA派給我們這輛巴士的志工，看他認為明天他們是否還會再嘗試發射一次。這位二十多歲的工程師隨口告訴我，天氣預報說明天早上的天氣太冷了，不適合發射。聽到這個消息，我就搭了晚班的飛機回到華盛頓特區，所以當我看到他們又要嘗試發射的時候，我人是在自己的公寓裡，剛準備好要出門上班，就看到他們在倒數計時了。然而卡納維爾角在一夜之間遭到冷鋒席捲，在裝填燃料的過程中，攝影鏡頭在太空梭的機體和油箱的多處都拍到了結冰的畫面，不過既然他們還繼續在倒數，想來大概也不會有什麼問題。每一次的發射都是令人激動的經驗，錯過了親自見證的機會讓我覺得很失望，而且心裡還略感不快，居然聽信了天氣可能有問題的說法，但這股失望的情緒很快就變成了不敢相信，因為在飛行七十三秒後，太空梭就炸成了一團劃過天際的火球。

挑戰者號炸碎解體了，當時有很多太空人的家人和親友都在發射現場，他們望著佛羅里達的天際，卻什麼都找不到，另外還有幾百萬個學校裡的孩子也在此時看著電視，NASA就這樣發生了第一次導致太空人喪命的飛行事故，事情就出在那個曾向大家保證過一定既便宜又可以常用的太空交通工具上，那個大家都說安全又可靠的飛行載具。

後來，莎莉·萊德等人發現溫度乃是問題的關鍵，因此才導致高溫燃燒的氣體從固體火箭發動機裡洩漏出來，之後世人又再得知，負責此事的NASA管理人員及承包商居然不顧工程部門的強力反對，逕自違反了原本制定的溫度規範。我跟很多人一樣感到震驚且沮喪，NASA和業界的高層居然這麼不把這個國家的寶貴資產放在心上——我說的不只是機組員的性命，還有載人太空飛行的未來。因為挑戰者號事故在太空發展的歷史上是一個決定性的事件，當初為了要證明政府花大錢進行這項計畫的價值，所以美國以政策方式下達了指示，幾乎所有的本國衛星都要用太空梭發射，讓太空梭沒有了其他競爭對手，因此這次的災禍不但害死了七位太空人，連帶也使數十顆的國安、民用與商用人造衛星停下了升空計畫。此外，這次事故也造就了一項新政策，規定只有必須要用到太空人的任務才能使用太空梭，政府也開始把手頭上擁有的一次性運載火箭轉讓給民間單位。等到中斷了將近三年之後，太空梭才終於重返崗位，但此時它能執行的任務已經不像以前那麼多了。

早在一九八四年雷根總統就啟動了一項名為「自由號太空站」（Space Station Freedom）的計畫，希望能成為NASA在太空梭這方面的核心發展目標，還有個頭銜叫做「理所當然的下一步」。因為如果沒有落腳處的話，載人太空飛行光靠太空梭只能進行一週左右的任務，所以如果想要學會怎麼在太空中居住與生活更久的時間，開發太空站就是箇中要務。而且擁有太空站還有一個連帶的好處，就是會有助於說服大家，我們應該要繼續使用太空梭。在挑戰者號出事以後，其實並沒有多少聲音在討論是否要繼續使用太空梭，那就是因為在規劃清單上還有個太空站計畫存在，否則情況就不會是那樣了。

雷根總統曾對太空站計畫發表過一段介紹性的演說，如果按照他所描繪的藍圖，太空站的目標應該是為了科學發展與商業方面的用途。照雷根的預測，「如果有了太空站，我們在科學、通訊方面，還有一些只能夠在太空中製作的金屬，以及救命的藥物，這些研究都會產生巨大的躍進」。而且他還說：「就像當年的海洋為飛剪式帆船與北美商人開啟了一個新世界，今日的太空中也蘊藏著巨大的商業潛力。」然而到了二十五年以後，我都已經重新在NASA任職，而他們總計也花掉了超過一千億美元的經費，上述那些目標依然還是遙不可及。

一九八六年的太空梭事故對我的職業生涯也有決定性的影響，這樁悲劇讓我跟其他人一樣，開始質疑NASA到底在幹什麼，其目的又是什麼。當時國家太空協會這種非政府的太空組織非常少見，所以我們也收到很多協助的請求，除了要提供專業知識之外，也要滿足媒體的需求。在事故發生當晚，我馬上就被拋進了漩渦的中心，以來賓的身分出現在華盛頓特區當地的一家公共廣播電台裡，然後只要我稍有餘裕，就會收到更多的邀請，要我去對大眾擔任太空分析師與發言人的角色。

我們在太空這方面做了很多的努力，不只造就了很多創新的產業，也蒐集到了很多特別的科學資料，這些都是我喜歡強調的事。NASA早期所投入的那些資金，不僅催生出了即時全球通訊，還有電子設備的縮小化、航太技術的進步，以及從地表上無法探知的地球知識，這些成果背後的事蹟一向都受到普遍的讚譽。可是人們現在已經開始質疑ＮＡＳＡ從阿波羅計畫以來到底在做些什麼，也發現政府花大錢發展載人太空飛行的目標其實跟大眾是脫節的，大眾關心的重點在於，打敗蘇聯並成功登月之後我們到底還有什麼成果，又到底付出了多少代價。我從前也是盡了全力在為這個計畫辯護，所高喊的理由無非就是常聽到的國際威望、啟發後世云云，不過這些說法在事故發生後，就變得越來越站不住腳了。我從早年的經驗中還發現一件事，在接受媒體採訪時要想替政府說話，支持撥款發展載人太空飛行，那通常得要巧妙地躲開一些地雷話題才行。於是我下定了決心，此後對於自己被問到的事情一定要給予誠實且有意義的回答，而且還要對議題進一步地深入探討。

ＮＡＳＡ有許多連帶開發出來的產品，被大家稱為是「衍生品」，而他們對這些東西的開發理由往往聽起來很有問題，像是什麼記憶綿、無線電動工具等等，如果政府只是想要灑下發明的種子，那也大可不必花幾十億的稅金把太空人送上太空，一定還有其他更好的方式。至於帶來經濟效益這個論點也有點是在唬人，因為直接從政府的工作拿錢，如果沒有刺激產生出新的市場，就不會刺激到經濟，反而會減緩經濟發展的腳步。在我看來，之所以要長期這麼做的主要理由其實很簡單，人類這個物種要想生存下去，唯一的機會就是走出地球，而這是一個跨越多個世代的共同目標，並不僅僅是NASA的責任而已。雖然路還很遠，但太空海盜老早就已經想出了許多方法來善用太空中的資源，屆時便可以讓地球上與地球外的人都能得益。

我很喜歡法蘭克．懷特（Frank White）的一本書，書名叫做《總觀效應》（*The Overview Effect*），講的是太空人從太空中看出去的視角會如何改變他們看待事物的角度，包括怎麼看待地球的環境，以及全人類能否一起在地球家鄉上共同生活與合作。我遇見過的每個太空人都說過，當他們看到大氣層居然只是薄薄的一條線，看著陸地時也找不到國界的存在，這種體驗會大大改變他們的世界觀。這樣的效果當然很奇特，可是我心裡也知道，那對人類並不能造成多大的改變——除非能有更多上許多的人、形形色色的人，大家都有過那種體驗。

對我來說，載人太空飛行的價值就在於它可以改變人類與社會。對於這種力量，我最愛的其中一個例子就是那張叫做「地出」（Earthrise）的照片，那是阿波羅八號的太空人從月球後方拍下來的，也是史上最有名的照片之一，很多人都認為就是這張照片帶起了環保運動。雖然機器人太空船之前也曾從太空中拍過地球的照片，但那種獨到的視角之美，還是要人類才看得出來。而且當我們知道那是人類第一次用自己的眼睛看到如此的景色，這張照片在我們其他人的眼裡就會顯得更有意義。

在太空計畫這方面，我逐漸在大家眼中成為了一個思慮周到、表達清晰的溝通者，而我自己也開始意識到，也許我在這個領域還可以扮演更重要的角色，於是我的任務改變了，我要確保以後的太空活動可以充分發揮其中的潛力，以為社會帶來正向的影響。所以我就一直計畫要去繼續進修，拿一個工商管理碩士或法學學位，不過我最後決定採取更直接的做法，按照我的新目標與志趣來攻讀研究所。剛好喬治・華盛頓大學有個國際科技政策的碩士班，而且主攻太空政策，於是我就一邊繼續做全職工作，一邊上夜間部。課程的內容主要集中在歷史方面，我也樂於從中學習經驗，看看過去的教訓要怎麼調整修改，再以此來推動更有效的政策，好好利用太空的資源。不過有件事會不時困擾著我，那就是跟航太界的幾乎其他所有人相比，太空計畫吸引我的地方跟他們都不一樣，而我也不想讓自己變得跟大家格格不入，於是就想方設法在找尋我跟主流界的連結方式，我想要幫他們補上欠缺的一環，幫那些聰明過人的工程師與科學家們解開宇宙的奧祕，推動文明的進步。

挑戰者號的事故是一個大變局，身在太空計畫中的每個人都感到了巨大的震撼。

NASA做出了糟糕的決定，這暴露出的不只是他們的管理不當，連技術上也有問題，只是以前大家都認定主事者有工程背景，定然安全無虞，所以才察覺不出來。在冷颼颼的出事那一天，還沒有什麼人看出此後的政策會開始轉彎，終而讓民間單位可以在更重要的方面上跨足到這個行業，而從結果來看，研究政治與經濟確實讓我擁有了獨特的視角，為我之後三十五年的職業生涯奠定了基礎。

二、追星逐夢

在一九八七合併後又過了一年，國家太空協會把我升職成執行董事，除了要找財源來發工資，我初期最大的目標就是要設法把組織以前的兩種文化結合起來——一種是國家太空研究院的，另一種則是L5那些人的，而兩者之間似乎異大於同，從管理方式、過往歷史、太空理念都可以說是南轅北轍。

即便我們協會裡有兩套不同的基底系統，然而我也發現，兩者其實系出同源，都出自於NASA早年的成功經驗，以及科幻小說裡的未來想望，因為馮．布朗在一九七〇年代從這些領域裡網羅了一批知名人物，包括太空人艾倫．雪帕德（Alan Shepard）、哈里遜．舒密特（Harrison Schmitt）及約翰．葛倫，科幻作家則有雷．布萊伯利（Ray Bradbury）、以撒．艾西莫夫（Isaac Asimov）、金．羅登貝瑞（Gene Roddenberry）以及亞瑟．克拉克

（Arthur C. Clarke），而我也盡自己最大的努力來利用這些人物資源。當時還有一位知名的電視主持人休．唐斯（Hugh Downs）也已經首肯要出任我們的理事會主席，所以我就抓準了方向，希望能找到具有更大觀眾號召力的會長和主席加入協會。

在挑戰者號發生事故之前，NASA努力想利用太空梭來讓太空旅行變得更平常也更平價，所以如果任務裡有運載商業設備，就會允許企業派代表加入太空人隊伍，像查理．沃克（Charlie Walker）在一九八四和一九八五這兩年就以麥克唐納．道格拉斯公司（McDonnell Douglas）員工的身分搭乘了三次太空梭，成為普通人上太空的先驅，因而備受太空海盜們的敬重，所以我就邀請他擔任我們的會長，他不但同意了，而且還成為我最早的太空導師之一，在我任職於國家太空協會的期間，我們一直都在密切合作。在成功招攬到一位「星級」會長後，我接下來的目標就是找主席了，而且一定要找一個「登月」等級的大人物。

在此前一年，我曾在一場會議上遇見過巴斯．艾德林（Buzz Aldrin），發現他的觀點跟我們協會很合拍，而且他還是第二個踏上月球的人，可謂是家喻戶曉的英雄。我知道如果他能加入的話，一定會引起公眾的興趣，增加我們的會員人數，並且開啟許多新的機會，而且在早期的那批太空人裡頭，他也是少數不會眷戀過去，寧可放眼未來的人。出乎意料的是，在我們第一次通話交談的時候，他居然就已經答應要擔任我們董事會的主席了，而且後來一當就當了十幾年。

現在有了休、巴斯、查理這些人物來加入領導團隊，董事會裡其他有名望的成員們也跟著變得活躍起來了，這是一個兼容並蓄的社團，聚集了各個領域裡非常成功的人士，不論是否出身於技術背景，大家都有一個共同的興趣，就是想要打造一個更有價值的太空計畫。他們每一個人都很特別，去認識他們的時候都會覺得著迷，不過他們彼此之間碰撞出來的火花卻又更加具有魅力，我想方設法讓董事會願意承諾彼此合作，共同出力來支持本協會與整個太空計畫。

當初兩個組織之所以必須合併，是因為雙方的財務都不穩定，所以我就請董事會也來參與募款事宜。雖然在我七歲的時候，第一版的《星艦迷航記》（*Star Trek*）影集就停播了，不過就連我這個遲來的觀眾都曉得，金．羅登貝瑞所打造出來的這個名號的價值有何等之高，於是我先致電向他做了些自我介紹。後來在我第一回到派拉蒙影業公司去拜訪他的時候，他開著高爾夫球車載我到片廠裡四處打轉，結果還迷路了，他除了帶我去親自見見影集的原班製作人馬，這些人當時正在片廠的某一處拍攝電影，又帶我去看了《銀河飛龍》

（*Next Generation*）的製作團隊，他們剛好也在片廠的另一處拍攝影集。他讓我坐在一旁觀看，自己則對當天拍攝的內容進行評論，也就是所謂的每日例行任務（dailies），還說自己一開始其實並沒有想要寫一齣跟太空有關的戲。金本身是一位人道主義者，他知道如果把時間設定在未來的話，他想要傳達的訊息會比較容易被觀眾接受，此外他還是太空海盜的一員，特別關心太空探索可以為人類帶來什麼。我們可謂一拍即合，金同意邀請贊助大戶，在《星艦迷航記》的拍攝片場舉辦募款晚宴，妮雪兒．尼柯斯（Nichelle Nichols）等《星艦迷航記》演員甚至還簽約要拍攝公益廣告。有一次金跟我說，他當初在創造衛斯里．克拉希爾（Wesley Crusher）這個角色時，腦子裡想像的是一個完美的兒子——所以還把他自己的中間名給了這個天才少年。金．衛斯里．羅登貝瑞後來在一九九一年年底去世，當時我懷了第一胎，正跟老公等著孩子的到來，於是我徵得了金的遺孀梅潔（Majel）的同意，將我們出生的兒子取名為衛斯里。

我們另外還曾想到一個妙招，就是請金把幾乎整個《銀河飛龍》的劇組都帶到華盛頓去參加國家太空協會的募款活動，一起紀念艾倫．雪帕德飛上太空的三十週年。除了大型晚宴以外，我們還在國家天文台舉辦了一個觀星派對，又在隔壁不遠處的副總統丹．奎爾（Dan

Quayle）官邸辦了招待會，那一晚真可謂是星光熠熠——只是這種星光不是用望遠鏡來看的。

眼看活動大獲成功，我們便計畫在接下來幾年裡再多舉辦一些週年慶典，這樣不只可以募款，還能夠讓大眾更認識到太空活動的價值，而巴斯也同意在東岸和西岸都舉辦晚宴活動，以紀念阿波羅十一號登月二十五週年。在華盛頓特區的晚宴上，副總統高爾（Gore）和卡爾・薩根博士也都蒞臨現場，並且上台對滿場的太空菁英發表了演說。而此時雖然只剩不到兩個月就是我第二個孩子的預產期，但我還是帶著看起來不怎麼討喜的孕婦禮服，在隔天就飛到了洛杉磯，因為我們的第二場活動辦在那裡，還為戲劇紅星與太空人們鋪好了紅毯。由於那一年夏天的電影《阿波羅十三號》（*Apollo 13*）馬上就要開拍了，於是我打電話給環球影業，邀請電影的演員和劇組一起參加活動，而且告訴他們這樣就可以見到那些真正的阿波羅計畫太空人了。我這樣做其實有點狡猾，因為我對太空人吉姆・洛維爾（Jim Lovell）和他的機組員也說了一樣的話，告訴他們這樣就有機會碰見朗・霍華和湯姆・漢克斯，而結果也一如我的期盼，兩邊的人馬都拒絕不了這樣的邀請而出席了。

在晚宴上，吉姆・洛維爾對於自己未曾獲得國會太空榮譽勳章表達了失望之情，不過這些話也只是順口提起而已，他當時主要是在對同桌的賓客解釋，當時阿波羅十三號被看成是一次失敗的任務，NASA還拚命想要淡化處理，當作沒這件事。我跟湯姆．漢克斯對看了一眼，他跟我一樣，都默默地聽進了這番話。

那晚有好幾位明星都有上台講話，但是洛維爾講出的笑點特別讓人印象深刻。他擺出一副標準直男的樣子，說自己聽到阿波羅十三號的事情要拍成電影的時候，就覺得應該找凱文．科斯納來扮演他，因為「兩人都是金髮碧眼，而且此時都依然跟第一任太太廝守在一起」（科斯納跟他太太後來在那一年稍晚時離婚了）。接著洛維爾又列舉了科斯納主演的幾部硬漢角色電影，像是《百萬金臂》（*Bull Durham*）、《俠盜王子羅賓漢》（*Robin Hood*）、《夢幻成真》（*Field of Dreams*），還有幾年前剛讓他拿下奧斯卡獎的《與狼共舞》（*Dances with Wolves*），然後再講了一點跟科斯納有關的話哏，接著洛維爾就望向台下的朗．霍華，對他喊道：「朗，你是認真的嗎？湯姆．漢克斯跟我一點都不像好嗎。」漢克斯聽到都笑歪了，而這就是洛維爾獨特的幽默風格。然後洛維爾又繼續列舉漢克斯演過的一些角色，像是《親密夥伴》（*Bosom Buddies*）、《美人魚》（*Splash*）和《飛進未來》（*Big*），說他覺得跟科斯納的電影比起來都沒那麼有男子氣概。在那天的兩週之前，《阿甘正傳》（*Forrest Gump*）剛好上映了，所以洛維爾就拿這個哏作結尾，說他現在最擔心的就是漢克斯可能會改動角色，把他演成一個智障。漢克斯簡直愛死了這個人講的話，雖然這是兩人第一次相遇，但已然讓他們成了「親密夥伴」。

後來那天晚上漢克斯把我拉到一旁，說他注意到了我對洛維爾說自己沒有獲得勳章那番話的反應，他告訴我，如果有辦法讓此事成真的話，他願意親自到華盛頓特區觀禮。於是我的腦子開始不停轉動，想著要怎麼樣做才能把這件事的價值放到最大，以讓太空協會和太空計畫——當然啦，還有洛維爾上校自己——能夠受益。剛好此時NASA的太空站計畫在國會那邊出了一些狀況，雖然有些議員覺得自己選區裡應該會因此獲得一些航太方面的工作機會，但是光靠這些人的票數並不足以取得多數支持，因為這個計畫的資金需求一直在增加。經過了多年的拖延，外加不斷拉高的成本，一九九三年時國會就已經想要終止這個計畫了，而當時距離通過提案也只差了一票而已。所以如果這個計畫還想要有未來的話，吸引更廣大的支持基礎就是箇中關鍵，於是乎我就想到不妨利用一下湯姆．漢克斯，藉助於他無與倫比的大眾魅力。

匆匆完成了生下第二胎的任務之後，我又開始耍起了詐，而且這次上演的戲法比上次還大。我向漢克斯那邊的人表示，白宮的授勳典禮已經開始安排了，想問問看他是否願意加碼，當他人在華盛頓特區的時候也去國會舉辦的活動中發表演說，最後湯姆・漢克斯同意了。既然我取得了他的同意，這樣一來，當我向NASA與白宮方面提案委請柯林頓總統授勳給洛維爾上校時，就可以連帶向他們保證湯姆・漢克斯會出席典禮，而且還會到國會去發聲支持NASA。事情果真如我所願，這樣的機會讓兩邊的人都不想錯過，終而在經過數個月的幕後安排之後，授勳典禮按照計畫舉行了。此外，NASA還願意在前一晚先為洛維爾上校舉辦一場小型晚宴，而且請來了參議員芭芭拉・米庫斯基，也就是在國會裡協助NASA爭取撥款最重要的戰友。

在晚宴開始前幾個小時，我們忽然收到白宮工作人員的消息，說隔天的授勳儀式必須延期舉辦，告訴我「考量外界觀感，目前時機不宜」。我人到了餐廳時都還在生氣，但其他人倒是都能從容應對，漢克斯已經改好行程，明天早上就搭機離開——也就是說他不會到國會去發表演說了。我餘忿難消，便把這件事告訴了坐在我旁邊的米庫斯基參議員，由於我們對授勳典禮的事一直予以保密，所以參議員也是頭一回聽到此事，而她也同意，這次確實是錯失了一個好機會。

晚宴期間，餐廳領班向米庫斯基參議員傳遞了一條消息，說有一通很重要的電話要找她，那是個還沒有手機的年代，所以她就走出我們的包廂去接電話。等到她回來的時候，告訴我們是柯林頓總統找她，還道歉說自己打擾到了大家。幾分鐘以後，領班又進來表示有一通打給洛維爾上校的電話，我注意到此時參議員的眼中閃過一絲興奮的光芒。洛維爾回來時臉上掛著燦爛的笑容，也帶回了一則大消息，說明天的授勳典禮將會如期舉行。湯姆．漢克斯對我舉起了大拇指致意，意思是他也會馬上更改計畫，準備要留下來。那晚後來米庫斯基參議員告訴我，總統打電話來是要找她商討波士尼亞不斷升高的緊張局勢，討論完了以後，她就提起了晚宴上的夥伴，也就是吉姆．洛維爾和湯姆．漢克斯，說他們很遺憾明天沒辦法見到總統。總統表示自己對於原本計畫的典禮並不知情，也不知道臨時取消的事，而且按照她對我的轉述，總統似乎對這樣的決定不是很滿意。米庫斯基參議員雖然扮演了關鍵性的角色，但她並沒有告訴其他人，只不過確實就是她成功起到了力挽狂瀾的效果。

等我結束晚宴回到家中，發現答錄機上有一則白宮聯繫窗口留下的訊息。雖然時間已經很晚了，不過我還是選擇回電，卻聽到了劈頭一頓罵，說我逾越了白宮的作業方式，跳過了很多層級去上報，我們的話說到最後，那位工作人員還大吼了一句：「事情不是用這種方式來解決的！」我並沒有直接反駁對方，說既然你們底下的人取消了典禮，那我們當然也別無選擇，只能直接找總統了。

授勳典禮那次是我第一進到總統的橢圓形辦公室，也是第一回見到柯林頓總統，我好像忽然出了什麼毛病一樣，後來我自己還暗自把這種情況稱做「橢圓腦」，因為第一次踏入那個房間的時候通常會緊張到不行，以至於後來很難回想起在裡頭發生過的事。我有一些照片，看得到我跟總統在握手，還站在柯林・漢克斯（Colin Hanks）的旁邊（他來到華盛頓跟他父親湯姆一起出席），以及我看著洛維爾上校授勳的時刻，可是我對這些事情都不大記得起來了。所以我學到了一件事，以後要進橢圓形辦公室去面見總統的話，要在心裡記錄好重點，以免再出現類似的空白時刻。

不過相較之下，湯姆・漢克斯那天在國會上的演講依然深深銘記在我的腦海裡，那真是一篇動人而真摯的演說，講的是太空計畫與太空站的重要性，聽眾則是航太工業的頂級高層與國會議員。在我所聽過的那些聲援太空站的言論裡，湯姆當時說的話至今都還是最能打動人心的，雖然我事先曾對他的屬下提供了一些演說要點，事後也有些人要把演說成功的功勞歸我一份，但跟我建議的那幾點相比，整個演說實在是要鏗鏘有力許多。

辦了這些高能見度的活動，確實讓國家太空協會的董事會和提供贊助的企業們都覺得很有感，不過在我這個執行董事看來這只是整個大局裡的一小塊而已，我已經開始意識到，NASA的大眾支持度偏低的原因很可能不是出在他們想傳達什麼訊息，或是由誰來傳達這些訊息，我認為真正關乎的乃是載人太空飛行計畫本身的目的為何。從前有些電影，有的講述NASA過去的成就，有的展望未來可如何開發太空，這些作品之所以可以讓觀眾大開眼界，是因為故事本身有意義，這些賣座大片裡頭的太空人不會只是繞著地球打轉，其任務內容不會只是要研究怎麼讓更多太空人繞行地球更久的時間而已。看看全國民調吧，當民眾列出他們心目中最重視的施政項目時，NASA差不多是墊底的，跟援外事務的得分一樣慘。而且我在挑戰者號出事之後就發現，大眾其實並不清楚太空總署目前在載人太空飛行這方面到底在做些什麼事，又或者為什麼要做這些事。

隨著國家太空協會在太空界的聲望日隆，我們也得以向大家宣揚太空計畫的長期目標，但NASA卻顯得很是短視，眼中在意的只有一小撮選出來的民意代表，而那些人心裡只想著要留住NASA在自己選區裡提供的工作機會，跟我們協會的願景可謂是南轅北轍，根本無心於創造一個航太文明，在地球以外建立起人類社會。雖然錢包是掌握在國會的手上，不過我在研究所裡學到了一件事，NASA的政策演變歷來都是由總統所主導的，所以我也認定了，如果要想改善這樣的局面，直接影響未來政府的太空政策才會有最大的勝算。於是乎我在一九八八年的總統大選中自願擔任了候選人麥可・杜卡基斯（Michael Dukakis）的太空政策顧問，這樣做也符合了我個人的政治信念。杜卡基斯挑戰原本的副總統喬治・布希（George H. W. Bush，簡稱老布希），雖然最後敗得沒什麼懸念，不過我還是希望盡一己之所能，確保萬一他勝出的話民主黨政府也能夠採用一個有價值的太空計畫。這次的經驗也讓我第一次嘗試從全國性的角度來思考怎麼制定政策，因為即便我從一九八四年開始就投入了約翰・葛倫的選戰工作，但之前做的都只能算是聊備一格的選舉任務而已。

在選戰裡，太空事務算是科學政策底下的一個子項目，所以我在華盛頓特區那裡是跟著科學政策小組一起出席會議的。雖然NASA並不是大家討論的話題焦點，不過後來參議員勞合・班森（Lloyd Bentsen）成為了副總統參選人，而他出身的德州乃是太空事務大州，所以太空議題就開始浮上了檯面。杜卡基斯州長在一九八八年八月跟他的新參選夥伴一起到了德州，宣布支持「永久性駐人太空站」，並允諾要重新建立一個內閣級別的國家航太委員會（National Aeronautics and Space Council），由副總統來擔任主席。我身為一個年輕的志工班底，看到居然可以這麼容易就從一位總統參選人口中說出這麼重大的承諾，實在感到相當震驚，這也成了我永遠不會忘掉的一課。

大家都知道海盜並不以合作見長，所以隨著時間的演進，意識形態光譜兩端的人也逐漸都離開了國家太空協會，有些認為我們的願景太過前衛的人，跑去加入或創辦了較為傳統的太空產業協會；至於另一批想要採行革命路線的人，也去創建了更加激進的組織。即使如此，我們依然算是早期的思想領導團體，在太空界裡頭也代表著一股向上的力量，我經常受邀到國會山莊為NASA的預算案發表專家證詞，也常有媒體跟我聯絡，要我對太空事務發表意見，這讓我們有機會可以跟大家仔細闡述，載人太空飛行有一種很寶貴的長遠目標，但在政府的太空政策裡卻忽視了這點。那時候一直站在我們這邊說話的還有紐特・金瑞契（Newt Gingrich），他當時是國會裡少數黨的黨鞭，多年後擔任眾議院議長時因不當行為而聲名大噪，但在此前大家的印象就是他支持太空殖民。不過後來發生了一件更重要的事，就是老布希當選了總統，由他所領導的政府，很明顯跟我們有著同樣的觀點。

◎　◎　◎

老布希總統上任時，太空總署還沒完全從挑戰者號事故的創痛中痊癒，直到不久前才剛重新啟用太空梭執行飛航任務，但老布希實現了杜卡基斯的承諾，恢復一九六〇年代的做法，不但成立了一個國家太空委員會（National Space Council），還請副總統來擔任主席。雖然奎爾副總統在民眾心中算不上是重量級人物，不過他卻善盡了自己的職責，即使副總統本人及其團隊並沒有太空或相關技術背景，但這反而讓他們比較不會受到那些過往的利益考量所干擾，頗有一番要在NASA開創新局的氣概。

到了一九八九年七月二十日，為了紀念阿波羅任務登月二十週年，老布希總統宣布了一項太空探索計畫（Space Exploration Initiative，SEI），該計畫不只要把人類送回月球，還要送上火星，按照總統的說法就是「我們必須著眼於未來，讓美國人和各國人民都能夠在太空中生活與工作。放眼今日，的確，美國是世界上最富有的國家，擁有舉世最強大的經濟體，是以我們的目標最起碼也該要把美國打造為一個最頂尖的航太之國」。這是我個人頭一回看到總統發表如此的公告，也深深感受到了箇中的歷史重要性，美國如今已經昭告天下，舉國要力圖成為航太之國了，美國總統口中終於講出了「宇宙飛行」（spacefaring）這樣的字眼了！我們太空協會也跟著馬上起草了一封由巴斯寫給所有會員的信，號召大家一起出力，這樣總統的演說才能後繼有力，因為想辦成此事的關鍵就在於我們基層的草根網絡，得要發動他們去聯繫各自的選區民代，至於我們協會這邊，則是負責與國家太空委員會的人員進行協調工作。

太空委員會要求ＮＡＳＡ進行一個為期九十天的研究，然後提出太空探索計畫（ＳＥＩ）的新方案，而且還事先清楚聲明，他們不想要照過往那種老方法來辦事了，他們要ＮＡＳＡ著眼於其他的創新方式，即便是要變更當時正大力推動的自由號太空站計畫也在所不惜。後來總署裡有人洩露了ＮＡＳＡ原本要提交的內容，於是委員會這邊就從能源部的洛斯阿拉莫斯實驗室（Los Alamos Laboratory）另外找來了一批團隊，請他們再設計另一份計畫案來進行比較。很明顯，這是因為ＮＡＳＡ在載人太空飛行這方面缺乏進取心，讓太空委員會感到失望，所以才想說要讓他們有個競爭對手，以激發他們用不同的角度來思考。

不久前，老布希總統才任命了前海軍中將理查．特魯利（Richard Truly）擔任ＮＡＳＡ的署長，但如今副總統和太空委員會的人卻似乎已經對於這個人事選擇感到後悔。奎爾副總統在自傳《堅定不搖》（*Standing Firm*）中有一章的標題是〈火箭與官僚作風〉，裡頭寫到了ＮＡＳＡ面對白宮領導團隊的要求，其反應卻顯得冥頑不靈，讓他感到相當受挫。

「ＮＡＳＡ的這些官僚，這群人真是太受到縱容了，」他寫道：「他們的問題在於，太空政策應該要交由白宮負責……可是他們希望繼續由他們自己來制定太空政策，哪怕是就連外人都已經看得很明白，他們手上在進行的計畫根本就太過異想天開，而且也太過昂貴、龐大及緩慢。在爭取預算的時候，ＮＡＳＡ並不介意讓我們去應付行政管理暨預算局以及國會山莊的抨擊，可是說到要怎麼彌補預算缺口的時候，他們就不讓別人插手了。」

一九九〇年代初期副總統和國家太空委員會所發現的這許多現象，其實跟我在二十年後所經歷到的事情大有相似之處。根據奎爾副總統的記述，他跟ＮＡＳＡ的領導團隊在早期的時候開過一次會，會中太空飛行計畫的負責人向他承認，在太空站計畫的最快運行日期這件事上他們一直都在欺騙國會，至於當時已經知道計畫至少得要延遲四年的問題，他甚至暗示說可以捏造出一些技術方面的理由來加以搪塞。

雖然按照奎爾副總統的回憶，代表團的其他人都說那個負責人的言論跟自己沒有關係，可是副總統卻說這其實就是太空總署例行的模式，這讓他和行政部門的其他人都深感不安。「其傲慢程度讓人難以置信，」他寫道：「他們老早就習慣於丟出一堆數據和估算，然後就指望ＮＡＳＡ的魅力依舊，可以讓所有聽那些話的人迷得團團轉。在我們開完會之後，達爾曼（Darman，行政管理暨預算局〔OMB〕的主任）告訴阿布雷希特（Albrecht，太空委員會的行政祕書），水門案跟這個相比根本就是小兒科而已。」

能源部的實驗室那邊提交了一份計畫案，裡頭的項目還包括了一系列的充氣式居住艙，可供太空站、月球及火星基地使用等內容，總計要花費四百億美元；幾週後，NASA這邊的提案也公布了，卻說得花掉五千億美元。這份計畫是依照NASA現有的基礎建設與人員而設計出來的，並沒有按照總統明確指出的成為航太之國的目標來重新規劃，那只不過是變著花樣想再推一次阿波羅計畫，而且要花的錢還比以前更多。這次的喊價吸引到的不只是媒體頭條的注意，也引發了國會的質疑，以及太空委員會的怒火。

聽到老布希總統所宣布的重返月球計畫，尤其是太空委員會還有意要創立一個更有開創性與延續性的計畫來進行此事，太空海盜們都非常高興。我們一方面透過公開演說與國會證詞來傳播我們的想法，同時也透過基層草根體系來努力遊說民代。雖然已經是三十多年前的事，可是如今重看我們當年證詞的說帖，還是可以看出太空海盜們對於目標的一以貫之：

> 從長遠來看，想要提升性價比的最好方式，除了要透過政府所支持的開發計畫、政府

與民間的研發工作，還要盡可能結合自由市場的競爭環境，由民間提供一般性的太空產品與服務。

……就算政府是最大買主，還是應該盡量按照商業客戶的規矩來辦事，也許差別只在於政府的著眼點是要獎勵創新科技，因為這些新科技看似不如舊科技那麼具有價格上的競爭力，可是只要把研發成本分成長期來攤銷的話，日後的成本還是可望大幅降低。

我們接著還進行了一番闡釋：「考量到太空這種特殊狀況，執行政策時至少要照顧到以下幾點，包括簽約時要以成效來判定合用與否，而不要硬性規定使用某種硬體；政府方面也不要把每件事都強加管控，亦不該干涉產品規格的細節。」其理由在於「那樣的做法往往會抬高成本、妨礙技術創新，而且按照NASA的情況來看，這樣還會把技術人才困在合約的監管工作上，無法讓他們從事本應進行的尖端研究工作」。因此，我們力勸政府應該要「在長期採購這方面成為一個更可靠的客戶」，並總結說「NASA應該做自己最擅長的事——研發先進科技，然後讓商業部門去做他們最擅長的事——藉由市場力量的獎勵效果，降低現有科技的成本」。

如果今天有人要我對這個議題作證的話，我會一字不改地說這些話。

我們所表述的想法非常清楚，在當時可謂是獨此一家，而奎爾副總統及他的團隊似乎也很高興能有一個公民組織和他們站在一起，不只在他的官邸幫我們辦了一場「星光派對」，還讓我們參加了他在白宮所主持的會議與活動，以及參與那些他有上台演說的太空會議。而由於我們的能見度與影響力不斷增加，也讓那些傳統的航太利益團體變得越來越關注我們。

我們協會裡有一個航太產業委員會，分別由十家公司所組成，每一家每年會捐給我們五萬美元，這在我們的預算裡占了不小的比例。委員會的代表們每一季都會碰面，而為了讓他們的捐款可以抵稅，代表們還會受邀參加我們的活動，並且列名在我們的資訊欄上。按照我們的管理標準，國家太空協會在決定太空事務方針時會刻意跟產業委員會保持一定的距離，所以雖然國家太空協會一直支持增加太空預算與建立太空站，但是我們要傳達的想法都經過審慎評估，只針對新的太空探索計畫（SEI）表示支持而已。

在NASA既有的計畫項目裡，波音公司是其中的一個要角，其公司代表艾略特．普勒姆（Elliot Pulham）也是我們產業委員會的主席，他曾打電話給我，威脅我們不要支持總統的新計畫，他說如果我們再繼續幫太空探索計畫說話，不把支持目標重新歸於自由號太空站的話，他們就會撤回財務上對我們的支持。我對他致歉，說他可能誤會了產業委員會在我們制定方針時所扮演的角色，並解釋為何我們會支持那個新計畫，接著又向他釐清了一個觀念，他們的企業捐款可以用來抵稅，但不得涉及對特定計畫的宣傳之用，然後我再提醒他，這種「影響」是有違業界倫理的，而且還違反了國稅局的規定。我居然會這樣回應，出乎了他的意料。產業委員會之前是支持我擔任執行董事這個職務的，我也很感謝他們的信任，不過現在我卻覺得在他們的認可背後其實還有附加條件。他們居然毫不隱諱地說出公司反對總統的觀點，而且還暗自認定可以左右我的行為，這著實讓我感到震驚，但我們並不願意偏離正軌，還是繼續發動會員，鼓勵他們對自己選區的民代表達意見。有報導說國會山莊的辦公室那邊湧入了大量的信件，而這件事也獲得了證實，因為我後來又接到了另一通讓人不安的電話，這次打來的人叫凱文．凱利（Kevin Kelly），他是一位在參議院的撥款委員會中手握大權的職員。

這位資深的工作人員很生氣，說他們辦公室收到的電話和信件已經多到造成亂象，根本應付不過來，他告訴我「叫我的狗不要鬧了」，不然就得冒著該計畫撥款被降低的風險。我聽出了他那種作威作福的口氣，回答他說有一件事我很確定：那些電話是不會停的，就算我願意照他的話做也一樣。我解釋說，這些人只是在行使他們的公民權而已，而且還補充一點，說他們所代表的觀點背後，是一群關心太空發展的長期未來的人。國會那邊的員工一向習慣用這種策略來控制企業的說客，而我的回答再一次出乎了對方的意料。雖然我還是堅守著自己的陣地，可是腳下的沙土卻慢慢開始滑動了。我一直很努力跟航太產業以及國會山莊裡的人建立正面關係，但我也知道，如果他們攻擊我的名譽，這不但會傷害到我的工作，也會損及大家對於協會的支持，這些是我很早在對付傳統說客、官僚及國會時就學到的親身經驗，只是我試著不要將之視為定局，只當那是一種要跨越的障礙，繼續相信可靠健全的政策與原則終究會獲勝。

太空委員會的行政祕書馬克．阿布雷希特（Mark Albrecht）後來也寫了一本書，講述他在NASA工作時的經歷，也寫到了他所感受的挫折。他指出：「大家常說五角大廈是由企業、國會和軍方所組成的鐵三角，其實民用太空計畫才是個鋼四角，分別由企業、國會、NASA官員及學院裡的科學家所盤據。美國例外主義（exceptionalism）時期那個最輝煌的珍寶，到頭來也沒剩下多少東西了。」對太空委員會來說，他們也把對太空探索計畫（SEI）的反對聲浪看成是一種障礙，而不是一項定局，可是他們的奮戰最後還是飲恨失敗了。

雖然花了我幾年的時間，不過我還是跟艾略特與凱文在工作上培養出了正面的關係，而這期間太空探索計畫（SEI）的發展並不算順利，總統在第一年編列了兩億美元的請款，幾乎全數遭到國會刪除。太空探索計畫就這樣苟延殘喘多撐了幾年，支持的力道不慍不火，獲得的資金為數不多，從頭到尾都只停留在紙上談兵的階段。一個現任的總統無法克服現狀，也擋不住那些為了一己之力的企業說客，外加國會，還有NASA那些盤根錯節的官僚系統所加總起來的強大力量，因而不能實現一個更為創新、更能長久的太空計畫，這種事情不會是最後一遭，看看二十年後的我，就置身於風暴的中心裡，可嘆自己早該做好準備，面對那洶洶而來的怒濤。

特魯利中將的行事拖沓，還會半途而廢，布希政府終於再也忍不下去，決定要他卸下NASA的署長一職，由奎爾副總統受命告訴他此事。不過當奎爾要他下台的時候，特魯利卻說總統才是他的老闆，必須要總統親自對他說才行。到了一九九二年二月十二日，當時才剛剛開除了這位曾經當過太空人的中將署長，讓他離開了將近三年前被指派的職位，此時總統卻告訴副總統以及他的太空委員會主管，說他想要在四月一日以前找到一名優秀的新署長確定接下這個位子，這根本就近乎是不可能的任務。當過太空人的署長被解職了，而且離開的過程並不體面，消息傳開後讓太空界感到不安，業界的同僚們覺得很失望，就連業界的媒體似乎也站在中將那邊來批評總統。有許多一直以來我所堅持的信念，在此刻都受到了動搖，這讓我很是沮喪，航太界所支持的居然是政府的補貼，而不是永續的太空發展計畫；一個政務官居然可以無視總統的指示，而一位總統居然要等上超過兩年才能開除一個這樣逾越分寸的人，這種種情況加總在一起，讓我在太空與政治這兩方面的價值觀與信條都一起崩壞了。

◉　◉　◉

儘管是千難萬難，國家太空委員會還是辦到了布希總統的指示，丹尼爾．索爾．高丁（Daniel Saul Goldin）在一九九二年四月一日宣示就任ＮＡＳＡ署長。丹尼爾不但優秀，而且是新面孔，他對華盛頓的民間太空機構而言比較不算是熟悉的人物，所以他也不會急著要加入這些人的陣營，因為他知道自己是被人家請來推動改革事宜的。在職業生涯的前五年裡，他一直在克里夫蘭為ＮＡＳＡ開發電動推進系統，後來改到航太企業湯普森－拉莫－伍爾德里奇公司（Thompson Ramo Wooldridge, Inc.）的旗下任職，該公司常被人簡稱為ＴＲＷ，曾經為阿波羅計畫開發登月降落引擎。丹尼爾在產業界裡看見的東西，比太空總署領先了不知道幾光年的距離，而他也在那個時候就已經意識到，ＮＡＳＡ已經開始變得暮氣沉沉。多年後他曾經告訴我，雖然那些進行阿波羅計畫的人都很棒，可是政府體制並不允許創新，而ＮＡＳＡ的官僚體制也讓人感到窒息。

丹尼爾在一個不大安穩的時間來ＮＡＳＡ就職，當時距離總統大選只剩八個月，所以他這個政務官的職務能否延續下去有著相當的風險。即便這樣，他還是馬上著手處理他認為需要做出積極改變的任務，而在國家太空委員會的支持之下，他在就任不久後就解決了許多挑戰，其中最首要的一項就是處理技術支援承包商太多的問題，然後還有官僚作風太盛的問題。

一九九二的大選過後，老布希只當了一任總統就結束了，所以在一月的時候，丹尼爾在辦公室裡也老老實實地開始打包準備走人。此時總統當選人柯林頓在ＮＡＳＡ的過渡團隊由莎莉．萊德博士領軍，丹尼爾要求底下的同仁要配合她收集資訊，以利籌組新的領導團隊。不少人其實都知道，柯林頓總統就是想要讓萊德直接當ＮＡＳＡ署長，可是大家也看得出來她並不想要這份工作。在一月中旬的時候，丹尼爾居然收到總統當選人手下的詢問，想知道他是否願意留任，直到他們找到其他新署長為止，這讓他大感意外。對於為期三個月的交班過渡工作，莎莉一直很願意幫忙，可是面對白宮方面不斷試圖要招募她擔任署長一職，她卻一直予以婉拒，於是白宮那邊只能繼續等待下去，期待有一天她會回心轉意。

丹尼爾．高丁並沒有浪費這次延任的機會，而且盡了自己最大的努力。由於自由號太空站的計畫拖延日久，成本不斷增加，讓國會方面的支持力度也減弱了許多，所以他就想方設法要拉民主黨國會和新總統一起入局。說起載人太空飛行和太空站，沒有誰的經驗會比俄國人更多，可是在一九九一年蘇聯解體後他們的經濟也隨之崩壞，即使自家手上有個和平號（Mir）太空站，也只能勉力維護支撐。另一方面，在老布希總統當政的時期，美方就已經開始跟俄方在太空進行交流，俄國太空人會搭乘美國的太空梭，而美國的太空人也會搭乘聯盟號（Soyuz）——俄國的太空艙——前往和平號太空站。既然在蘇聯的後經濟改革時期雙方就有了這種合作，丹尼爾便提議擴大採用這種軟實力的外交工具，乾脆邀請俄羅斯人成為全面合作夥伴，一起重新設計太空站。這一招在白宮那邊可謂大受好評，也讓新的柯林頓政府對丹尼爾和太空站計畫都給予了其所需要的支持。

為了讓這個重要的修改計畫順利完成，自由號太空站這個名字也改成了國際太空站

（International Space Station），常被簡稱為ＩＳＳ。丹尼爾還大刀闊斧，砍掉了一直把持著該計畫的中間技術承包商與官僚體系，轉而採用更精簡的管理架構。想當然耳，太空站既有的十四個合作對象與業界承包商對於這次的計畫變動大為不滿，抱怨說他們的意見沒有被納入應有的考量，因為如果決定要這樣更動計畫的話，就等於必須調高太空站的傾斜角度，這樣才能接收到從拜科努爾（Baikonur）發射過來的太空船，如此一來反而又要升級美國這邊的太空梭才行。此外，這樣的變動也意味著要白白糟蹋過去將近八年的進展，以及已經在開發中的四百噸新硬體配件。話雖如此，但在這場爭辯中有一件事是大家不大願意提起的，那就是如果不請俄國人幫忙的話，自由號太空站大概也逃不了被腰斬的命運。

就算有了柯林頓總統的支持，一九九三年在眾議院對太空站資金的議案也只以一票之差驚險過關。丹尼爾當初的壯舉其實冒著相當的風險，不只把整個計畫重組，還請來俄羅斯人合作，但從事後看來，這卻讓太空站起了地緣政治上的作用，可以走得更長遠。十年後，當哥倫比亞號事故發生，太空梭全面禁飛，大家還是可以透過俄方前往國際太空站，這實際上可以說是拯救了整個計畫。

除了載人太空飛行之外，其他幾個重要的科技計畫也在丹尼爾的領導下進行了全盤重組。在他剛上任的時候，NASA正好面臨了一連串難堪的失敗，最為人所知的糗事就是跟火星觀察者號（Mars Observer）失聯，然後哈伯太空望遠鏡（Hubble Space Telescope）的影像居然也模糊不清。這些失誤不但在帳面上浪費了二十億美元的稅金，而且還帶來更顯見、更麻煩的後果，因為這會誘使官方增加很多細微末節的規定細則，同時又讓每次的任務變得越來越龐大，因而任務數量也就跟著一直減少，造成了惡性循環。一旦成本提高，創新就會減少，因為這種任務關係到數十億美元的鉅款，失敗了就不能重來，所以也很難說服大家一定得要冒險運用新技術不可。

老布希的太空委員會在之前曾提出一個任務轉型方案，要朝「更快、更好、更便宜」的方向邁進，而這也成了丹尼爾的口頭禪，這個想法的目的是要執行成本更低、次數更多的任務，並藉著出任務的良機來測試更多創新技術。丹尼爾為多種不同成本的科學任務設立了許多提案競標辦法，而且一直沿用至今，只不過這種變革也引起了太空產業機構的抨擊，因為如果按照傳統計畫的做法，在國會關鍵選區的大學和承包商可以從中拿到比較多的錢，而且按照那種方式設計的計畫也比較不會被中途取消。

在我的職業生涯裡，跟丹尼爾．高丁有交集的大多是在他當署長的前幾年，當時幫吉姆·洛維爾拿到太空榮譽勳章的人裡頭也有他，他在骨子裡也是一名太空海盜，也同樣相信由我代表國家太空協會所宣揚的那些理念。在一九九四年的時候，丹尼爾要我加入NASA諮詢委員會（NASA Advisory Council），雖然這個委員會的地位崇高，但在此前裡頭的成員都是一些年紀較長的優秀白人男性。再過了兩年後，他又來電說想找我擔任一份工作，就是幫他在NASA進行策略規劃，我毫不猶豫地就答應了，我畢竟已經在國家太空協會裡待了超過十二年的時間，等不及要施展所學了。

我到NASA工作的頭一年遇到了很大的挑戰。丹尼爾的管理思維素來都是認為人要離開舒適圈才能有更好的工作表現，所以我每一天都好像在迎接一場新的考驗，而他的領導班子在規劃策略時也不大在意是不是有剛剛才加入團隊的新人，而且還是個沒有軍事或工程背景的人。丹尼爾身邊有兩個位置最高的智囊，一位是人稱「迷你」（Mini）的邁克·莫特（Mike Mott），另一位則是人稱「蘇洛」（Zorro）的傑克·戴利（Jack Dailey），兩人都是海軍陸戰隊出身，對我的出現也特別不友善。迷你和蘇洛支持的理念都比署長本人還要更為傳統，而他們也知道我來這裡就是要提供另一種意見的，所以兩個人都盡量不想讓我得逞。手握資訊就等於手握權力，在政府裡頭工作尤其如此，否則光看薪水大家其實也沒多大差別，所以他們兩個似乎就有了一個念頭，如果他們幾乎什麼都不讓我知道的話，我就什麼事情都辦不成，然後就會摸摸鼻子離開了。

採購部門的負責人黛德麗・李（Deidre Lee）是ＮＡＳＡ裡少見的女性高階職員，此前在國防部也負責過徵集政策的主導工作，她很早就跟我交上了朋友，同時也成了我的工作導師。黛德麗把這些男同事叫做「杯子男孩」，因為到哪裡都可以看到他們的咖啡杯，上頭印有他們在軍隊裡的呼號（call-sign），像什麼迷你、蘇洛、飛龍、獵豹等等，這樣旁人一看就馬上會知道這些人有自己的小圈圈，而且也跟著用這些綽號來叫他們。我的職業生涯裡曾經跟許多杯子男孩共事過，我發現他們普遍有一種傾向，就是會反對新的觀念和新的人，但這種心態往往跟ＮＡＳＡ的使命是背道而馳的。

迷你和蘇洛想要困住我，最後反倒讓我展翅翱翔，不過這當然並非他們的本意。他們不讓我獲得日常的工作訊息、參加例行的會議，倒是讓我有時間可以專心處理最重要的策略性事務，結果還讓我晉升成了ＮＡＳＡ政策辦公室的負責人。

觀察丹尼爾做事讓我學到了一件事，眼睛要盯著未來的目標，但腳底下得要按部就班，也就是很多人口中的「反推思維」（right-to-left thinking）。他並沒有教別人要這樣做，而是以身作則讓我們看到，很多人滿口都說要有大局觀，可是很少人可以將之體現在日常小事裡。丹尼爾每回做事都是在一開始就先想清楚結局要怎麼收尾，相較之下，會投身於官僚系統的人其實通常都是只管要做什麼事的人，所以有一位具有大局觀的領導者就顯得特別重要。就我所見，這裡很多人所關注的都是設計、開發或執行任務這些事項要怎麼進行，而這些事並非我所長；我還注意到，在一項計畫的開發週期裡頭，即使追加了費用，其原始目標到最後還是會縮水。這個系統真的需要進行根本上的改變，這樣才能打破這種惡性循環，可是極少有政府單位的領導人會把心思放在找辦法改革這上面。

「更快、更好、更便宜」這個口號最常讓人聯想到的，就是丹尼爾在NASA所進行的改革，事實上，這些太空計畫後來之所以可以應用在商業上，也是多虧了他的領導。我已經身在政策圈子裡，從前又從太空海盜們那裡學到了不少東西，讓我相信這個領域就是最能讓我貢獻一己之長的地方，於是我召集了一個小組，負責舉薦各種可以推動載人太空飛行的商機的辦法，而丹尼爾對於我招募團隊的事也樂見其成。成員裡頭有來自各項計畫以及總顧問辦公室的人，以及一位具有實戰經驗的太空人瑪麗．艾倫．韋伯（Mary Ellen Weber）博士，她曾在太空上進行過科學實驗。我們這些人齊心協力，一起耕耘與播種，推動各種商業政策的進步，這些都對日後的成功開闢出了一條道路。

我們團隊第一個想要大力促成的，就是對國際太空站的早期商業利用，畢竟NASA在開發這個設施時砸了幾百億美元，可是等要實際應用的時候，其預算卻只有幾億美元，這讓丹尼爾想要改一改這種固定的套路，於是他帶頭跟國家衛生研究院達成協議，要一起發展突破性的生物科學，並且刺激民間單位參與投資，然後他再利用自己職權的威望來吸引可能的用藥對象。聽到NASA打算讓民間出錢在太空站進行實驗，引來了《紐約時報》的關注報導，而後費斯克．強森（Fisk Johnson），也就是S．C．詹森車蠟（S. C. Johnson Wax）公司創始人的玄孫，讀到了這篇報導，於是就跟NASA聯絡表示他對這個想法很有興趣，然後丹尼爾就指派了我的團隊去處理後續事宜。

費斯克有意要在太空站上進行有商業意義的科學實驗，願意出資開發，因為他從小就對太空計畫相當熱愛，而且本身還兼具探險家、飛行員、企業家與環保人士的身分，希望能夠有所作為。在我們的努力之下，雙方簽署了一份合作協議，要在太空中測試肝臟與腎臟組織的代謝物，費斯克為此支付了數百萬美元給NASA，讓他們在二〇〇一年時把實驗帶到國際太空站去進行。我能夠參與到這項合作計畫是一個非常寶貴的機會，而NASA也很幸運能有費斯克這樣一位合作夥伴，他既有能力又有動力，而且口袋還很深。可是即便NASA派出去的團隊都是一時之選，一切事情卻都比預期花了更長了時間。這次的經驗讓我們學到了商界的做事方式，也讓我見識到了合作授權這種獨特的做法，等到十年以後，這將會成為降低太空運輸成本的關鍵所在。

然而該計畫也讓大家看出了這種做法的問題，想在一個沒有研究人員在場的實驗環境裡進行商業實驗，並不是一件簡單的事。在太空上，負責進行實驗的太空人犯了嚴重的錯誤，弄錯了將代謝物注入肝細胞的時機，致使實驗所得到的任何結果都不算數。NASA決定不另收費，之後重回太空再做一次實驗，於是在兩年後的STS－107號任務中，太空人總算順利完成了實驗，可是實驗結果卻沒能帶回來，而是跟著哥倫比亞號太空梭及其機組人員一起在二〇〇三年二月一日返回地球時隕落了。

太空梭第二次釀災，跟第一次的時候一樣，這打斷了載人太空飛行的未來。在挑戰者號出事以後太空梭停飛了將近三年，歷經痛苦而且極其昂貴的重新設計，以求恢復大家的信心，相信它的基本理念並沒有問題，最終才躲過了被淘汰的命運。可是哥倫比亞號事故又再砸壞了太空梭的招牌，現在大家的心裡都清楚，太空梭永遠都不會達到當初設定的目標，讓太空運輸變得便宜又可靠了。

當初太空梭第一次發生重大事故時，政府為了解決問題，便找來當時僅有的兩家發射公司，也就是洛克希德．馬丁和波音，並出資要他們改進自己在一九六〇年代為軍方開發的火箭。當初會這樣做是想要讓雙方比拚一下看誰做得更好，但結果反倒讓這些公司盯上了政府這塊掛保證的市場，覺得這裡更加有利可圖，因為他們可以一直開出高價，而等到這樣做的時間一長，他們就已經無心在商業市場上跟別人競爭了。雖然新設計出來的漸進一次性運載火箭（Evolved, Expendable Launch Vehicle，ＥＥＬＶ）在發射費用方面沒有像太空梭那麼貴，可是還是比世界其他國家的發射價格高出許多，所以商用衛星的生意就紛紛出走，跑到了法國、中國和俄羅斯的火箭那邊。

既然在商用的發射市場上不具備競爭力，太空梭和漸進一次性運載火箭的開銷只能全部都讓政府來買單，一出手就花了納稅人幾十億美元的鉅款。而且由於發射成本居高不下，大家自然也就不會想要研發更創新、更便宜的人造衛星了，畢竟光是發射就要花上幾百萬美元，大家就比較不敢冒險在人造衛星上頭採用比較新、比較低成本的科技。這兩種發射系統所費不貲，連帶降低了使用者的風險承受能力，也限制了創新的動力，打消了大家競爭開發的念頭，逐漸形成一種惡性循環。等到幾年後，因為只有美國政府的發射業務，這已經不足以支撐兩家公司的生意了，眼見這兩種火箭發射系統都面臨了續命之危，讓政府決定支持把兩者合併為一家公司，產生了一門合法的壟斷生意。這家聯合企業叫做聯合發射聯盟（United Launch Alliance，ULA），他們不只一直調漲發射價格，而且每年還可以得到十億美元以上的營運補貼。

聯合發射聯盟對外說自己的成立是為了回應政府的期盼，希望他們可以整合成一家公司，可是這樣的說詞往往顯得更是可惡。企業自己先是去找那些代表航太產業勞工的國會議員，告訴他們自己的需求，說這樣做可以保住甚至增加議員選區裡的工作機會，等到政府照辦之後，企業又反過來說自己只是按照政府的要求做事。在國會的關鍵選區裡，只要簽下了可以提供就業機會與基礎建設的大型合約，之後就幾乎不可能加以改動，這樣的運作機制，丹尼爾等人把它叫做「大型自舔式冰淇淋甜筒」（giant selfflicking ice cream cone）。這種圖利自肥的循環會增加納稅人的經濟負擔，而且這還只是其中一項惡果而已，這套機制同時也消除了競爭——經驗證明，競爭才是推動效率和創新的方法，如果沒有競爭，不只會導致成本增加，而且會反向鼓勵大家不要創新。國會議員和企業把這套機制打造得固若金湯，讓自己可以占著冰淇淋大快朵頤，他們當然很愛那甜美的味道，越吃越上癮，可是從長遠來看的話，這樣做其實有害健康，而且是企業和國家雙雙受害。我跟大家一樣也愛吃冰淇淋，要不是那會讓我變胖的話，我也會常常放縱自己，不在乎吃過了頭。

太空計畫已經開展四十年了，我們依然不知道太空還有多少機會等著我們去開發，而其中最大的障礙一直都是上太空的成本太高，挑戰引力何其難哉。丹尼爾把這個障礙稱為「戈耳狄俄斯之結」（Gordian Knot），要先解開這個死結，人類的太空發展才能一直進行下去。雖然太空預算並沒有增加，而且太空梭和國際太空站的支出還越來越多，丹尼爾還是投入了資源，開始著手解開這個結。

NASA慣行的採購機制跟軍方很像，都是先定下想買的東西的細節（也就是一堆形式上的要求），然後再開始招標，最後再看是簽統包定價（fixed-price）合約還是成本加成（cost-plus）合約。聯邦採購規則（Federal Acquisition Regulations，FAR）對合約有詳細的限制與要求，政府有掌控與監督之權，可以審查承包商的作業情況，而且該開發過程中所產生的任何智慧財產權也都要歸給政府。以NASA的情況來看，所簽的大型合約幾乎都是用成本加成的方式在進行的，因為每個計畫都跟其他計畫很不一樣，不知道開發過程裡會增加多少風險，不適合讓民間公司來承擔。NASA把這個稱做是「傳統型」合約，可是如果從正常消費者的眼光看，這種做法根本一點也不傳統，因為這種合約允許成本議價，而且還提供保證金，有任何額外的必須項目也可以請款，所以在計畫開發過程中出現的任何新需求或事先沒想到的難處都會支付費用。而由於NASA的撥款每年只有一次，所以就算溢付款項也會等到下一個年度裡再算，結果就是承包商們常常把多收的錢拿在手上，過了很久的時間才還。

雖然NASA也有簽一些符合聯邦採購規則（FAR）的統包定價合約，但大多只限於一些規模較小或是內容明確的採購項目，這種情況的變數比較小，所以可以詳細規定清楚。只不過就算是跟公司簽了統包定價合約，對方還是有辦法拿到比合約所定更多的金額，反正只要說事情的進展跟預期的不一樣，不然就說是客戶的需求出現了改變，這樣的話政府這邊也不能追索什麼，頂多只能要你退出計畫，再不然就只好跟你重新談判，看是要出更多的錢或是給你更多的時間。然而有些計畫的主旨是要開發某些功能或技術，以求之後可以服務更多的顧客，這也正是平價太空運輸的發展目標，此時上述那兩種採購機制就都不適用。因此丹尼爾就要求律師另尋其他更能夠達成這種特殊目標的方法，律師們便提議不要採用傳統的採購流程，改用合作協議的方式來避開問題。如果是透過合作關係，就可以交給第三方來研發特定的系統了，只不過這個解決方式過不了政府這關，因為合作協議並沒有被納入聯邦採購規則裡，通常只有對小成本的項目政府才會採用這種做法，就像我們之前跟費斯克・強森合作到太空站去做科研實驗那樣，用的也是同一套做法。

丹尼爾在一九九六年發起了一項由政府與產業界合作的大型提案競賽，並稱之為「可複用發射載具」（Reusable Launch Vehicle，RLV）計畫，其中規模最大的一個計畫項目是一款叫做X－33的試驗飛行機，按照官方說法，其設計目標是要「打造出一款太空運載工具，其飛航周轉時間只需幾天，而非幾個月；運作人手只需幾十位，而非幾千位；發射成本僅需現行的十分之一」。NASA之所以願意投資，是想鼓勵大家開發可重複使用的發射載具，以此降低載運物品上太空的成本，將之從每磅花一萬美元降到只要一千美元。後來一共有三家大型航太公司完成了該計畫的第一階段，並在提交了自己的設計後進入第二個試驗機開發之階段，該階段會為飛行測試任務提供資金，而參與的公司則必須提出成本分攤的方案，並在其中規劃該系統如何於最終達成全面商業化的目標。

這次的提案競標是NASA第一次為了可複用發射載具所進行的重大商業合作計畫，堪稱是一場降低發射成本的聖杯之爭。這項計畫不但得到了柯林頓政府的強力支持，而且航太產業界中頂尖的各家公司也很感興趣，所以一開始就在國會裡獲得了跨黨派的支持。大部分的太空海盜最支持的是麥克唐納．道格拉斯公司的方案，一般稱之為三角快船（Delta Clipper）或簡稱DC－X，但一九九六年時在第二階段勝出的卻是洛克希德．馬丁公司，因為他們提出的目標是要在一九九九年以前開發出次軌道（suborbital）載具的半成品，並進行首次試飛，而且洛克希德還計畫要在二〇〇五年之前開發出一款名為「冒險之星」（Venture Star）的運載器。

我曾在NASA的政策辦公室裡主持過一項研究計畫，其內容就是要評估哪些獎勵方案可以幫助民間單位的合作夥伴，讓他們繼續開發全面商業化應用的機種。X－33勝出是在我開始為NASA工作前兩週所發生的事，對於這點我要簡單澄清一下，因為我的丈夫後來在洛克希德．馬丁公司裡參與了這個計畫的工作。戴夫在這家航太業巨頭裡任職至今已經超過了二十年，縱然現實如此，不過讓人意外的是我們兩人的關係鮮少因此而變得緊張。我跟他是在幫約翰．葛倫打選戰時認識的，而戴夫比我更早開始對太空感到興趣，畢竟我們結婚就選在太空日那天——也就是七月二十日，紀念登月的日子——而且我們的第一個孩子的名字還是跟著《星艦迷航記》的作者取的。

我的兒子們從小開始聽到的都是跟太空有關的對話，也見證了各項太空大事。我開始到ＮＡＳＡ工作的時候，他們兩人分別才只有兩歲和五歲，最常讓我於心不安的是，我比他們大多數朋友的媽媽都更少在家，我只能努力克服難題，想盡辦法彌補。有一次我即將要在週末去出差，小兒子顯得特別不高興，當時九一一事件還沒發生，所以他可以在起飛前跟我一起進到ＮＡＳＡ的飛機裡，讓他「看看媽咪都在幹嘛」，機長跟我們家米奇介紹了駕駛艙，然後他就跑到客艙那裡，坐坐看那些又大又軟的座位，玩玩看扶手上的電話，不久後又注意到了機上廚房裡的零食，當他打開迷你冰箱時，看到裡頭滿滿的都是汽水，於是就用他那大大的棕色眼睛憂傷地望著我，說出了我印象中他的第一句話：「這不像是在工作。」童言童語不可小覷啊。

在我們的職業生涯中，戴夫和我一直很注意遵守利益衝突的相關規定，而這在我到ＮＡＳＡ工作之後也變得更加複雜了。對於可複用發射載具計畫而言，我的團隊的政策工作並沒有直接相關，我們研究的是政府對於任何一項合作計畫可以進行的獎勵方式，所以ＮＡＳＡ的總顧問部門判定這並不會造成利益衝突。

從我們團隊做的分析可以看出，有些對民間合作對象的獎勵措施，比如幫忙擔保貸款，或是簽署服務認購協議（service purchase agreement），也就是所謂的「錨定租用」（anchor tenancy），這些做法確實可以幫他們獲取開發成本所需要的財源，而且政府也不用直接出資請他們來開發成品。錨定租用這個想法是讓政府只購買商品與服務，無須親自打造或營運整套系統，其最早的成功先例是一九二五年的《航空郵件法》（Kelly Air Mail Act），當時就是跟航空公司簽了航空郵件合約，進而刺激了早期商業飛航的發展，對那些新興的航空公司來說，只要有了政府資金的保障基礎，他們就可以推出更合理的價位來吸引其他民用的顧客，從而一步步打造出完整的產業。

X－33的測試計畫是跟民間合作共同分攤成本的，不過政府這邊只負擔固定的金額，其餘所有超支的部分都要由該公司自行承擔。該計畫進行了四年多下來，NASA花掉九億美元，洛克希德．馬丁公司也自掏腰包花了超過三億五千萬美元，後來測試機出了一些技術問題，估計該計畫要再多投入五千萬到一億美元，可是錢還沒投進去計畫就停了。X－33暨冒險之星計畫根本遠遠還沒進行到發射階段，卻已經有越來越多的既得利益者隱約感受到了它的威脅，所以就推了一把，早早把它送進墳墓。計畫被取消了，這套合作方法也被打掉了，幾年後才終於又出現了商業模式的載貨及載人計畫，而其成果很大程度上都要歸功於先前的努力。

除了X－33之外，可複用發射載具計畫裡還開發過一個比較小的改款機型，就叫做X－34，後來又改造成了軍用的太空飛機，專門用來執行機密的太空任務。透過「太空他途」（Alternative Access to Space，簡稱為Alt Access）的合作計畫，政府出資幫助了許多新創公司，其中有不少都是太空海盜們在營運的。就像當初X－33的競標商看見了市場誘因而動念開發自家的發射載具，現在各界對於衛星市場也是一片看好之聲，因而吸引了這些公司的成立，其中有四家新創公司透過「太空他途」計畫獲得了初始資金，不過到了NASA的下一任署長時，就要求縮減到只剩一家。

丹尼爾在任內還有一項推行最久的運輸政策，就是不再由NASA負責出動載具來進行科學任務，而是改為採購民間所提供的發射服務，此舉省下了不少開銷。直接買人家的發射服務不僅可以減少NASA的開支，而且還可以把空下來的政府資源用來進行更多科研工作，同時又讓一些剛起步的公司可以發展長期業務，藉此幫他們吸引政府以外的其他客戶。原本那團綁死的政策亂麻，那個戈耳狄俄斯之結，總算有了鬆動的跡象。

丹尼爾善用ＮＡＳＡ的資源來降低發射成本，此時太空海盜們也繼續在其他方面取得了長足進展。一九九六年春天，當時我在太空海盜界一位叫做彼得．迪亞曼迪斯（Peter Diamandis）的朋友想創辦一個名為「X獎」（X-Prize）的獎項，正需要外界幫助。該獎的設置目的是要鼓勵各界開發可全面重複使用的太空船，讓人們可以搭乘它往返於太空，獎座計畫的靈感則是來自於奧泰格獎（Orteig Prize），當年查爾斯．林白（Charles Lindbergh）就曾在一九二七年贏得這個獎項。X獎的頒發對象必須打造出一套太空運輸系統，該系統要能成功載運一個人（並有搭載兩人以上的能力）上太空，而且在兩週內重複再進行一次，看哪個團隊先做到就可以獲獎。當時彼得打電話給我，問我能否幫忙讓這個獎項取得ＮＡＳＡ的背書。

如果想證明反推思維確實效果卓著，最好的辦法就是獎勵思維成果，而綜觀過往經驗這樣做也肯定沒錯，因而我馬上就舉手贊成。我知道這個獎項確實符合丹尼爾的個人理念，但問題是要怎麼說服他的手下，那群杯子男孩覺得讓ＮＡＳＡ出面背書的風險太高，因為在爭取得獎的過程中有可能會搞出人命，所以他們就勸丹尼爾不要支持這個獎項。可是這回這些官僚們做過頭了，他們這種僵化的思維正是丹尼爾想要改掉的風氣，於是他接受了X獎的邀請，親自出席了他們在聖路易斯舉行的開辦活動，而這個城市也正是當年查爾斯．林白啟航的地點，正好可以紀念前人的精神，丹尼爾便以此來表示NASA對獎座的肯定。他願意早早就表態支持，這對X獎來說相當重要，他們也自此不斷改進，雖然花的時間比我們許多人預想的更久一些，但最後還是為民間的太空飛行事業做出了重大貢獻。

X獎原本設想在五年之內選出得獎者，所以到二〇〇〇年的時候時間已經很緊迫了，彼得又再次向我求助。丹尼爾看到這項計畫一直沒有進展，也已失去了信心，不想再站出來力挺他們；我倒是很樂意挺身而出予以（相比之下遠遠沒有那麼重要的）支持，利用我NASA政策辦公室負責人這個職位來盡量幫忙他們。我把彼得和他的銀行金主找來一起開會，表示NASA依然支持他們，藉此幫這個獎座拿到了臨時融資，而這筆資金也成功幫他們繼續撐持下去，直到後來阿努什．安薩里（Anousheh Ansari）出面解困，有了她的捐助，二〇〇四年才得以成立「安薩里X大獎」（Ansari X-Prize），而且獎金高達一千萬美元。

有了X獎這一類的計畫出現，加上太空海盜們的努力不懈，載人太空飛行也朝著降低成本的目標不斷邁進。在丹尼爾離開之後，NASA的領導團隊並沒有優先考慮利用民間合作或重複使用設備來降低載人太空飛行的發射成本，就連哥倫比亞號事故發生之後也依然如此。過了八年，我在二〇〇八年時回到了太空總署，接手的攤子看起來沒有改善多少，跟丹尼爾離開時的局面還是差不多。丹尼爾在任將近十年，期間歷經了兩個政黨的三任總統，他一直孜孜不倦地對抗現況、推動創新，想帶領ＮＡＳＡ轉型進入二十一世紀。我的職業生涯裡有很多要感謝的人，他們大膽給了我表現的機會，丹尼爾就位在名單上前頭的地方。太空海盜幫我形成了自己的太空理念，丹尼爾則幫我將之千錘百鍊，造就了堅不可摧的信念。

三、現代神話

在第一次登月的十五年後——也就是我剛踏入職場的時候——太空界瀰漫著一股沮喪的情緒，覺得自己失去了公眾的支持。當初的NASA曾在登月競賽裡頭得勝，被大家讚譽為有史以來最傑出、最受崇拜的組織之一，但也正是因為從前那麼炙手可熱，所以等到熱鬧過去以後——最後一個太空人踏上月球是一九七二年的事——冷清的局面反而更讓人難以接受，NASA當時的預算跟過往的巔峰時期相比只剩一半多一點而已，雖然這個機構想要再挑戰像以前那樣的大膽任務，可是國家卻沒有找到新的目標，沒有理由再繼續花大錢下去。

我們之所以在載人太空飛行這方面沒有進展，通常都被人歸咎於沒有政治決心，但是這種看法忽略了當年的政治決心是怎麼來的——是為了擊敗俄國人。之所以會設定那麼大膽的目標，是因為要解決當時美國領袖們心目中最大的威脅，而NASA也出色地完成了使命。

登月之後既然沒有對手了，對抗共產黨的政治決心當然也就用到了別的地方，徒留ＮＡＳＡ兀自枕戈待旦，卻已無可施展。阿波羅計畫肩負著獨特的使命，所推動的戰略與技術決策並沒有顧及如何降低營運成本的問題，因而也就沒有產生出可以更長期進行下去的計畫。

每當大家想起阿波羅計畫，總是只想到有一位大膽而勇敢的年輕總統，然後用一種浪漫的眼光來看那個時代和任務本身的目的。「我們之所以選擇這十年裡登上月球，並且完成其他的事，並不是因為這些事很簡單，而是因為他們很困難。」這段話至今仍被反覆提起，試圖證明今日的ＮＡＳＡ應該要增編預算。那段歷史記錄得很清楚，可是至今流行的還是這種敘事角度，不只有歷史學者出來強化這個印象，一些機構還花錢宣傳，想要永遠延續這樣的傳說，畢竟我們大家都想要再現那樣的美好年代，因為當時我們的國家看起來是那般純粹與美好啊。於是乎，大家就接受了這樣的神話。

在那個遭到神話的故事裡，時代與人物都只有一種面向，如此的刻意打造是為了向大家灌輸形象，可是真實故事中的人與事都是多面的——裡頭的動機既有善念也有邪念。幾年前曾有一段甘迺迪的錄音被公開，他說到自己對於上太空的看法，從中可以聽出故事並沒有大家以前印象裡那麼簡單。雖然他發表了一段辭藻華麗的公開演講來宣示登月決心，但錄音裡頭的甘迺迪的態度又是另一回事，他提出登月任務後還不到一年，便已經質疑這件事的價值。這些錄音裡有一段很少有人提到，甘迺迪曾在一九六二年的十一月告訴NASA署長詹姆斯．韋伯（James Webb），說如果我們贏不了俄國人的話，「那就把話說清楚，不然就不應該花這麼多錢，因為我對太空其實沒那麼感興趣」。很多人都知道，政治領導人在公開演說的時候講的是一套，但私底下講話時說的又是另外一套，可是就算明知是這樣，聽著甘迺迪總統告訴NASA署長說他根本不在意上不上太空，然後再想想我們聽慣了的那個浪漫神話，還是會讓人感到心驚。

眼看著花的錢越來越多，憂心不已的甘迺迪曾多次鄭重向蘇聯領導人尼基塔．赫魯雪夫（Nikita Khrushchev）針對太空人登月之事提出合作邀請，希望這樣能夠減少開支。如今再回顧這段往事，我們就會發現那套阿波羅神話的虛假，甚至連甘迺迪總統的**公開**聲明都被刻意淡化了，例如他一九六三年在聯合國發表的演說，就曾提議要跟俄國人合作進行登月計畫。

「那麼，」他對台下的聽眾問道：「為什麼人類的首次登月之行，非得淪為國家的比拚不可呢？」甘迺迪指出，就美蘇對抗這件事來說，「烏雲已經稍稍散開」，所以「蘇聯和美國，以及雙方各自的盟友，不妨達成進一步的協議——協議不要相互毀滅，這乃是我們雙方共同的利益」。要注意的是，他說這些話的時候，豬玀灣入侵事件（Bay of Pigs）與古巴導彈危機都已經有驚無險地過去了。

把時間推回一九六一年四月，當時甘迺迪總統曾問掌管國家太空委員會的詹森副總統，要他「給我提一個我能贏的目標」，對於緊盯著自己利益的太空界而言，幾十年前的這個時刻可以說就是他們成就的高峰，此時他們已經把眼光牢牢放在送人上太空這件事上，而這個時機可以說選得再好不過了。

一九六一年四月四日，甘迺迪總統批准了對古巴的祕密軍事入侵行動，定於十天後執行。豬玀灣入侵行動的失敗讓甘迺迪政府灰頭土臉，也更讓他需要展現一下自己對抗蘇聯的實力與領導力。等到四月十二日，美國這邊還在為豬玀灣的糟糕事傷腦筋的時候，俄國人已經成功把尤里·加加林（Yuri Gagarin）發射到了太空上頭，也挖好了坑等著美國來跳。蘇聯率先發射了第一顆人造衛星，又第一次把人送上太空，美國已經落後太多，所以後來NASA就一定得要提一個夠遠大的未來目標，這樣才能讓美國有時間可以迎頭趕上，所以NASA的老大就找來華納·馮·布朗，聽聽這位曾經當過納粹軍官的頂尖火箭科學家的意見，最後提議要進行載人登月計畫。而這個計畫正是這位年輕的總統當時所需要的——一個大膽的反共夢想。不到一個月後，也就是一九六一年的五月二十五日，甘迺迪在國會發表了他那場歷史性的演說，宣布要進行阿波羅計畫。在這樣的歷史時刻，我恰好就出生在這一週，當時美國在載人太空飛行方面的經驗根本就幾乎等於沒有，但是大家不用在意，以前的比賽輸了沒關係，又有一場新的比賽開始了。

從某種程度上來說，當俄方在三年半前發射了史普尼克號（Sputnik）之後，就已經注定會讓甘迺迪做出後來這個決定。《華盛頓郵報》的莉莉安・康寧漢（Lillian Cunningham）有一個風格大膽的播客節目，名字叫做《月出》（*Moonrise*）——她以此紀念阿波羅登月五十週年，不久前她在節目裡公布了一些錄音資料與文字紀錄，從中我們可以看到各政黨如何為了一己之利而刻意強化NASA與冷戰之間的關係，在馮・布朗的帶頭之下，許多人都在大聲疾呼、想方設法，硬要把太空探索跟國家安全扯上關係，然後藉此機會來增加自己手上那些計畫的資金。

在史普尼克號發射後的幾個星期，瑪格麗特・米德（Margaret Mead）進行了一項研究，她所描繪的公眾反應很不一樣，美國並沒有昂揚著我們後來所以為的那種時代精神。在發射後所立刻進行的個人調查裡，米德發現有很多美國人只表現出對此事的些許興趣，並沒有因為這顆只有沙灘排球大小的人造衛星而顯得歇斯底里。可是在軍工複合體，還有政客及媒體的聯手操弄下，大眾只要對史普尼克號冒出任何一丁點的反應，馬上就會被加油添醋說成是大家都被嚇壞了，因為只要大眾變得驚恐，這些人就往往會受益。

艾森豪總統聽聞俄羅斯人造衛星的消息時人正在大衛營度假，他根本沒有選擇趕回華盛頓去，畢竟這次的發射本來就已經是意料中事。二〇一七年，當距離發射那一天已經過了六十個年頭，中情局釋出了相關的檔案資料，裡頭寫道「美國的情報部門、軍方，以及德懷特·艾森豪總統，均不僅早已全然知悉蘇俄計畫要發射一顆人造地球衛星，而且也知道最晚在一九五七年底之前很可能就會有一顆蘇俄的人造衛星進入太空軌道」。總統甚至還向蘇聯那邊發了一封賀電過去，而且私下更慶幸自己不是第一個發射衛星的國家，總統和他身邊的人都很歡迎這次的發射，認為這樣有助於奠立所謂的「自由太空」（freedom of space）原則，意思就是外太空屬於所有人，所以也可以讓其他國家的人造衛星在自己國家的上頭飛行。

看到艾森豪對史普尼克號沒有做出強烈的敵視反應，那些想要硬把國家拉進太空競賽的人就拿此事來大做文章，然而艾森豪總統一心就想著要避免核武戰爭，所以擔心如果把錢用於在太空上耍噱頭的話會限制到洲際導彈計畫的資金，因為在他看來，洲際導彈對國家安全的重要性要更加高上許多。許多人或為一己之利，或為一黨之利，紛紛把他說成是一個被動且麻木的人，想要藉此激起民主黨人士更強烈的反應，接著這些特殊利益人士——包括馮．布朗在內——還跑去找當時還是參議員的林登．詹森，要他好好利用這個機會。詹森當時是參議院軍事委員會底下的戰備調查小組委員會（Preparedness Investigation Subcommittee）的主席，在眾人的力勸下他組成了一個「人造衛星暨飛彈計畫調查小組」，從一九五七年十一月底開始一連舉辦了幾個月的聽證會，裡頭共有七十三個人發表證詞支持增加太空活動。而一些渴望打造自己所企盼的未來的人，其中包括科學家、行政官員和科幻作家，有好幾位後來還成了我的同事，他們紛紛提出了各種異想天開、不切實際的證詞，講述他們對太空探索的期待。他們也曉得投其所好，利用了林登．詹森愛誇大其詞的習慣，所以他在聽證會最後進行結案陳詞時是這樣說的：「控制太空就等於控制了世界，誰若主宰了這無垠的天際，就有能力從太空控制地球的天氣，造成乾旱或洪水，乃至於改變潮汐，升高水平線，改動墨西哥灣流，把溫帶氣候變為嚴寒。」歷史學家們認為，這些聽證會帶起了很大的支持聲量，成為後來成立太空總署的關鍵所在。

美國第一次嘗試要發射人造衛星的時候並不得人心，許多報紙下的標題還用了「失普尼克」、「屎普尼克」、「伺普尼克」這一類的惡搞文字，而民主黨人士批評政府的炮火也加大了一倍。當艾森豪發現自己已經成了太空競賽的輸家時，他別無選擇，只能仰仗華納．馮．布朗幫忙，而他正是把太空議題煽動成民粹與政治化問題的主要黑手之一，現在卻要靠他來發射美國的第一顆人造衛星，設法改變輿論的風向。

一九五八年一月的最後一天，探險家一號（Explorer One）成功發射，在此之後馮．布朗就成了全國人心目中的英雄，而他和他的支持者們也繼續進行遊說，要求成立一個新的內閣機構負責太空事務。艾森豪提了一個替代方案，建議將國家航空諮詢委員會（National Advisory Committee for Aeronautics）進行組織改造，成為一個權力較小的獨立機關。跟國會協商了數個月之後，艾森豪總統最終在一九五八年七月簽署了ＮＡＳＡ太空法案，並於十月一日生效。

艾森豪對於國家的未來有一件最為憂心的事，之所以有人要利用太空議題來破壞他的聲望，裡頭的政治算計其實跟此事有很密切的關係：跟軍武工業相關的政府組織變得越來越龐大，將來有可能會濫用其權力。艾森豪並不是唯一擔心此事的領袖人物，曾在一九五八到一九六三年擔任奇異公司（General Electric）執行長的商人及企業家雷夫．柯第納（Ralph Cordiner），他也在一九六一年時寫下了這樣的文字：

我們必須體認一件事，這些政府機關都呈現出了膨脹的趨勢，除非建立適當的保障措施，否則他們有可能會在太空計畫的壓力之下過度擴張。隨著我們在太空的新開發地帶進行越來越多的活動，有很多公司、學院及公民也會跟著變得越來越得要看聯邦政府的臉色，等著看它在政治上又提出了什麼想法和需求。如果這種情勢不受節制而繼續發展下去，最終美國就會變成自己在奮力對抗的那種社會——一個受到嚴密管控的社會，裡頭的人民和機構都由中央政府所支配。

一九六一年艾森豪卸任，他選擇把自己在白宮最後一次演說的重點放在他對軍工複合體權力不斷增強的憂慮上：

在政府的委員會裡頭，我們必須確保軍工複合體無法獲取不當的影響力，不論那是他們主動或被動賦予的都一樣。萬一把權力給錯了對象，使其勢力抬頭而帶來災難後果，這種可能性確實存在，以後也不會消失，我們絕不能讓這兩者結合的力量威脅到我們的民主程序與自由，我們也不該認定有什麼事情是無法動搖的，唯有請公民們保持警覺、查知境況，才能令使這架龐大的軍工國防機器順服於我們的和平手段與目標，如此一來我們的安全與自由才得以共同發展茁壯。

艾森豪在軍隊和政府裡一共服務了四十六年，他知道這股勢力已經固化成了一個無法動搖的軍備產業，而他之所以會努力讓這裡一直是民事方面的太空機關，就是看出了這個問題，不想讓它被這個日益增大的威脅所染指，可惜他只成功了一部分。二戰之後各國感到了受蘇俄統治的威脅，而軍工產業為了自己的利益也在鼓吹這種威脅，導致美國插手了韓戰及越戰等多場失敗的軍事行動，就連民用太空計畫也受到了這股威脅力量的推動。

美國人透過軟實力的力量，證明我們的民主制度具有優越性，這套論述已經成為我們用來對抗共產主義的固定說詞。而在這種說理方式的刺激之下，NASA的年度預算也一路增長，一九六〇年時還是二十億美元，到一九六五年就已經來到歷史高點的三百四十億美元，然後就把我們送上了月球。為了贏得登月競賽，我們選擇創立一種社會主義式的大型計畫，結果雖然成功了，卻也造成了負面的後果，只是有許多歷史學者都迷戀於那套美好的傳說故事，所以這些後果就被掩蓋掉了。

太空歷史學者們普遍都認為，當初之所以會成立ＮＡＳＡ和載人太空飛行計畫，理由就是因為冷戰，然而他們卻很少會質疑這樣的因果連結是否有效。一九六九年時打敗俄國人成功登月確實是一項了不起的成就，但是冷戰並未因此結束，那還得繼續再等二十年。知名的冷戰歷史學者亞契．布朗（Archie Brown）認為，打敗俄國人成功登月跟最後蘇聯解體這兩件事之間並沒有直接關係，也許美國在太空領域的成果確實曾讓少數還在考慮要進一步親俄的國家停下腳步，但是在美國屢次登月之後也並沒有國家出面宣布放棄自己與蘇聯的關係。跟之前一樣，我們還是先拉開距離、回到當時的情境，採納其他的視角，這樣才能看到更完整的景象。

在《販賣懷疑的人：從吸菸、ＤＤＴ到全球暖化，一小群科學家如何掩蓋真相》一書中，歷史學家娜歐蜜．歐蕾斯柯斯（Naomi Oreskes）和艾瑞克．康威（Eric M. Conway）這兩位作者記錄了幾位「右派分子」宣揚的說法，顯示他們如何（錯誤地）影響了美國數十年的政策，甚至在生死攸關的大事上拖延了政府行動的腳步，從當年的香菸、二手菸乃至於酸雨，一直到現在的氣候變遷均是如此。本書有四位著墨特別多的科學家，其中三位都跟我共事過，分別是羅伯特．賈斯特羅（Robert Jastrow）、弗里德里克．賽馳（Frederick Seitz）和弗雷德·辛格（Fred Singer），因為他們都被馮·布朗拉到了國家太空研究院（國家太空協會的前身）的董事會。從林登·詹森到甘迺迪及艾森豪，這幾個人對於冷戰那種敘事風向都是關鍵性的推動人物，他們所下的功夫，讓蘇聯總理和美國總統都相信稱霸太空是衡量一個冷戰超級大國最有意義的標準，時至今日，有一些謀求自利的人士也還在提出一樣的主張，說美國要跟中國展開登月競賽，這樣的說法根本就無視於實情——我們老早就贏了。

只有在時間已經過去之後，我們才有可能看清歷史的全局，可是就算這樣，它依然會被那些訴說往事的人揉捏成不同的模樣。華納·馮·布朗對火箭技術、ＮＡＳＡ以及載人太空飛行的發展都有定鼎之功，這點不僅有大量的資料可以證明，而且也早已得到大眾的肯定。我早期職涯裡有十二年在他成立的組織裡頭做事，希望能增加大眾對於太空計畫的支持度，我甚至就坐在他以前的辦公桌前面，我辦公室的牆壁上還掛著一張他的巨幅相片，看起來很有震撼力。坐在馮·布朗人像的眼皮底下，讓我覺得五味雜陳，雖然他確實是聰明無比的太空計畫之父，卻也同時是一個見責於天下的納粹武裝黨衛軍軍官。

在所有的太空神話裡，馮·布朗的故事也許是編造最用心的一個。他不但是納粹黨裡的領導人物，而且還發明了Ｖ－2火箭，造成了兩萬多人的死亡，而這其中只有九千人是死於戰爭攻擊，另有一萬兩千人是被強徵的民夫和集中營裡的囚犯，他們是死於勞動條件。V－2在開發時並沒有要攜帶炸彈，馮．布朗是希望用它來載人上去外太空，到月球上頭去。在後來的一次採訪中，馮．布朗曾說：「火箭的運作完美無誤，只不過卻降落在錯誤的星球上頭。」他只有兩種選擇，如果不想被殺，就只能乖乖接受資源來開發他的火箭，這是他對自己行為的辯護，也算情有可原，但即使是這套說詞，也並沒有考慮到其他人的命，沒有想到那些被奴役的猶太人，以及他這武器底下的亡魂。

流行歌手湯姆．萊勒（Tom Lehrer）在一九六五年唱過一首歌，裡頭嘲諷了馮．布朗，大眾這才意識到他在二戰裡頭扮演的角色。那歌詞是這樣的：

> 只要火箭能升空，誰管那會落何地，
> 此事非屬我職分，馮．布朗如是說。

在當時，NASA是美國門檻最高的高檔俱樂部，而這位火箭設計師是裡面備受推崇的成員。馮．布朗確實聰明過人，也確實改變了美國太空產業的發展之路，這點沒什麼人會否認，可是卻有太多人在為他洗白，掩蓋掉他人生故事的完整真相。你或許可以用目的來為手段辯護，說馮．布朗當時只是想要保命，可是ＮＡＳＡ的大家庭裡有一些人卻不只是這樣，他們選擇無視馮．布朗在殺害無辜百姓這件事上的角色，更不要說他們還把他當成偶像在崇拜，這表明了這些人心裡的優越感，而且腦子只有一根筋。

當軍武工業看到自己的生意正在下滑，便把目光投向了一個更新、更難打敗的敵人，那就是共產黨，而馮．布朗就是他們重要的盟友，甘願幫他們謀求利益。馮．布朗投降美國以後，在十五年內他就已經掌控ＮＡＳＡ的大部分，而且在為我們的政治領袖提供建言，這在如今是很難以想像的事，就算世貿大樓遭受攻擊已經過去了二十年，我們的政府怎麼可能讓任何牽涉到劫機的人在美國科技計畫擔任核心人物，又或者放任他跟國家領袖們往來，就算這些人當年是被迫參與恐攻的也一樣。馮．布朗在世人面前的形象就是一個很帥氣的白人，有藍色的眼睛、金黃的頭髮，這些無疑都能幫他快速打入別的圈子裡，包括美國、ＮＡＳＡ，還有華盛頓的權力中心。

很多人對於早期的「載人」太空計畫抱有一種懷舊心態，把它講成是一段讓人人都激動和歡嘆的美好時光，事實上會有這種感覺的主要還是盎格魯－撒克遜的白人男性，我所認識的女性或少數族裔人士裡，根本沒幾個人會緬懷那些日子，畢竟那時候我們沒有權利投票，不能加入鄉村俱樂部，沒有丈夫的允許也不能辦信用卡。我跟大家一樣，很喜歡《大老婆俱樂部》（*First Wives Club*）和《廣告狂人》（*Mad Men*）這兩部電影裡的時尚風格與髮型，但我可一點都不想要回到那個只有男性占據職場主導地位的時代，連一個女性跳出了祕書圈子升上高位，都可以當成是什麼了不起的進步。

在一九六〇年代，NASA雖說是一個民事太空機構，但實質上依然身負軍事重任，被人當成一個冷戰的工具使用。這樣的連結關係雖然大大增加了NASA的預算，卻也讓這個草創的太空機構逐漸形成了一種習慣文化，總想要靠自己來打造及營運大型的工程項目，不肯對技術創新與科學研究進行更一般性的投資。當初為了阿波羅計畫建立這種龐大的官僚機構，也發展出這個產業的利益關係，這些光是要維持下去就得要花掉巨額的固定成本，而且在建立起來以後，這些利益相關人士在尋找新的任務或目標時，自然就會希望可以繼續利用跟以前一樣的基礎設施，同時任用想法跟以前差不多的人員。這一個太空產業複合體，已經被自己往日的成功所困，讓自己害了自己。

四、運途多舛

一九九一年年底，冷戰終於結束了，然後ＮＡＳＡ就讓大家看到自己多麼懂得變通與利用時機——雖然這兩種特質通常都跟官僚體系沒什麼關係。每當有人問我為什麼認為ＮＡＳＡ可以成功轉型，願意接受由企業來幫自己送人上太空，我常常都會提到這個例子：他們當年就曾請自己往日的死敵來做過這種事了啊。

蘇聯垮台後對他們的太空計畫造成了嚴重的衝擊，而美國太空政策的領導人物們也嗅到了這個機會，於是很快就轉向支持讓雙方和解，一起合作進行計畫。我們的目標是要延續之前的高科技工作，但是不要用在軍事領域上——可謂是現代版的「鑄劍為犁」。在俄羅斯展開經濟改革後，老布希總統在一九九二年底開始商討讓雙方的太空人利用太空梭與和平號太空站來進行聯合任務，而且後來的柯林頓總統也有延續下去，於是從一九九五年到一九九八年，在丹尼爾．高丁擔任署長期間，雙方一共進行了十一次的聯合任務，而丹尼爾也利用此合作基礎，提議邀請俄羅斯參與ＮＡＳＡ所規劃的太空站計畫，成為全面合作夥伴。

想到可以拉開鐵幕，仔細看看我們競爭對手的太空計畫，這讓美國和ＮＡＳＡ都非常感興趣，所以當初那些新提案其實並不能說完全是出於善意。自由號太空站計畫在頭十年裡就已經用掉了一百億美元，但是卻遲遲看不到發射的那一天，所以ＮＡＳＡ也希望可以從俄羅斯人那邊得到一些想法、知識及自己亟需的硬體；至於俄羅斯這邊，前蘇聯留下的太空實力雖然強大，現在卻需要注入西方的財源，於是雙方的交易就達成了。如今俄羅斯太空總署為了替自己的太空計畫找到資金，居然轉而擁抱資本主義，開始賣聯盟號的觀光座位，要帶人上和平號太空站去旅遊。如今ＮＡＳＡ開始跟自己的老對手合作，可是ＮＡＳＡ之所以會出現，正是因為有這個對手；而俄羅斯人之所以會創立這個太空計畫，就是為了要把對方的意識形態比下去，可是如今他們自己也採納了這個意識形態；與此同時，ＮＡＳＡ則陷入了停滯，卡在一個以集中管理方式設計出來的計畫式體系裡頭。這種種今昔對比，真的是太諷刺了。

俄羅斯的商業太空活動早在幾年前就開始了，還得到了幾位老字號的太空海盜的鼓勵與協助，包括華特．安德森（Walt Anderson）和傑夫．曼柏（Jeff Manber），他們在一九九九年成立了一家公司，名字就叫「和平公司」（MirCorp），將俄羅斯太空站轉為民用。只要有錢，這家公司可以讓個人或企業前往和平號太空站，而第一位太空旅客叫做丹尼斯．蒂托（Dennis Tito），根據報導，他付給俄方兩千萬美元，中間經手的是另一家很早就成立的太空旅遊公司，名叫太空探險公司（Space Adventures），讓他最後順利在二〇〇一年四月搭乘聯盟號到了國際太空站。

我在二〇〇一年夏天離開了NASA，當時是柯林頓執政的末期，我轉到了一家航太顧問公司工作，而這個工作也讓我有了置身第一線的機會，可以好好看看俄羅斯的太空觀光業一開始是怎麼發展的。此時S．C．詹森車蠟的費斯克．強森，就是我在NASA曾經跟他合作過那位，他跟我聯絡說他也想上太空站，想要請我幫忙處理。他的年紀才四十出頭，而且又身兼飛行員、科學家與企業家的身分，也有財力買一個位子，實在是一位相當理想的客戶人選，他上太空的目的也不是想要兜兜風或打廣告，而是為了科學實驗，他跟他的團隊已經進行了五年的研究，想要上太空進行訓練與實作。也剛好就在此一年前，我曾跟丹尼爾．高丁一起前往俄羅斯去看聯盟號的發射，當時見到了一些俄羅斯太空總署的重要人士，此外我也認識和平公司的老闆，所以有辦法幫我的客戶跟他們談一個比公告價格還要低很多的優惠，讓他成為第三位上到國際太空站的太空旅客。那年夏天，費斯克準備開始進行體檢，我就陪著他和他的小隊一起去了俄羅斯。

物理與生物問題研究所（Institute for Biological and Physical Problems，IBMP）位於莫斯科一個不起眼的建築設施裡，他們會幫俄羅斯太空總署為太空人進行體檢，體檢進行到最後階段時（如果能夠過關的話）還有幾個檢驗項目要前往星城（Star City）進行，那裡是俄羅斯太空人的訓練中心。費斯克的體檢表現很好，只花幾週的時間就高分通過了所有的檢測項目，在和平公司的鼎力相助之下，他的團隊也完成了搭乘聯盟號相關細節的最後確認，我們商討的結果是要進行為期十天的太空任務，並於二〇〇二年秋季時出發，此外雙方簽訂的同意書中還要求必須進行六個月的訓練，預計會在明年分成多次進行，以方便費斯克安排其他要做的事。

二〇〇一年九月十一日，被劫持的幾架飛機撞擊了紐約市的兩棟世貿大樓和華盛頓特區的五角大廈，我們在那之前已經都回到了美國，當我們第一次聽聞這場攻擊時，我人正在白宮對街的頂樓辦公室裡，我們一共好幾個人就跑上了樓頂，親眼看看到底發生了什麼事。我們看見人群從白宮建築群裡跑了出來，然後又注意到五角大廈的方向有滾滾濃煙，連天空都被遮蔽了，所以我們就知道這不是什麼演習，然後就跑下樓梯，跟著康乃狄克大道上的人龍一起跑，想要遠離白宮，因為大家擔心那就是下一個被攻擊的目標。我穿著高跟鞋，所以還沒跑多遠就聽到第四架飛機已經在賓州墜毀，然後我跟住在附近的朋友借了一雙網球鞋，走回我位於郊區的家中。我永遠都忘不掉，在我跑過基橋（Key Bridge）的時候，橋上一片空蕩蕩，而五角大廈卻冒著濃煙的那個畫面。

九一一事件改變了很多事情，費斯克這下子就沒辦法在隔年花上六個月接受聯盟號任務的訓練了，他跟別人一樣有自己的生意要照顧，而且生意也被這個事件所影響，需要他好好處理。我打電話給和平公司的傑夫．曼柏，告訴他這個壞消息，他問我是否認識其他有能力買下這個席位的人，如果收不到觀光航班的西方財源，俄羅斯人根本就無力繼續營運國際太空站了。而跟費斯克去了一趟俄羅斯，讓我親眼看到了這個國家面臨的經濟困局，現在問題已經浮上檯面，連要保障聯盟號安全飛行都已經有困難了，如果沒辦法定期流入現款的話，載人太空飛行的未來似乎就岌岌可危了。我覺得自己多少有點責任，畢竟現在要退出的是我的客戶，所以我就聯絡了一些人，他們不但有身價，而且之前也曾對於搭乘太空梭表示過興趣，問問看他們是否願意買下這個席位。詹姆斯．卡麥隆不行，他太高了，不能搭乘聯盟號；湯姆．漢克斯不想，他說要等孩子長大一點再說；李奧納多．迪卡皮歐呢……太忙了還是不行。然後我聽說這個席位其實還有個備案人選，要載一位歐洲太空總署的太空人，而且付的錢比我們幫費斯克談到的合約價格還要少，於是乎，我也開始天馬行空，想找找看比較不一樣的人選。

我在NASA所進行的政策工作裡曾於幾年前委託進行過一次品牌研究，發現民間企業對於跟載人太空飛行相關的行銷手法很感興趣，研究顯示像是Nike或迪士尼這種消費品牌會願意付錢讓自己跟太空計畫產生連結，不過NASA是政府機關，它和旗下的員工（也就是太空人）都不能夠幫商品背書。我跟當初進行研究的公司聯絡，問問看他們是否認為可以用徵求贊助的方式來幫某位旅客籌集費用，讓他搭乘聯盟號到太空站一遊，結果他們不但說此法可行，而且直接建議說最好找個媽媽來當遊客，這一方面是因為她的女性身分，成為第一個上太空的女性旅客可以吸引媒體目光，然後媽媽手中又掌握了家庭購物七成的決策權，因此特別會受到贊助商青睞。

我不肯錯過這樣的天賜良機，所以就擬了一份提案，要由我自己來搭乘太空船，而且還簽約請了一位經紀人。我提案裡寫上的個人目標是要讓大眾更加體認到載人太空飛行的價值，還要進行費斯克．強森的實驗，該實驗將有機會利用國際太空站的環境創造出救命的藥物，此外我還要證明太空商業活動的可行性，以及幫俄羅斯方面獲取資金，這樣他們才能履行當初對NASA承諾的事項。我個人從前的太空職涯從來都沒有把目標放在讓自己上太空，而是要直接打開太空的大門，但如果能親自上太空的話，也算是錦上添花。當然這樣做並不是沒有風險的，不過我知道聯盟號是上太空最安全的工具，而且我的家人也都願意支持我，我任職的顧問公司不僅同意我這樣做，還幫我一起設計提案，我們把這個計畫命名為「太空媽媽」（Astromom），然後聯絡和平公司，展開了新一輪的協商。

我接下來八個月不僅過得很緊張，而且還有一種超現實的感覺，做的事情包括協商討論、擬定計畫、尋找贊助商、接受媒體採訪、試著學點俄文，還要到莫斯科做完體檢。一開始跟俄羅斯那邊討論的時候，對方表示我們只要出一千兩百萬美元就可以買下這個席位，而從我們先前找到的贊助來看，想籌到這樣的金額應該頗有希望。我們先選了探索頻道（Discovery Channel）來當我們這項計畫的合作夥伴，他們也同意支付五十萬美元來購買三集電視節目的獨家播放權，主要內容會放在我受訓、搭機以及返航的過程。既然協議已經談妥，雖然還沒有真正開始執行，不過他們的團隊已經製表詳列了有興趣的贊助商，其贊助金額均不超過一百萬美元，包括迪士尼、藥品蘇達芬（Sudafed）、美國職棒大聯盟，還有零售商睿俠（RadioShack）。

大部分的贊助商都希望我在太空中拍攝一些我在使用他們的產品或服務的畫面，迪士尼則是想要在我剛回到地球的時候拍一段影片，回答一下他們的問題：「洛瑞．加弗，妳剛剛才上過太空，請問妳接下來想去哪裡？」蘇達芬多年來一直都是太空人在太空裡用來清除鼻塞的藥物，現在他們終於有機會可以把這項重大的認可拿出來吹噓一下。大聯盟則是希望我在太空中投出第一顆球，幾年後他們找太空人免費幫忙做到了這件事，因為我們最後並沒有跟大聯盟達成協議，不過這事情還是搞得很嚴重，原因是我在那個球季幫兩個兒子報了名去打棒球，沒有選兒子們想要的足球（其中有一個一直都沒有原諒我）。

接下來協商進行到主要冠名贊助商這部分了，贊助金額在三百到五百萬美元之間，只能從威士（Visa）和萬事達卡（Mastercard）裡挑一個。聯盟號返航降落的時間預計是在十一月，所以設計的行銷思路是讓我在太空任務期間幫孩子們買聖誕禮物，這樣就完成了人類第一次在太空裡刷卡購物的事蹟，而睿俠則希望能成為被我在太空裡買下禮物的商家——這又是一個討得贊助的大好良機。

來到鹽湖城所舉辦的冬季奧運會，這裡也有滿滿的機會，可以見到很多可能成為贊助商的對象，我的經紀人還邀請我全家一起出席，讓大家看一看我們家裡那兩位非常上相的帥哥，他們已經有十歲和八歲大。我的畫面後來出現在《今日秀》（*The Today Show*）、《早安美國》（*Good Morning America*）的節目，還有一些全國性的晚間新聞節目之中，在脫口秀節目《每日秀》（*The Daily Show*）裡頭，主持人喬恩・史都華（Jon Stewart）甚至播放了一個有我兩個兒子的畫面，不過當然是拿來當笑哏的。

其實除了探索頻道以外，只有睿俠在一開始給了我一點小額的贊助，其他各家的協議最後都發現難以定案，主要的癥結在於萬一發生災難事故的話，那些公司會面對很大的風險，要是最後在哈薩克草原上落下了燒焦的飛行裝，沒有人會想讓自家品牌的標誌出現在上頭。但這些公司倒也不是真有那麼死板，我們也找到了一些變通的辦法，例如先不要把贊助的事拿來宣傳，等到我安全返航後再進行，所以我們就決定還是讓我先進行體檢，看看我是否能夠獲得飛行資格，所有的討論都留待之後再說，重要的是先爭取時機。

我知道到物理與生物問題研究所以及星城要做些什麼事，因為幾個月前我才剛看著費斯克做過體檢。我這人一向都有點大膽，喜歡騎車或用滑雪板從山坡上往下俯衝，不過我倒是不大想跟著做一次這些體檢。我天生體格並沒有多好，但還是咬牙撐了過來，最後測到的精神與健康狀態都不錯，只不過我跟自己從前的客戶不一樣，他體檢時住在一家很不錯的飯店，而我則窩在提供給太空人的住宿設施，裡頭簡單得像個宿舍一樣，週末的時候就去跟我的翻譯還有她媽媽一起住，擠在市區的一間小公寓裡，這就是平民版的太空訓練，確實很有媽媽味。

二〇〇二年三月，我人在莫斯科進行體檢測試，這時電視八卦節目TMZ宣布了一項消息，說蘭斯．貝斯（Lance Bass）——男子樂團「超級男孩」（*NSYNC）的一員——要在這年秋天搭俄羅斯的飛船上太空了。然而和平公司和俄羅斯太空總署都根本沒有聽過蘭斯．貝斯這個人，也不知道他要搭乘聯盟號的事情，所以我就繼續進行我的訓練，心想如果這個娛樂媒體所言屬實，那我也樂於有此人作伴。

我通過了不少項目的測試，包括大氣、壓力、心肺耐力、高海拔、心理和生理測試。每次做測試時都有用電極貼片在我各脈搏的位置接上電線，掛得全身都是線路，然後醫生會監測我如何處理跟不同測試方式相關的不同壓力。對我來說，最有挑戰性的測試項目就是前庭訓練，其實就是坐在椅子上旋轉，我之前看費斯克做一次就過關了，所以就放心下去轉，可是我的心率卻逐漸加快，人也開始冒汗，這時醫生已經看出來我快要吐了，於是他們就把我拉下椅子。我的第一次測試沒有太好的表現，現在只剩下一次的機會可以過關了。

我先繼續進行其他醫檢程序，包括全身X光骨骼掃描，還有照胃鏡和結腸鏡，全部都沒有使用任何鎮定劑或麻醉劑，此時你不但必須通過醫檢標準，還要證明你即使在極度不適的情況下也可以控制好自己，而且對我來說這樣做所引起的不適並非只在生理層面，情緒上也讓我感到不適。也許對醫生來說，叫我全部脫光進行測試的話會比較方便，反正我在接受測試的時候就是這樣做的，在照X光、超音波還有做婦科檢查的時候，我的身體並沒有長袍或長布可以遮蓋，而婦科檢查又進行了很長的時間，在做到一半的時候，我的男醫生問我的翻譯我有沒有覺得痛，我回答沒有，他笑了笑後問道：「那舒不舒服呢？」——還是用英文問的。

我很擔心自己通不過前庭測試，所以就開始研究通關戰略，包括找以前在NASA負責研究太空人的生物反饋（biofeedback）的同事商量，我的一位俄羅斯醫生告訴我，說她特別希望看到我可以成功，然後就建議我想想自己最喜歡做的事，問問看自己什麼時候會最快樂，我想到的答案是哄孩子們睡覺的時候，所以就問醫生們是否可以在做測試的時候唱歌，他們說這沒問題。所以我在做前庭測試的時候混搭著唱了約翰．丹佛（John Denver）以及羅傑斯與漢默斯坦（Rodgers and Hammerstein）的歌，在脈搏穩定的狀態下過關了。

接下來又出現了一個關卡，他們在做例行的超音波檢查時發現了一顆膽結石，必須要移除掉以後才可以完成生理檢查的認證，因為最後一個測試項目要用離心機，而且要到八G力才合格，有膽結石的人是不可以進行的。想到我個人在俄羅斯的就醫經驗，我最後選擇了回美國去移除了膽結石，然後打算再過幾週就回去把測試項目做完。剛好這時候蘭斯．貝斯已經聽到媒體的消息，說我們兩個人在爭奪上太空的機會，所以他就送了我一打玫瑰花，外加四張超級男孩即將在華盛頓特區舉辦的演唱會前排座位門票，算是向我示好。我的回報則是幫他安排在國家航太博物館（National Air and Space Museum）休館之後進行一場私人導覽行程，然後隔天晚上我們兩人再在那裡碰面。最後我們都在幾個星期後去了莫斯科，蘭斯開始做他的體檢，而我則只剩離心力測試要做。

對於蘭斯的體檢我也盡力幫了忙，因為能讓他上太空的話也算是達成了我自己的許多目標，不只可以為俄羅斯太空計畫提供他們亟需的資金，而且也可以讓大眾更關注太空計畫。

不過我心裡也清楚，如果他照著公告價格給足了兩千萬美元的話，那我根本就不可能爭得過他。我這趟回到俄羅斯是為了幫他跟和平公司互相認識，何況我反正也已經付了體檢的費用，所以還是想把流程做完。

蘭斯和他的團隊住在莫斯科一家時髦的飯店，而我則是回到物理與生物問題研究所的宿舍，窩在小床上吃著水煮的雞蛋、沙丁魚和甜菜根，兩邊的情況對比讓我感到很自豪。他的團隊在辦社交聚會的時候也有請我參加，而當蘭斯在做那一大串我已經做過的測試項目時，我也喜歡逗著他玩。某次週末有一些俄羅斯太空人邀請我們去他們的鄉間別墅練習射擊技巧，這次的旅程真的太有經典俄羅斯風格了，先是在大白天就開始喝酒，然後再帶著步槍出門去射飛靶，而且也沒鬧出人命——說起來這還真的挺值得慶幸的，讓整個旅程成了我人生裡一次很驚奇的體驗，不過按照蘭斯的說法，他是在密西西比州長大的，這跟他們平常過的日子也沒有什麼不同。

NASA有一名太空人代表在星城駐點，蘭斯問我是否可以介紹一下，而我確實也認識這位鮑伯·卡巴納（Bob Cabana），所以就同意幫忙安排讓我們三個一起吃個午餐。開始聊天沒多久後鮑伯就問蘭斯在學校裡是主修什麼的，蘭斯回答他當初得要輟學加入樂團，然後鮑伯又接著問他在不得已輟學之前是在主修什麼，蘭斯只好明說自己不是從大學裡頭輟學，而是從高中就輟學了。鮑伯很努力讓自己盡量不要表現出震驚的模樣，但是之後這頓午餐的氣氛就變得很尷尬，我可以感覺到在這樣的對比之下，我自己的資格好像開始變得出色一點了。

測試的最後一關是離心機，要在星城進行，而且我和蘭斯還被安排在同一天做。我們身上接了許多模擬感應器，有的貼在脈搏的位置，有的是頭戴式的，這樣他們就可以分析我們所有的身體機能和腦電波。當他們提升G力的時候，我們得要盡量壓低心跳速率和出汗程度，而且還要盯住眼前的儀表板，看到各種燈號亮起就按下相應的開關，而他們會在一旁測量我們的反應時間，如果你的汗水冒得太多、心臟跳得太快，又或者反應時間太慢，測試就算以失敗終結。

先進行測試的是蘭斯，我則在上方的旁觀席看著他做，他被裝進了一個球狀的艙體裡頭，還有一條長長的機械手臂抓著那個球體，然後就開始旋轉。我站在那群操作員和醫生的旁邊，所以看得到艙體上方的攝影機所拍到的他的面容，醫生團隊一邊判讀儀器的數據，一邊面在資料夾板上做紀錄，然後其中還有一位醫生會用麥克風報知G力已經增加到多少了。在大概到七G力的時候，他們指著螢幕上蘭斯的臉在笑，他的嘴脣和臉頰因為受力而不停抖動，測試過關的門檻是要到八G力，蘭斯沒讓他們有降速的機會，他達標過關了。

當他走出艙體時，臉上掛著燦爛的笑容，我則緊張地爬了進去。我最喜歡的那位醫生之前跟我又多說了一些通關訣竅，我也有照著她的話做。我心裡也明白，蘭斯和其他人一定在笑我那張抖動不止的臉，可是當他們數到七G力的時候，我眼裡看到的就只有那些燈號和開關了，我的周邊視覺（peripheral vision）開始慢慢變暗——這是腦部血液量不足時出現的第一個跡象，接下來你很快就會昏倒了。我只能拚著靠自己的肌肉收縮運動和生物反饋來跟上儀表板上燈號閃爍的速度，一直撐到了八G力，當我爬出那個球體的時候，蘭斯已經站在前面等著我，他給我了一個大大的擁抱，我們兩個人臉上都止不住笑意，想到彼此這次共同的獨特體驗，我們忍不住開懷大笑。

每次做完測試後，我通常都會去找醫生討論我的測試結果，而不論那個時間是早是晚，我們一旁總是有烈酒與甜品相伴。進行完離心機測試之後，蘭斯和我品嘗著白蘭地與餅乾，而醫生則在查看我們的數據結果，我們兩人的反應時間差不多，不過我的心跳速率保持得比較低，這最有可能的原因是我已經是個四十歲的女性了，而蘭斯卻是個二十三歲、充滿了睪固酮的男性。我聽到這結果自然非常高興，然後又問醫生，尤里．加加林是不是也在這個測試項目表現得很好，所以才讓他獲選上了太空，她看著我然後搖了搖頭，用英語回答我：「不是這樣，是因為他笑起來最好看。」聽聞此言我望向了蘭斯，說出了我們兩人其實心裡都清楚的事：他也有美麗的笑容，所以大概會是他飛上天空，而我則在下方仰望。

這些俄羅斯醫生做的最後一件讓我覺得莫名其妙的事，就是要我脫光衣服站在他們眼前，然後他們看著我的全身X光片討論我的身體結構。他們對於我身體的異相完全想不出答案，說我的背怎麼可能不會痛，因為他們看到在我的下脊椎那裡有一個地方是彎的，總之他們好像一直喋喋不休地在討論這件事，我的翻譯已經不大來得及把他們說的話都翻給我聽，然後他們又判定這件事對上太空來說並不成問題，不過還是建議我永遠都不要再去打網球或滑雪了——不過我也沒聽他們的話。蘭斯在那一天也做完了他最後一個要測試的項目，於是大家就一起用俄羅斯人的方式來慶祝我們兩人的正式合格，也就是一直拿起伏特加高呼乾杯。

跟我預料的一樣，蘭斯到了莫斯科以後，俄羅斯人眼裡就都是這位大財主，聯盟號席位的價格跟著就跳回到了兩千萬美元。蘭斯一開始並沒有被告知他得要自己支付這次的旅費，所以他也一直沒打算花自己的錢。這件事的起因是有一位與蘭斯無關的經紀人聽聞了我這套贊助模式，然後又在一個粉絲聊天室裡看到蘭斯從小就想要當太空人，於是這位經紀人就決定要把我那套做法改用在蘭斯身上。此人相信我這套做法確實可行，不過如果找一個原本就很知名的人的話還可以有免費的公關效果，事情也會更好辦，所以這個經紀人就發了一份傳真給蘭斯，說要「邀請」他上太空，可是根本就還沒有人跟俄羅斯那邊商量過這件事，也還沒有開始去找贊助商。最後雖然MTV頻道簽約成為了他的媒體合作夥伴，可是雙方只是合作交換而沒有提供資金，後來睿俠才把原本給我的贊助改成給我們兩個人進行初期訓練的贊助，我們還在二〇〇二年五月的時候在莫斯科開了一場記者招待會，一起宣布了這件事。

一開始蘭斯的團隊曾提議要幫我支付訓練費用，讓我來當他的替補人員，可是過了幾天和平公司和俄羅斯太空總署就開始抱怨說蘭斯連他自己的訓練費用都沒有付，更不用說我的了，媒體還報導說他和他的隨行人員拖欠了飯店的住宿費，後來才搬進了了價格較為適中的住所。眼看訓練要花幾十萬美元，而且也沒什麼時間籌錢，所以我只好接受現實打道回府。這是一場畢生難逢的冒險，至今依然讓我收穫滿滿，我不只從俄羅斯的太空計畫學到很多東西，也有了為太空飛行籌集商業贊助的第一手經驗，就連挑戰自己的身心極限，也讓我獲得了個人的滿足感。

如果蘭斯沒有出現，沒有破壞我和俄羅斯太空總署原本的協議，那我真的會搭上聯盟號，在二〇〇二年十月三十日那天從哈薩克斯坦的拜科努爾發射上太空嗎？我永遠都不會知道答案。如果我真的飛了這一趟，這個經驗很可能會改變我的人生，也應該或多或少會對這次任務裡我想推動的目標有所幫助，不過就算我完成的訓練並不多，但已經能讓我明白自己不會成為一位偉大的太空人，這也沒什麼好奇怪的，即使當一個好的政策分析師確實需要某些資格，但這些資格並不一定可以轉化為上太空所需要的才幹與耐力，而且反過來說也一樣，只不過很少有人會去想罷了。

◎　◎　◎

當完了太空媽媽之後，我又返回阿瓦山特集團（Avascent Group）繼續進行顧問業務，也很高興回到了這個所有黨派想做什麼就會鼓勵什麼的地方，在這樣的環境底下工作。有了太空媽媽的經歷，讓我又多找到了兩位有可能成為太空遊客的客戶，由我來提供諮詢服務，不過後來因為哥倫比亞號太空梭在二〇〇三年時在德州上空解體，這個商機也跟著消失了，因為聯盟號的席位被美國政府幫自家的太空人給買了下來，而且每個位子付超過五千萬美元，他們此時只能用這種方式前往太空站。

哥倫比亞號事故發生時，NASA署長尚恩·奧基菲（Sean O'Keefe）上任才剛滿一年，小布希總統指派了他來坐丹尼爾·高丁的位子。我一直盡量避免跟這位新署長打交道，因為之前有客戶告訴我，奧基菲的助手曾經表示不要再聘我當顧問，不然NASA就不會跟他們合作了，可是我當時連奧基菲的面都沒見過，所以他想排擠我的理由只可能是出於政黨動機，不然就是因為我在丹尼爾·高丁的手下做過事，總之不論是出於何種企圖，他這樣做都是有違職業倫理的，不過我還是低調行事，在他在任的期間都沒有對外透露我的客戶名單。

奧基菲執掌NASA三年，外界對他沒有多少關注與批評，我在此也並不想細究什麼，我們只見過幾次面，他的態度一直都很友善。奧基菲曾在小布希政府第一屆任期的最後半年當過海軍部長，之前還曾經在迪克·錢尼（Dick Cheney）手下當過國防部的主計長，他本身擁有歷史與公共行政方面的學位，但並沒有民用或商用太空領域的背景或經驗，儘管如此，太空業界還是很歡迎他。

哥倫比亞號太空梭在二〇〇三年的一月十六日發射升空，這次的任務已經在兩年內推遲了十八次才進行，成為太空梭歷史上執行的第一百一十三次任務。從攝影機拍的畫面可以看到，在飛行了八十二秒後有一塊特別大的隔熱泡沫從燃料箱的位置脫落，然後就直接打在太空船的機翼前緣上。在發射後的隔天，負責追蹤這次任務的NASA小組在檢視影片時發現了這件事，覺得不大放心就提報了狀況，當時還有一位分派到太空梭計畫的機械工程師也在一封電子郵件裡提到了這個風險，說那有可能會導致LOCV——這是NASA常用的簡稱，指的是人員與載具損失（Loss of Crew and Vehicle）。

NASA的一份工程簡報評估了太空船可能的受損情況，結論是他們需要用到間諜衛星拍到的畫面，所以就向上級提出了申請，然而他們並沒有拿到照片，小組裡有一個人就再寫了一封電子郵件去「懇求」上面提供影像畫面。又過了幾天後，有一位波音公司的分析師做出判斷，就算有一小片地方受損嚴重，哥倫比亞號也是可以安全返航的，然後NASA的領導層就接受了這個說法，因而不再索取任何影像了。只不過既然工程師們都提出了請求，太空總署的領導階層卻這樣不了了之，外界對箇中原因有諸多猜測，有的說是國防部擔心可能得要用到這些資源，以為一個半月後美國即將對伊拉克展開的入侵行動做準備；有人則認為如果受損的地方大到連間諜衛星都拍得出來，那NASA反正也補救不了什麼了。但不管原因為何，當初到底是誰下令不要對外求助的，套個工程界的用語，這個洞是永遠都挖不下去了。

二月一日，當哥倫比亞號飛越德州上空，準備進到佛羅里達州進行正常的降落程序時，任務控制中心這邊卻出現了異常的讀數，此時ＮＡＳＡ通訊單位的負責人（也就是所謂的太空艙通訊員〔Capcom〕）就用私人頻道呼叫了哥倫比亞號，跟他們討論這個問題。哥倫比亞號的指揮官里克．赫斯本德（Rick Husband）雖然有回答「收到」，可是之後他到底想要說些什麼卻都聽不出來，然後通訊就中斷了。幾分鐘後任務中心接到一通電話，說是達拉斯的幾家電視台正在播送太空梭在空中爆炸的畫面，飛行主任便下令立即關門不得出入，電腦資料也要保存不可擅動。當天稍晚，搜救隊就出面證實，這次事故中的太空人無一生還。

雖然多年前在挑戰者號事故發生後成立過獨立的調查委員會，但是這次尚恩．奧基菲獲准改用內部任命的方式，請退役的四星海軍上將哈羅德．格曼（Harold Gehman）組成了一個哥倫比亞號事故調查委員會（Columbia Accident Investigation Board，ＣＡＩＢ）並擔任主席。跟當年的挑戰者號事故一樣，這次的調查委員會也發現ＮＡＳＡ高層有無視技術安全問題的情況，ＮＡＳＡ在更早之前就已經發現在發射時會有隔熱泡沫從油箱外頭脫落，而且常常會打中太空船，可是卻沒有解決這個問題，而是直接把這項差錯當成正常狀態，既然以前這種情況都沒有怎麼樣，所以他們就判定那不算是個問題。

這次的悲劇之所以會發生，除了有技術性的因素，也有組織性的問題。根據哥倫比亞號事故調查委員會做出的結論，NASA沒有索取影像是因為官僚體系的紊亂以及管理階層的失誤，委員會認為NASA裡頭瀰漫著一種心態，覺得太空梭已經算是進入了「成熟運作」階段，而不只是在「實驗測試」階段，他們發現這種心態會讓管理者陷入一種「沒證明不安全就可以發射」的決策思維，而不會認為「證明安全了才可以發射」。

我第一回在NASA任職的時期是介於兩次太空梭事故之間，然後在哥倫比亞號事故之後六年才又回到太空總署。我在NASA當了超過十年的高階主管，其中有八年是太空梭正常飛行的時候，看到管理階層們對於兩次事故所採取的諸般行動，不免讓我有很多想法。我吸取到的教訓是，政府體系裡頭的管理作為往往都會導致自相矛盾，讓技術安全和達成任務這兩個選項彼此傾軋，在兩次的太空梭事故裡，NASA那些頭頭們就是一直在權衡一些跟安全無關的考量，結果才做出那種關鍵又致命的決定。畢竟為了讓國會和總統看到太空梭是經濟又可靠的工具，NASA一直都倍感壓力，而這促使該署決定要無視於限制規範，讓挑戰者號在凍寒的氣溫中發射；NASA這次也是因為一樣的壓力，所以才會無視於隔熱泡沫掉落所造成的危險局面，任其導致哥倫比亞號的災難。如果向其他的政府機關尋求協助的話也許會造成政治衝突，這也是他們可能的考量因素，所以決定不要索求外部的資源，讓太空人們失去了起碼的一線生機。

問題還不只這樣，其實在太空梭的整個開發過程裡，NASA的決策也更偏向於政治利益上的考量，而比較不考慮安全問題。NASA面對著多重的壓力，既得馬上降低成本，又得利用現成的基礎設施與工作人力，這樣才能在國會的關鍵選區中獲得支持，於是只好在設計上做出妥協，例如採用之前大家已經認為用於載人太空飛行並不安全的固體火箭發動機。此外，他們沒有把太空船放在火箭的頂部，而是連接在側面，這個決定更是直接把太空人的性命置於險境之中。

在民間公司裡，因為要面對股東和投資人，所以自然會傾向於避免「賭上整個公司」的風險決策。在我看來，雖然很多人常擔心企業會罔顧安全而便宜行事，但這種顧慮大多都是用錯了地方。舉個例子，美國的商業航空公司每年要載運九億人次的乘客，而在撰寫本書此刻的過去十年裡，這些航空公司在九十億人次的乘客裡只造成了兩人在飛行中死亡。雖然在低層大氣的環境中飛行所需的動力確實遠少於飛出大氣層或從太空中飛回大氣層，可是如果看看政府的安全紀錄，就算只拿非戰鬥機的航空相關死亡人數相比，政府的表現依然非常糟糕，而航空公司就很可靠，因為每年都有至少十幾名軍事人員因航空事故而死亡，如果拿這些飛行人數跟商業航空的人數相比，那麼這個數字所換算出來的致死率就會顯得很高。在二〇一八年，在一百五十萬名現役軍人與預備役人員中，一共有三十九位死於非戰鬥機的航空相關事故；在過去十年裡，因意外造成的軍隊死亡人數也超過了戰鬥死亡的人數，如果我們把這種肇事率換算成美國航空公司的數字的話，相當於每年要死好幾千位乘客。歷史已經告訴我們，政府很難用客觀的眼光來審視它自己。

在哥倫比亞號災變的調查方面，也有人質疑政府派的審查委員會缺乏獨立性，可能會有利益衝突的問題。當國會方面表示這項憂慮時，ＮＡＳＡ的監察長（Inspector General）就主動提交了一封信件給國會，說他斷定該委員會乃是獨立行事，並沒有受到ＮＡＳＡ的「不當影響」。可嘆的是，這位ＮＡＳＡ監察長出面力挺他原本該要監督的人，特意替太空總署的負責人辯護，而且這種事並非第一次發生。

《一九七八年監察長法案》（The Inspector General Act of 1978）明文規定，政府機關設置監察長的目的是要提供獨立的審計和調查職能，以打擊犯罪、詐欺、浪費、濫用職權與不當管理之情事。奧基菲剛上任三個月，ＮＡＳＡ的監察長就被換成了人稱「駝鹿」的羅伯特．科布（Robert Cobb），一般都認為他是新署長挑選的人馬——這種做法並不尋常，但也許因為他跟白宮的高層有關係，所以才可以這樣做。在科布任內，由於跟奧基菲過從甚密，加上還有其他不當行為，引起了多次對他進行的調查。

在二〇〇六年的一次調查中發現，「科布與（時任署長）尚恩．奧基菲一起共進午餐、喝酒、打高爾夫和出遊，而且電子郵件資料顯示他經常會洽談ＮＡＳＡ的高層官員，詢問那些因為懷疑他的獨立性而發起的調查行動」。二〇〇九年時，有三名國會議員——兩名是民主黨的，一名是共和黨的——促請歐巴馬總統罷免科布，說這位監察長「不斷有人指控他打壓調查行動並且報復檢舉人，廢弛分內應為的聯邦監督工作，只顧著跟ＮＡＳＡ高層官員打好關係」。科布在二〇〇九年被迫辭職，在我回到ＮＡＳＡ工作之後幾個月，由一位聲譽更佳的監察長接手。

我在航太界職業生涯的前二十五年裡，分別擔任過非營利組織、政府機關和民間單位的職務；而與我往來最密切的專業夥伴則來自於ＮＡＳＡ、航太業界、國會，以及民主和共和兩黨政府裡的人士；我共事的對象有太空海盜、太空人中的英雄、好萊塢明星、流行歌手，還有俄羅斯人。這些經驗對我的觀念造成了很大的影響，不只在於太空政策方面，也讓我了解了各方單位之間的經營管理問題。

我們過去在太空方面有許多成就，但有時當你更加深入去了解與景仰這些事，反而會發現一些人的行為出現了在我眼裡算是圖利自我和見不得光的情況，而且在政府內外都是如此。在我看來，NASA當時已經在高高的寶座上搖搖欲墜，就快要被引力給拉下來了。很多太空海盜看到政府的進展可謂牛步，在受挫之餘也已經自己展開先進技術與民間計畫的各項工作，我相信他們確實走對了路，而我也決心要運用自己的十八般武藝，還有我的知識與經驗，幫助NASA接受它的新身分，並在未來扮演好更正面、更善於合作的角色。

第二部 力

Force

字義——●所施加的力量或能量。●逼迫或強制。●迫使他人違反本意做事。

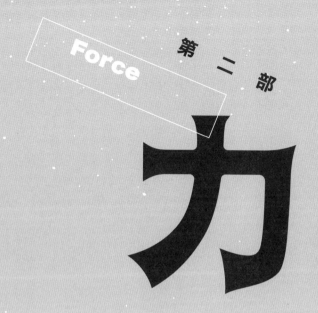

五、追根究柢

民主制度需要公民參與選舉過程，有人民參與才能叫代議制政府，而不是天上掉下來的。當二○○八年的總統大選開跑後，我下決心要積極投入，於是就找人幫比爾．李察遜（Bill Richardson）聯合舉辦了募款活動，因為他很早就認定了太空商業的價值，不過後來他的初選活動未見起色，我就把支持的範圍擴大，開始參加巴拉克．歐巴馬和希拉蕊．柯林頓的活動。我跟他們見面的時間都很短，可是馬上就看出了差別，我問歐巴馬參選人怎麼看NASA的未來，他回答說「希望他們少做些事，把事做好」，雖然這個評論堪稱公允，不過希拉蕊的回答卻更顯全面，也更值得深入討論。

我從二○○七年五月的時候開始幫希拉蕊當選戰志工，擔任她在太空議題上的負責人，除了要擬定政策文件、提供演說意見，還要充當她的太空發言人，代表她對這個題目跟對手辯論。我代替希拉蕊在愛荷華州出席了兩場黨團會議（caucus），＊那幾個星期的冰天雪地時光，不禁讓我回想起自己剛開始在密西根州參與選戰那幾年的日子。可是她在愛荷華州的票數只拿到第三，最後在爭取提名權時輸給了歐巴馬，這讓我感到非常沮喪，她的退選演說地點在華府的「養老樓」（Pension building），選這個場地是看中了那裡絕美的玻璃天花板，當我走出演說會場時，覺得自己實在無法馬上就轉而支持歐巴馬，畢竟在早期的一場辯論會裡他說了一句：「噢，妳可真是夠可愛的，希拉蕊。」那個聲音依然還在我的耳際徘徊。

後來歐巴馬的競選團隊開始聯繫希拉蕊團隊之前的志工，所以我們就針對太空問題好好談過了一次話，他很快就贏得了我的支持。歐巴馬跟我一樣都有中西部人士常見的心理特質，也都從小都抱持著為大眾服務的理想看法，我們是同一年出生的，所以都成長於NASA成就最璀璨的時期，因為我倆對於政府應該扮演的角色的想法差不多，所以也都對NASA在阿波羅計畫之後的進展感到不滿，都希望能夠重振這個機構。而且相較於希拉

＊譯注：愛荷華州的黨團會議是一種選民活動，參加者會先進行長時間的發言討論再進行投票選舉，雖然費時費事且人數不多，但因為結果相當具有指標意義，因此向來是黨內初選的必爭之地。

蕊・柯林頓參議員，歐巴馬參議員並沒有讓我那麼死忠追隨，所以我在他身邊的時候也沒有之前那麼緊張——如今看來，這其實是很難能可貴的事。當他問我是否同意「班」・尼爾遜讓太空梭延役的意見時，我可以暢所欲言，接著在他問起我會改採什麼做法時，我也無須小心說話。再過幾個星期後，當我接到電話詢問是否願意領導NASA的過渡團隊，我也毫不猶豫就答應幫忙，心想他既然擁有無人可比的溝通能力，還有一種能夠超越障礙的潛力，也許真能贏得人心成功當選。

由於太空梭退役在即，我們過渡團隊就把替代的星座計畫的審查列為特別優先的重點項目。星座計畫是NASA署長麥克・格里芬（Mike Griffin）在二〇〇六年啟動的項目，預計其所有權全部歸於政府，要用來執行載人太空飛行計畫，其任務除了要取代太空梭之外，還要再繼續送太空人到月球。整套計畫雄心勃勃，預計要開發好幾個項目，可是最後直到用光了五年的預算，拿到資金的也只有搭載機組員的發射系統「戰神一號」（Ares I）、機組員的太空艙「獵戶座」（Orion）以及地面系統，原本納入規劃的還有一個更大上許多的火箭叫做「戰神五號」（Ares V）、一個叫做「牛郎星號」（Altair）的登月降落小艇，以及太空裝、月球車與其他月球任務要用到的重要設備，可是由於在太空站退役之前已經沒有多餘的資金可用，所以這些開發計畫只能延到二〇一五年再進行。

當我們在二〇〇九年發現問題，得知星座計畫居然已經把兩個項目（戰神一號和獵戶座）的發射時間延遲到二〇一六年，也就是太空站預定的退役時間之後，其實我們也不是真的太驚訝。就像太空梭和太空站一樣，星座計畫當初的設計目的就是為了延續利用阿波羅計畫所留下的設施與人力，所以硬要採用五十年前傳到現在的昂貴設備，只求能發揮其最大功效，這種削足適履的做法或許可以求得政治上的支持，但永遠都不會有效益。光是要維護這些幾十年前的老古董，你在基礎設施乃至於人力上的成本就已經注定會一直都很高，可是麥克．格里芬等人卻認為這一點反而是該計畫的優點，因為那可以讓國會的要角們感到滿意，然後他們就會讓錢源源不絕地進到ＮＡＳＡ。

有鑑於星座計畫的規模及其對於ＮＡＳＡ未來的重要性，想當然耳，過渡團隊一定會特別針對這個計畫提出許多問題，然而等到我們在二〇〇八年十一月來到總部時，ＮＡＳＡ和承包商的主管們卻避不見面，而且也不肯提供該計畫的相關資料，至於他們對我們所做的簡報，雖然花了很多心思來呈現美輪美奐的藝術視覺效果與高解析度的影片，可是卻沒有多少實質內容，我們問的東西也大多都沒有回答，整個計畫的管理都充斥著這種什麼都不想讓我們知道的態度，連只是跟以前的同事在走廊碰面隨口聊上兩句都會引來ＮＡＳＡ領導團隊的疑心，因為上面傳達給他們的訊息就是這樣，連被人看到跟我們講話都算是「會影響前途」的大問題。但即便如此，還是有些人試圖想把該計畫的資訊提供給過渡團隊，莎莉．萊德就是其中之一。莎莉是航太公司（Aerospace Corporation）的董事，不久前才應ＮＡＳＡ的請求審查過戰神一號火箭的案子，她說之前公司裡有人跟她簡報過初步的結果，覺得我們應該見見這些人。

航太公司是一家由聯邦資助的研發公司，成立於一九五四年，目的是為空軍及其他航太相關機構提供建議，不僅聲譽卓著，而且其獨立性也是出了名的，所以我們就安排了要在他們的辦公室那邊聽取簡報。簡報的前幾張頁面是一些關於該組織的官方公定資訊，航太公司的團隊用龜速在講這些東西，放到第五頁簡報時就停了下來，一點有用的資料都沒提供，看起來好像就打算要這樣結束簡報了。我問他們要告訴我們的就只有這些嗎，他們才不大情願地承認所有的內容就只有這樣。我們簡直難以置信，很顯然之前有人下達過指示，叫他們不要讓我們看到那次審查報告裡的實質內容，而且這個指令很可能是由高層直接傳達的。十五分鐘後，我們一行四人離開了那裡，後來有一位同事向我證實，ＮＡＳＡ那邊確實曾經交付過指示。

在整整三個月的過渡交接期間，我跟麥克．格里芬只有幾次面對面的討論，其中有一次他曾表示，我們的團隊對星座計畫這樣「追根究柢」，讓他們有受辱之感。我試著跟他解釋這本來就是過渡團隊該扮演的角色，讓他知道如果還是不肯直接提供我們具體細節的話，那我們就只能求取其他資料來源了。麥克聽罷就回答我，說他要跟歐巴馬過渡團隊裡負責NASA事務的最高層人士談一談，於是我告訴他，你今天運氣真是不錯，因為你已經在跟她談話了。

麥克在太空界是一位備受推崇的技術領袖，我認識他快二十年了，幾個月前我還幫他爭取到讓歐巴馬參議員支持一項重要的出口議題，讓NASA可以繼續跟俄羅斯保持重要的戰略合作關係。在我的印象裡，當年在柯林頓政府將要上台之前，雖然莎莉．萊德領導新政府的過渡團隊，但跟丹尼爾．高丁也還是保持著合作關係，所以就以為跟麥克也一樣可以有類似的合作經驗。不過這位署長在我們第一次碰面開會時就講明了，他不想要配合我們的工作，我提議可以先安排定期的面對面會議，也被他給拒絕了。麥克的反應很叫人失望，但我們團隊還是盡量先不要在意這件事，直到後來我們才知道，我們對星座計畫所提出的諸般問題會讓他這麼在意，確實是有箇中道理的。

我也認識副署長莎娜．戴爾（Shana Dale），我倆在過渡交接期間也比較有合作辦到一些事情，另外還有一位助理署長叫克里斯．史柯勒塞（Chris Scolese），這是NASA裡位階第三高的官員，單算事務官的話則是最高階的。克里斯在二〇〇一年進到NASA總部工作，那時我已經離開了，所以我們並不認識，他對我們比署長還要更冷淡，不過我還是希望等到新總統宣誓就職後他的看法可以改變。

在過渡團隊進駐的前幾天裡，我還有一次值得拿出來談的一對一會議，開會的對象是羅伯特．科布，雖然大家都知道先前曾有調查發現他有許多疑似不當的行為，不過監察長這個職位畢竟太過特殊，所以讓他當時還沒丟掉工作。這頭大家口中的「駝鹿」確實很有魅力，而且說話不拐彎抹角，他告訴我說自己是那種喜歡跟管理團隊一起好好共事的監察長，還特意說很期待能跟我合作。NASA裡本應有很多人該跟我說這種話的，可是實際上卻沒幾個，而他居然是其中之一，但這話從他口中說出來，不免還是讓人覺得不大恰當。

大選過後幾個星期，麥克．格里芬的太太瑞貝卡（Rebecca）外加一位當過太空人的NASA承包商一起發起了一個請願活動，訴求的內容傳遍了整個航太界，要求把我撤換掉，並且讓麥克留任署長。這場爭端引起了主流媒體的注意，《時代》雜誌的傑佛瑞・克魯格（Jeffrey Kluger）也寫了一篇文章，裡頭說NASA確實該對我的上任感到憂心，這文章一開始把我說成是個人力資源部門的代表，後來又把我講得像是NASA以前的公關官員（這兩個職位我都沒當過），說我「跑去跟男子樂團的歌手爭搶搭乘俄國火箭的機會」。相較之下，MSNBC的瑞秋・梅道（Rachel Maddow）和其他的媒體在播報這件事的時候就比較沒有失真，不過我還是避免公開發表意見，因為我已經開始擔心這樣鬧下去的話，那個「不裝不鬧的歐巴馬」（No Drama Obama）的理念就會出問題了。這場紛擾拉高了我的知名度，讓新政府過渡團隊的高層看到了我，可是卻沒有遂了那些鬧事者的心願，不但沒有打壓到我的機會，讓即將上任的新政府不敢給我高階職位，反倒很可能幫我得到了這個位子。其實早在麥克的家人及朋友開始宣傳奔走之前，他就已經希望能在太空總署留任了。在國會和業界都有很多人支持他，而我也不完全反對他留任，至少等到確認新署長是誰以後再表明態度也不遲，況且這不是我能決定的事，不過我老早就已經知道未來的總統並沒有這樣的打算。

我身為NASA審查團隊的負責人，在選舉之前就已經獲得安檢快速通關的許可，當時約翰・波德斯達（John Podesta）也被歐巴馬任命為新政府過渡團隊的負責人，有一回大家排著隊輪流讓聯邦調查局的人採集出入許可要用到的指紋，我剛好排在他旁邊，於是就介紹了一下自己，說我是NASA過渡團隊的負責人，他對這件事感興趣已經很久了，所以我們就聊了起來。他說出了自己的看法，覺得當時領導NASA的那傢伙看起來「真的像個瘋子」，我問他為什麼會有這種印象，然後他就開始回想不久前署長接受全國公共廣播電台的一次採訪，談論的是氣候變遷問題：

如果我們認定了氣候變遷是一項問題，就等於是認定地球現在的氣候狀態乃是最理想的氣候，是我們所曾經擁有或可能擁有的最佳氣候，同時也認定了我們必須採取措施來確保它不會改變。首先，從過去幾百萬年的歷史看來，我並不認為人類有能力可以確保氣候不會改變；再者我想我還得接著問，哪些人類——在何時何地——有資格決定我們此時此地所擁有的氣候對所有其他人類來說也都是最棒的？我認為會採取這種立場的人，未免也太傲慢了些。

看起來麥克的位子即將不保，雖然署內領導階層的人事並不屬於我們這個先遣團隊的職權範圍，不過就算我推薦他留任也不可能會被接受。這件事我雖然想自己先告訴麥克，不過我們有特別被吩咐過，不可以討論到目前政務官領導班子的任期問題，如果將要上任的新總統想要誰留下來的話，人事團隊會直接跟那個人聯絡；如果沒有的話，整個班底就預計在一月二十日中午的時候離任。我有盡量透過個人管道暗示麥克，不過聽說他直到最後一刻還在殷殷盼望會「接到通知」，而且還把自己最後沒被選中的事怪到我身上。

我希望能在總統就職日之前找到署長的人選，可能的話最好能確認是誰，雖然那並不直接算是我的職責，不過我還是以此為目標，因為太空界一向認為總統如果早早就關注NASA的事情，那就多少意味著他對於太空事務的支持。在過渡交接期間，我有被詢問到自己是否有意在政府裡頭做事，而且還列出了一排他們推薦的高階職位，要我從中挑選，其實我最大的宏願也就只是當個NASA的參謀長，不過我老爸一直告訴我們，想做事就要找個至少比你想要的還高出一階的位子，所以我就說自己想當副署長，同時提交了一份七人名單，全部都是非常夠格擔任署長的人選，或者也都可以成為很厲害的副署長。

唐・吉普斯（Don Gips）是總統當選人的人事總管，他在一月初的時候問我認為史考特・古拉森（Scott Gration）是否適合當NASA署長，我告訴他我不認為史考特符合資格，何況他大概也不會想要這份工作，然後反問唐是誰建議的，他說這是總統當選人自己提出來的，然後我就改了口，說這個人選其實很棒——因為我一直都認為想要當好NASA的署長，最重要的特質之一就是要跟總統有親近的關係。兩人的淵源始自幾年前史考特．古拉森到非洲多個國家出遊，遇見了當時還是參議員的歐巴馬，古拉森是傳教士的兒子，兩個人剛好又討論過NASA的事情，因為史考特早在數十年前就被指派到NASA當白宮的研究員。到了大選期間，古拉森居功甚大，他組創了一個很有影響力的團體，找來了六十位軍方將領一起力挺歐巴馬，很多人都認為這就是歐巴馬可以在初選中打敗希拉蕊．柯林頓的原因。

那時我只跟史考特討論過一次NASA的事情，而且還是在約翰．波德斯達的建議下進行的。史考特也在領導一個國防部的過渡團隊，而且他馬上就明白了我為什麼打電話給他，然後發出一陣咯咯的笑聲，一面回憶起他在一九八〇年代時被派到NASA待了一年，而他跟這位總統當選人當年在非洲相遇時，也只是簡單談起此事而已，至於NASA未來該怎麼走會最好，他坦言自己並沒有什麼獨到的洞見或建議。從我們的對話中似乎已經可以清楚知道，他並不希望自己會被派到NASA去擔任領導職務。儘管如此，在我跟唐聊過這件事的幾天後，業界的媒體就報導了古拉森很可能將被提名的消息，但接著尼爾遜參議員又公開表示他認為古拉森將軍並不適任這個職位，然後白宮方面就一直保持沉默，未再對這一職務屬意何人做過任何發言。既然看到政治人事團隊都已經開始考慮其他人選，這就表示NASA在總統就職以前是不會有人被提名了。

由於遲遲未能有經參議院同意的人選，NASA的過渡團隊受命要找人代理領導職務，而在考量過其他的可能性後，我們選中了助理署長克里斯．史柯勒塞，因為我們認定很快就會有正式的署長來上任。過了幾個星期，我聽到總統在就職後選了史蒂夫．伊薩科維茨來擔任這個職務，讓我感到欣喜異常，可是當尼爾遜參議員反對這個人選，而且總統也反悔了，我頓時又覺得非常訝異與喪氣。

政府的工作是鐵飯碗，而且幹久了就可以升遷，這樣的誘因往往讓許多人一輩子都在擔任公職。克里斯．史柯勒塞跟許多NASA的高層一樣，幾乎整個職涯都待在政府裡頭，而這似乎讓他的視野只能侷限在過去。如果可以先「在真實世界裡工作」之後再進入或回到政府裡頭做事，其好處之一就是可以帶入外部的視角，活化太空總署裡的思維。

由於二〇〇〇年代初期的網路泡沫破裂，傳統的通訊衛星產業也出現了成長減緩的情況，早期原本有很多投資人都努力想要降低發射成本，此時自然也就放棄了這個目標。然而從那之後航太業的面貌還是發生了相當大的變化，又有了新一代的投資人出現，帶著大筆金錢進入了這個領域。到了二〇〇八年，科技的進步使得電腦以及個人電子設備的體積大幅縮小，新踏入太空商業世界的人們也運用了這些技術，而當人造衛星的體積縮減下來之後，連帶也讓其開發時間縮短、成本降低，繼而擴大了用戶範圍。此外，許多新創企業的成功事蹟也引發人們群起效尤，開展了一系列計畫，希望能成就太空的民營化與商業化。地理位置定位（geopositioning）、導航、計時以及遙測這些需要從太空中進行的事，一開始都是政府負責在做，不過後來已經逐漸演變成了有利可圖的大型商用產業。

在形成良性循環的過程中，有時會出現一些相關的顛覆性大變化，因而加強了這個產業在太空運輸方面的新發展，而在這樣的助力之下，人造衛星產業似乎就要迎來期盼已久的榮景。雖然幾乎所有的商業發射市場都已經落入了法國、中國與俄羅斯的手上，但要是有任何美國公司可以提供可靠且低成本的發射服務，依然有望獲得豐厚的回報。歐巴馬還是候選人時我就對他說過，我一直覺得很詫異，怎麼政府會一直堅持要設計和打造自己的火箭呢，當時不但民間的發射市場已經頗具成長潛力，而且業界也根本不需要使用太空梭就能發射要運送的東西。如果現在的政府要想知道怎麼做才能更有效地激發民間單位的力量，只要回頭參考一九九〇年代的太空政策，看看當時的做法是如何幫到X－33和「太空他途」的計畫就行了。SpaceX 等公司雖然有心想要在這個市場裡頭拚搏，但是也得要有人拿出一個辦法來證明他們的火箭確實可靠，畢竟大多數的客戶可不想要冒這種險，把自家的東西託付給未經認證的載具來發射。

在小布希政府二〇〇四年所祭出的太空政策底下，太空梭計畫被下令終止，未來要改採不同的視野來開創新局，而且NASA也接到指示要「設法提供運輸等服務的商機，不只要支援國際太空站，也要協助近地低軌道（Low Earth Orbit，LEO）以外的探索工作」。此外還要求行政管理暨預算局（OMB）撥付一億美元給NASA來啟動這項計畫。而當年曾透過太空他途計畫拿到第一筆資金的民間企業奇石樂航太公司（Kistler Aerospace），在二〇〇四年又獲得了NASA提供兩億美元的資金，以協助開發他們手頭上的可複用發射載具（RLV）。這筆錢引起了 SpaceX 的抗議，說NASA未經競標就私相授受，後來美國政府問責署（Government Accountability Office，GAO），也就是大家口中的政府看守人告訴了NASA，說它此舉確實是理虧在先，所以NASA就只好撤回了這筆款項，另找新計畫來開發。

為了應對民間的抗議（與白宮的指示），NASA最後設計出來的計畫叫做商業軌道運輸服務（Commercial Orbital Transportation Services，COTS），這個計畫跟十年前的可複用發射載具一樣，不直接按照聯邦採購規則（FAR）來購買產品，而是改採跟民間分工開發的方式，具體來說就是按照《太空法案協議》（Space Act Agreements）的規則來辦事。這個計畫的第二個要旨是錨定租用，該概念發想自一九二五年的航空郵件法，也是我們在柯林頓政府時期為可複用發射載具推薦的另一項獎勵措施。然而光有政策並不夠，想要成就大事，還得要有認真敬業和能幹有才的人手來負責施行，艾倫・林登莫耶（Alan Lindenmoyer）就是這樣的幹才，他早在二〇〇五年初時就開始在詹森太空中心（Johnson Space Center）主持這項計畫，是最早投入的人士之一。包括艾倫在內，許多人利用創意來推動了這些政策想要貫徹的理念，要是沒有他們的話，這本書的內容將會變成另外一副模樣。

二〇〇六年，NASA按照《太空法案協議》的合作辦法跟民間公司簽約，以開發商業軌道運輸服務，選中的兩家分別是SpaceX和奇石樂航太公司（也就是之前獲得NASA投資的那一家），後來由於奇石樂的早期財務進程沒有達標，所以在二〇〇七年時改由軌道科學公司（Orbital Sciences Corporation）接替。NASA還為這些合作夥伴提供了一個選項，讓他們除了商業軌道運輸服務以外也可以連帶開發載人的方案（一般簡稱為COTS－D），但是這個項目只有 SpaceX 來參與投標，提出的金額是三億美金多一點，可是並沒有得標。麥克・格里芬直言他並不想把跟民間單位的合作關係拓展到連載送太空人都交給他們來做，他還是寧可繳錢給俄羅斯人，直到NASA自家的計畫可以接手為止，而國會也已經同意了他的這個計畫目標。

對我們的過渡交接工作來說，二〇〇八年這個時機可以說在多方面都相當不利，不過我們也恰好碰上了《美國復甦與再投資法》（American Recovery and Reinvestment Act）的推出時間，也就是大家常說的「刺激法案」。面對眼下的衰退狂潮，即將交接的兩任政府都支持這個法案，以求能夠刺激經濟，而太空總署的審核團隊也奉命要提出一些適合用刺激法案來取得財源的「現成」方案，所以我們在NASA的計畫辦公室仔細查找了一番，看有哪些是可以馬上加速進行的計畫，最後找出了總價值達三十億美元的幾項計畫，其中有三億出頭要交給 SpaceX，讓他們執行之前投標的COTS－D計畫，開發可以搭乘人員的太空貨艙，並取名為飛龍號（Dragon），不論是能否載人的版本均用此名。

政府最後申請要撥發十億美元來資助韋伯望遠鏡、地球科學，以及綠色航空（green

aviation）這些項目，另外還要撥一點五億美元的預算來創立新公司，以增加運送太空人前往國際太空站的行業競爭，雖然這些程序比平常的預算流程要更加簡化，不過整個注資刺激經濟的方案還是得要送到國會山莊去審查，而當時代理署長的克里斯．史柯勒塞便跟那些替承包商喉舌的參議員們合作，將原計畫進行調整，把一半以上的錢都給了星座計畫，這些款項有一部分是從商業載人計畫的資金裡挪出來的，致使這個計畫最後只拿到了九千萬美元。我尤其感到失望的是，政府並沒有同意趁此機會跨進一步，把三億美元撥給COTS－D，甚至連他們請求的一億五千萬元都不願意多花點力氣去保。不過這件事也有另一種可能，就是他們怕過早引發公開論戰會惹怒國會，直接一竿子否決掉所有的請求，但是就跟其他許多次的情況一樣，箇中原因我們也只能猜測而已。

我在過渡團隊裡還有一個目標，就是要讓即將走馬上任的政府重啟國家太空委員會，我這項建議在之前就已經獲得競選團隊採納，所以我滿心期待可以讓此事成真，於是我詢問了副總統當選人拜登那邊，看他是否願意出任這個單位的主席（這是過往的標準職司），他的辦公室馬上就給了我答覆：一次堅定的回絕。我不想要就這樣放棄，所以又提出了一些其他的想法，看看他是否可能擔任委員會的其他領導職位，然而總統當選人卻一心想要告訴大眾他會精簡政府人事，因此宣布了裁減白宮百分之十五人員的目標，而我也收到通知，不會再成立新的執行委員會了。

在那整整三個月的過渡交接期間，克里斯．史柯勒塞都一直躲著我，他唯一一次出現在我辦公室門口是二〇〇九年的一月十九日，也就是新總統就職的前一天，要我同意讓小布希任命的財務長羅恩．斯波赫爾（Ron Spoehel）留任。NASA裡有三個職位是需要參議院同意的，分別是署長、副署長，還有一個就是財務長，所以他這個要求很奇怪，而且偏偏還這麼晚才跟我說，不過我希望可以跟他打好關係，所以就告訴他我會想想辦法，也會打電話給將要上任的白宮人事辦公室。正如我所料，他們對於這麼晚才提出的要求感到很不高興，但又拗不過我的堅持，所以就心不甘情不願地同意了，不過人事辦公室那邊還是有言在先，財務長和代理署長可千萬別以為這個暫時延任會一直繼續下去，政府那邊依舊打算要循正常審核程序來補上這個職缺。我把這個消息轉告給了克里斯，確認他願意接受這種暫時性的延任，他說他知道了，還對我這次願意幫他的忙表示感謝。

幾個月後，查理．博爾登、克里斯還有我共進午餐，當時我和查理才剛剛獲得提名。席間我聽到克里斯對查理說：「我認為你應該讓財務長留下。」我在震驚之餘提醒了他，順便也向查理解釋，說這樣做可不是辦法。可是克里斯卻無視我的回應（而且這種情況日後又一再發生），假裝他根本不清楚我到底在說什麼，看到他居然可以當著我的面對此等大事這般明白扯謊，我是真的被驚呆了。在此之前，我跟白宮人事辦公室一直合力在找人填補財務長的職缺，此時我們已經有了一個主要的人選，正在進行提名前的審查作業。我試著向查理概述了一下實情，可是他卻想要找這兩個「人選」親自談一談後再做決定。而在跟這兩人談過之後，他決定要留下羅恩，於是我又再度設法跟他解釋，說白宮團隊那邊幾乎不可能會接受這種做法，可是他卻根本不想聽。而事情也一如我所料，被總統行政辦公室（Executive Office of the President，EOP）的高階官員給打了回票，查理似乎對這次的否決感到很生氣，但白宮團隊那邊看起來也一樣不高興，覺得他怎麼會敢提這種問題。

在二〇〇八到二〇〇九年間領導過渡團隊是一件很吃力的事，加上之後尼爾遜參議員不願意支持總統原先屬意的提名人選，在我二月獲邀擔任副署長後又經歷了幾個月人事未定的折騰，這些都讓人感到心力交瘁。儘管如此，等到五月底我們的提名公告之後，我還是真心期待可以在查理的手下好好做事，雖然我們還不大了解對方，但我們的觀點、性格、擅長的事物應該都不一樣，不過我還是認為有可能會產生正面的效應。

查理．博爾登是南卡羅來納州一名高中教師兼足球教練的兒子，長大後為了報效國家，他不只當上了海軍少將，還曾四度上到太空，並成為首位執掌ＮＡＳＡ的非裔美國人。查理一直記得看電視節目《安納波利斯人》（*Men of Annapolis*）時受到的啟發，當時他才七或八年級左右，但已經「愛上了那個制服，也愛上了那個境況：所有的漂亮女孩好像都會到他們身邊」。雖然當時美國海軍學院裡只有少數的黑人學員，但他入學後卻獲選為班長，日後還成為一位海軍陸戰隊飛官及試飛員，到北越、南越、寮國、柬埔寨出過上百次的飛行任務。在擔任了幾年的海軍陸戰隊招募員之後，他獲得許可進到了帕塔克森特河（Patuxent River）畔的海軍試飛員學校（Naval Test Pilot School），後來當ＮＡＳＡ首次選了三位黑人加入太空人團隊時，他就在該校任事，兩年後ＮＡＳＡ又宣布要招募下一梯的太空班成員，入選的人裡只有一名非裔美國人，就是查理．博爾登。

查理是那種骨子裡就適合當太空人的人選，歷來共有一百多位太空人的預備成員在帕塔克森特河畔接受第一階段的培訓，其中有超過五十位都是從海軍學院畢業的。單單在一九六八那年——當時我還在玩芭比娃娃，夢想要當一名空姐——就有三名太空人的預備成員是從安納波利斯的學校畢業的，然後到了帕塔克森特河畔受訓，分別是查理、麥克．科茨（Mike

Coats）和布萊恩．歐康納（Bryan O'Connor），這三個人後來合計一共執行了九次的太空梭飛行任務，然後又被拔擢到NASA擔任高階管理職務。在二〇〇九年的時候，麥克和布萊恩都還在這些職位上，而且對查理產生了很大的影響，一起出力反對政府和我想要推動的諸般改革。

查理上任的時候就已經是個國家英雄了，他才剛剛卸下自己輝煌的政府職涯，所以好像也不用再證明或改變些什麼。至於我，比他小十五歲，是歷來第二年輕的副署長，職業背景是NASA政策、商業航太計畫、非營利的太空推廣活動，而且我認為擔任公職是一種殊榮，一心想把NASA轉變成一個更有效率的機構。我職涯裡獲益最大的日子，就是一九九〇年代在NASA總部裡渡過的頭五年；至於查理，雖然也曾在一九九〇年代時被派到NASA總部這裡待了八個月，但他一共在公部門裡待了四十年，他還會公開表示自己看不起華盛頓的那些人，而且直言那些年頭是自己最浪費生命的時候。

查理在二〇〇四年的一次專訪裡曾經談過他有多麼討厭自己在華盛頓的那些日子，當時是被問到他職涯裡最愉快、最富挑戰性的回憶，他答道：「噢，我為NASA工作的那十四年裡，最難做到的事絕對就是搭上飛機回到華盛頓，我得回家，回到華盛頓上工，每次回去的難度都在不斷增加。說真的，我都覺得自己不像自己了，我從來沒有討厭過什麼工作，但是我卻討厭那份工作。」他接著解釋道：「那不是我的問題，也不是說你喜歡或不喜歡華盛頓，而是說那是掌權者的地盤，所以如果你到了那裡，發現自己喜歡跟掌權者在一起，或是至少喜歡假裝你自己也手握大權，那你就很適合待在那裡。可是如果你不是權力愛好者的話，那你就不會喜歡那裡，我自己就不喜歡。」

查理待人友善而謙遜，這讓他成為一個備受喜愛的公眾人物，與他共事後會發現他的好口碑是真的實至名歸。可是查理看起來總是那麼和善，反而讓人無法分辨他的真實意圖，相處的日子一久，我發現查理所言往往不符自己的所信與所為。有時別人會問我在NASA副署長任內是否有什麼後悔的事，或是否會想改變什麼做法，在我列出的事項裡，排最前面的幾個一定有一項是這個：我沒有找到辦法來跟查理培養出更好的信任關係。

我倆第一次單獨共進晚餐是在被正式提名之後，當時我們還在到處拜訪參議員，為之後全參議院的審核聽證會做準備。在我們當時的情況下，我問了查理一個我以為很自然的問題：「你想要用NASA的力量做些什麼？」他想了幾秒後回答我：「噢，我不知道，妳呢？」我頓了一會兒，然後就滔滔不絕地講述我看到我們所面臨的最大的挑戰與機遇，查理的反應會讓人覺得他支持我的說法，不住地點著頭，說這些聽起來都很好、不錯、很棒云云。

⊙　⊙　⊙

在跟商業委員會裡的二十五位參議員分別商談過後，查理．博爾登和我的審核聽證會被安排在二〇〇九年七月八日進行，我的媽媽、姊姊、叔叔都從密西根州搭機過來，跟我的丈夫及兩個兒子一起旁聽，現場湧入了大批人群，已然擠不下那些好心來聲援查理的人潮，他們都是專程搭巴士從南卡羅來納州來的。然後喬治亞州的議員約翰．路易斯（John Lewis）——他是當年黑人民權運動中「自由乘客」（Freedom Rider）英雄們的一員——外加十幾位參議員及其他人士也站了出來，為查理向大家發表了一場場激動人心的演說。尼爾遜和哈奇森兩位參議員也獻上了長篇大論的熱烈歡迎詞來向查理致意，此時有個坐在哈奇森參議員後面的員工跑去在她耳旁說了幾句悄悄話，然後她便補充說道她也很歡迎我。接下來，由密西根州的參議員黛比．史戴比拿（Debbie Stabenow）正式宣布了我的提名，並開始為我發言。

聽證會上的一切我至今都記得很清楚，主席是來自西維吉尼亞州的參議員傑伊．洛克菲勒，他准許我們各自先宣讀我們事先備妥的正式聲明，然後再回答委員會的一些問題。不出所料，絕大部分問題都是針對查理提出的，我只有在被點到時插個幾句話，但整體上並沒有人提出什麼爭議，所以不到一個小時就走完了正式程序。我們下了台後來到尼爾遜參議員的辦公室，他和其他幾個人在那裡還在繼續為查理發表談話，偶爾也會客套一下提起我。整個程序讓我覺得非常新鮮刺激，日後還多次告訴別人，說如果你要去讓參議院審核資格的話，個人建議穿查理．博爾登那套燕尾服上場準沒錯。

委員會對我們的投票很快就有了一致的結果，幾天之內，全體一致同意通過了對我們的審核，然後再過一天，也就是七月十六日那天，我們兩人便一起在NASA總部辦公室外頭的等候區舉行了一場低調的宣示就職儀式，這些儀典有時會用比較盛大的場面來舉辦（我的前任就是在白宮的印地安條約廳〔Indian Treaty Room〕由迪克．錢尼主持宣誓就職的），不過查理和我不在意這些，我們已經準備好要上手做事了。

我們宣誓就職的那個星期是第一次登月的四十週年，阿波羅十一號的機組人員現身參加了好幾個安排好的慶祝活動。甘迺迪中心舉辦了一場夜間音樂會，我們坐在總統包廂裡欣賞演出，還跟太空人一起去了橢圓形辦公室跟歐巴馬總統聊天。我在一九九九年時也曾陪著尼爾、巴斯、麥克一起去過橢圓形辦公室面見柯林頓總統，但我絕對料想不到自己會在十年後身居如此高位又回到這個地方，儘管這裡的家具和裝飾已經變了，但我們談話的主題與儀節倒是都差不多。這幾位曾經在月球上漫步的人物引起了許多人的注意，有不少人都前來索取簽名，就連在白宮西廂這邊也一樣。有一個國家安全局的人很想要展現一下自己跟巴斯的好關係，就拉著我們五個人臨時去找國家安全顧問一起坐下來聊，詹姆斯．瓊斯（James Jones）將軍是海軍陸戰隊的四星上將，跟查理很熟，所以這場對話的氣氛就顯得很輕鬆而友好，瓊斯提到了一些他的辦公室正在進行審查的政策，而這也是整場談話裡唯一涉及實質議題的地方。

到了隔天，查理和我召開了一個跟NASA全體同仁進行的會議。我們沒有多少時間準備，不過查理和我都很能夠發表即時演講，講台上擺著兩張高凳子，就像是脫口秀節目上會看到的那種風格。我們各自先講了一段開場白，然後再接受提問，有的問題是總部現場這裡提的，有的則來自各中心的遠端連線。我為了謹慎起見讓查理先講而且多講，這並沒有什麼困難，反正他談話的方式本來就很接地氣，他不但講了很久，而且想到什麼講什麼，以至於在過程裡講了一些我覺得並不恰當的話，例如談到宗教之類的事。他越講越激動，還幾度掉下了眼淚，一開始這樣顯得很動人，不過後來就知道這是例行操作而已，雖然我們的風格很不一樣，不過他對那一套似乎也是很得心應手。接著查理又多講了幾句，說我們前一天見過總統，又說我們跟國家安全顧問聊到了他們在審查的政策，這時我感到了不對勁，於是盡力想把話題帶開，可是卻為時已晚。

查理所披露的國家安全會議（National Security Council）的政策資訊並不是公開的，這自然讓情報圈的高階人士氣炸了，告訴NASA的聯外部門及白宮方面的人要無限期取消查理的所有媒體採訪，如果有無法取消的採訪則改由我來替代出面，直到通知我們更改做法為止。雖然查理這邊願意暫時保持低調，可是他畢竟是政府機關新上任的負責人，如果一直不見媒體的話未免太不合理也太不現實了。

NASA的署長和副署長辦公室之間有一道相連的門，在一開始的幾個月幾乎都沒有關起來，我們每天早上還會給對方一個友善的擁抱以示歡迎。查理明確告訴我他不想指派我去負責個別的單位，說他把我當成一個綜覽全局的副手，他邀我隨時都可以出席他開的會議，而且指示手底下大約一半的高階職員要向我匯報，查理甚至還告訴他的領導團隊，他不在的時候就由我來替他行事。他說我們跟國會那邊的關係很重要，交給他來經營就好，所以我便專心向新成員宣揚NASA的價值理念，而這些會議也讓我非常樂在其中。我原本就跟兩黨的議員及其班底都有良好的關係，不過要做的其他事情還有很多，所以我也樂得把這個重擔交給他。雖然我和參眾兩議院的撥款專員們一直都有一些私底下的溝通管道，不過除非獲得明確的邀請，否則我從來都不會到國會去。

載人太空飛行是NASA所有活動裡最花錢也最引人注目的一項，而且在我們上任時，這也是最偏離正軌的一項計畫。查理本身是個太空人，所以特別適合對計畫內容進行評估，並且可以運用他的領導力來提出解決辦法。在那一本本的簡報手冊裡，記載著我們過渡團隊的發現，也寫上了要跟刺激法案請求預算的內容，而且這些都在我們準備聽證會的過程裡進行了徹底的討論。此外，總統還任命了一個委員會來研究美國載人太空飛行計畫的未來，成立此委員會除了是想要解決政府對於該計畫的擔憂，也希望他們能指引前路要怎麼走，而在我們兩人就職的時候，委員會的調查進度已經過半了。

戰神一號和獵戶座都出現了重大的技術問題，這點我們過渡團隊已有明確指出，而且也獲得了委員會的確認。在我們的職務通過國會審核後一個月，他們把做出的結論提交給歐巴馬總統的科學顧問兼科技政策辦公室（OSTP）主任約翰・霍德倫（John Holdren），也給了查理、我以及其他的高階政府官員。簡報會議在白宮的綜合大樓舉行，委員會所有成員全部到場，報告裡頭概括出了五個選擇，包括繼續進行星座計畫這個選項，但這樣做的話每年必須再花三十到五十億美元，而且就算花了，委員會也還是說這個計畫根本不能一直進行下去，也不能讓我們重返月球。委員會還指出，雖然星座計畫透過預算所請求的款項沒有少拿到一分一毫，可是它的進度還是越來越落後，而且他們發現太空梭和太空站計畫裡也出現了一樣的根本性缺陷，NASA只想著要把火箭和太空艙設計得能多大就多大，好把現有的基礎設備都放進去，因為他們認為這樣做最能夠獲得政治上的支持，所以該計畫的主要目標已經變質了，變成是要充分利用現存的人力與設備。

委員會的主席，同時也是洛克希德．馬丁公司的前執行長諾姆．奧古斯丁，他在那一年稍晚的時候曾在麻省理工學院的公共論壇上談到戰神一號的進度落後問題，而且是一語中的：「戰神一號計畫已經進行四年了，而在這四年裡，它又要往後再多推遲五年的時間，當然，這樣會大大影響到它要怎麼融入整體的大計畫裡頭……戰神一號計畫有一個短期目標，就是要支援國際太空站，問題是，如果按照目前預算書的說法，等到戰神一號可以上場的時候，國際太空站都已經躺在太平洋底下兩年了。」接著他還說，「迄今為止，我們一點都沒有把錢用於在月球上創建基地，因為錢全部都得拿去投入戰神一號和獵戶座的開發工作，所以我們現在可以說是遇上了一個難題：你明明為了派對盛裝打扮，可是派對卻沒了……關於戰神一號火箭這個問題，重點不在於能否打造得出來，因為真正的問題是**應該打造這個東西嗎？**」

委員會在給我們的書面報告和口頭簡報裡都清楚說到，他們贊成讓民間企業來載送太空人往返於近地低軌道（LEO），其實早在柯林頓政府時期就已經有這方面的政策，如今再次被提出也並不是那麼讓人覺得意外，不過能獲得像是諾姆・奧古斯丁、莎莉・萊德及其他專家小組成員的認可，也算是一件好事，畢竟這些人都沒有相關利益來影響他們的判斷。而考慮到太空人的未來，委員會簡述了幾個不同的發展目標，還特別把焦點放在其中一項他們稱為「變通之道」的做法。他們細數了NASA過往一次次的經驗，每次當選的國家領導人都會把自己想要的發展目標交給NASA，可是後來能提供給NASA的預算數字和執行時間卻又根本就不切實際，於是便產生了一種上下交相賊的做法，就是在一開始先畫大餅來推銷計畫，以獲取足夠的支持——但其實心裡很清楚，實際上要花的時間和金錢都要多出許多。所以他們想出了一個變通之道，就是先找任何未來進行深太空（deep space）探索會需要用到的先進科技，然後讓政府投資這些科技，從而減少最終目標所需耗費的金錢與時間。在我看來，這樣的做法是完全合理的。

簡報結束後，我心滿意足地走出了會議室，這十位優秀的獨立專家證實了我對於現有計畫的憂慮是正確的，而且還提出了幾個日後可行的方向。雖然我原本就對我們過渡團隊所發現的問題很有信心，不過這次的確證還是相當重要，證明了之前看到的狀況是真有其事。我和查理一起返回NASA總部，還問他覺得這份報告怎麼樣，他說自己印象深刻，而當我問起他認為我們應該選擇五個方案裡的哪一個，他的回答卻是我們做哪一個都可以。

◉　◉　◉

依照慣例，政府要在二月的第一週把該年度的聯邦預算提案提交給國會，而各機關的實際作業更是早在六個月以前就開始了，並由行政管理暨預算局來主導流程與實質內容，讓公文可以順利層層上報，還要負責消弭總統行政辦公室與聯邦各機構之間的對立。一般來說，各機構在草擬預算時都會以前一年的預算為基礎，再去諮詢行政管理暨預算局裡各領域的專家，然後在秋季的時候正式把自己的草案提報給行政管理暨預算局，接著該局就會對總體預算進行審核，回報一些他們看到的具體問題，最後再把各機關所回覆的答案整合起來，做成最終的提案——通常這時已經是十二月了。NASA在二〇一一年預算週期中所進行的流程跟往常並沒有什麼不一樣，唯獨只有載人太空飛行計畫除外。

總統行政辦公室的人員歷經了好幾任的總統和政治團隊，幫他們審核預算，而行政管理暨預算局裡負責NASA事務的團隊更是專業、博學且經驗豐富，其團隊負責人保羅．肖克羅斯（Paul Shawcross）比任何人都還要了解NASA的預算，如果你想幹什麼好事的話，他會盡責協助你；但如果你亂來，他也會盡責去導正問題。不論我們追求什麼政治理念、想做什麼改變，都得要先過他和他的指揮鏈（chain of command）這一關後才能有機會。雖然錢包最後是握在國會手上，但是對行政部門而言，要過的第一關其實是行政管理暨預算局這邊。

在九月拿到了奧古斯丁委員會的報告之後，NASA剛好也該要決定怎麼擬定載人太空飛行計畫的預算了。一份份的備忘錄在總統行政辦公室裡頭到處傳遞，到了十月才由約翰．霍德倫找來各單位首長舉辦並主持了一場會議，查理和我都從NASA過去開會，出席的還有行政管理暨預算局與國家經濟委員會（National Economic Council）的各單位首長或副手。

在這場簡報會議的材料裡頭提到他們有一個最贊成的做法，就是徹底取消星座計畫，把省下來的資金用來開發科技、活化基礎設施、進行商業載人計畫；如果要選擇其他做法的話，也可以保留獵戶座計畫，或是加速開發大型運載火箭。包括商業載人方案在內，所有可能的方案都在會議裡提了出來，但沒有任何一項要繼續為戰神一號提供資金，此時如果查理對這些方案有所偏好，又或者他想要另外提出新的方案，這都是他發表看法的好時機，可是他卻完全不置可否，就這樣結束了會議。只要關注這件事的人都看得出來，查理錯失了良機，等於被記上了一好球，有被三振之危。

政府那邊下的指示非常清楚，就是要我們展開商業載人計畫，但那並不是NASA的內部團隊在研發的項目，反正政府並沒有明確表示一定要遵守白宮方面的政策，所以官僚們就覺得沒有理由要改弦易轍，查理沒有按照指示行事，而是著手擬定一套預算案，讓所有的星座計畫內容不會發生任何改變。NASA明明有此良機，可以把戰神一號替換成商業載人計畫，然後重新安排星座計畫的其他部分，所以我們有好幾個人都建議查理，說這時候應該要採納一點新意，而且也提供了一些折衷的辦法給他，可是儘管我努力想告訴他遵循政府的指示是我們的要務，但並沒有被接納，我只能眼睜睜看著兩列火車沿著同一條鐵軌朝著彼此的方向撞過去，我知道要是ＮＡＳＡ不能想出一個新的計畫，到時候一定會有一場慘劇發生。

按照往例來看，新政府上任後都會對其領導團隊的主要成員進行些許調整，這一方面是為了盡量增加效率，同時也是要確保這些人在新當選政府有需要的時候可以站在同一陣線。政府這邊有規定，如果要更動高階管理人員的話，在頒布人事命令之後要先經過一百二十天的等待期才可以讓機構的新負責人上任，這樣的暫緩措施不但可以讓現任的管理人員有時間適應準政府的領導團隊的政策，也讓他們有機會可以證明自己的能力。一百二十天的等待期結束後，我便安排跟查理開了一次會，討論幾個我認為他應該要好好考慮的重大人事變動，查理看了我列出的清單後卻說他覺得全部都不必換，但我也沒有就此放棄，所以又解釋了為什麼我認為建立一個願意配合政府的團隊會有好處，談這種話題只要稍不小心就會搞砸事情，可是我覺得自己還是有責任要當面直言，說出我心中的上上之策。查理平時要招架各方彼此衝突的意見，他的難處我瞧在眼裡，由此我也可以看出，如果要想讓ＮＡＳＡ重回正軌，擁有一個團結一致、彼此信賴的團隊乃是箇中要務，然而查理卻一直沒有下達任何命令來更換手底下的這些人，也沒有要修改預算案。不論這是因為查理消極任事，還是他真的明確指示要保持原樣，反正ＮＡＳＡ最後還是交出了一份載人太空飛行計畫的預算書，只是從所有跡象看來，總統都不可能會接受這份提案。

到了十一月二十一日，在查理的邀請下，行政管理暨預算局的主管彼得．奧薩格（Peter Orszag）與約翰．霍德倫，還有白宮法務辦公室的主管羅伯．納博斯（Rob Nabors）都前來開會，我先前曾提議讓ＮＡＳＡ的團隊來幫他準備這次會議的談話要點，可是他不想要找人幫忙，也不肯先說自己的看法。事後查理告訴大家說這次會議相當順利，但跟著首長一起與會的白宮工作人員卻轉述說他在會中沒有提出任何要求。眼見著火車就要相撞了，但他竟然沒有試著去挽回局面，沒有讓其中一方的列車改換軌道，至少在我所見的範圍裡完全沒有。更何況彼得．奧薩格和羅伯．納博斯這兩個人還特別討厭參加這種一事無成的會議，這下子又要被記上一筆，目前已經累積兩好球了。

查理還剩下一次機會可以為ＮＡＳＡ提出的規劃方案說話，或者也可以提出一些修改上的建議，而且這次還是直接對總統本人進言的，會見的時間安排在十二月十六日，地點就在總統的橢圓形辦公室。我們這次又提議要幫他準備，但他也再次表示自己不需要任何幫助，他很清楚自己到底想說些什麼。而就在查理要去面見總統的時候，白宮的工作人員這邊剛好也正在擬定最後的決定備忘錄，幫總統概括出目前可行的方案，根據我所得到的確定消息，總統在還沒見過署長之前並不會做出任何最終決定。備忘錄裡大致列舉了四種方案，每一種的支出都將近要一百九十億美元，而且五年後還要再增加六十億美元，此外所有的方案也都納入了先前那次首長會議中所提出的指示，所以全都改用一個叫做「商業載人」的計畫來取代戰神一號計畫，而且方案一還把整個星座計畫都砍掉了。至於NASA之前提交給行政管理暨預算局的那份預算表則完全沒有被納入考慮，根本就是哪個方案都不算。

備忘錄裡說得很明白，不論是選擇裡頭列的哪一種做法，在國會方面都會面臨政治阻力，尤其是那些選區裡有星座計畫承包商的議員更是不會樂見於此，此外裡頭還特別寫到，如果想要讓方案一獲得國會方面的支持的話，其所耗費的政治資本會是各項中最巨大的。我後來有看到這份備忘錄的影本，上頭除了有總統的簽名，還有他在頁面邊緣處親手寫下的附注，只不過我事先並沒有拿到這份文件，而且查理也沒有。

從橢圓形辦公室回來的時候，查理一副喜不自勝的模樣，他說這次會面很順利，總統對他提的東西都很感興趣，查理還說他們談到了一些先進技術的內容，像是VASIMR，也就是可變比沖磁電漿體火箭（Variable Specific Impulse Magnetoplasma Rocket）。我聽到他居然提起核子火箭，開始感到緊張，查理察覺了我的反應，於是又說道：「別擔心啦，他可喜歡這個了。」然後我問他們是否有談到星座計畫，他也老實承認總統有告訴他說不想要進行星座計畫了，不過查理似乎只把這件事當成他可以「繼續努力看看」的目標，然而這些事聽在我的耳裡，卻覺得他好像根本還來不及揮棒，就已經被人家給三振出局了。

等我回到辦公室，發現有白宮的工作人員留言給我，問我為什麼NASA的負責人跟總統推銷一枚新火箭的時候竟然沒有說那是用核能的？可變比沖磁電漿體火箭在概念上算是一種電熱推進器，雖然利用它有可能會減少機器人在深太空探索時所需的時間，但它其實還只停留在非常早期的研究階段，而不是已經進入開發階段的核子火箭。

之前參與過首長會議的白宮工作人員在後來告訴我，說大家其實早已認同奧古斯丁委員會的結論，所以彼得．奧薩格在會中表示自己支持第一個方案，也就是直接投資新科技，還解釋了箇中理路，因為這樣做可以有助於促成現代化，並且讓以後的計畫只要花費比較少的時間和金錢就可以完成。查理之後抓住了「花比較少的時間」這一點來大做文章，說眼前就有個辦法可以讓前往火星所需的時間從八個月減少成六個星期，總統沒聽過有這種計畫，不過他回答說這種事情就是他認為NASA現在應該要做的。諷刺的是，查理這套說詞反而強化了總統原本的意向，讓他決定要加倍投入技術開發。

查理寄了一封電子郵件給我們這些知道他去面見總統的人，說事情很順利，他接下來要休幾個星期的假，並建議我們不妨也這樣做。在所有的聯邦預算案裡，NASA的二〇一一年年度預算是最後一個還沒敲定的，這也實在怪不得別人，畢竟是我們自己不遵守總統的指示，所以才會跟正常程序脫節。事到如今，火車撞毀已經是不可避免的了。

喬治・懷德賽（George Whitesides）是我在二〇〇八年時第一個找來跟我一起加入NASA過渡團隊的人，當時他是國家太空協會的執行董事，雖然我跟他還不大熟，不過從我打聽到的消息來看，包括國家太空協會裡我所敬重的每個人也都告訴我，說他相當優秀。其實他比那些人說的還要出色，所以等到過渡期之後他就被招進了NASA擔任固定職位，而我也刻意安排讓他可以早早就開始跟查理往來，包括在國會進行我們的資格審核過程時也是由他來負責統籌協調。等到資格審核過關後我便推舉了他，說他會是一名很出色的幕僚長，署長也同意了。於是喬治便開始孜孜矻矻地替查理做事，而且在白宮的科技政策辦公室和行政管理暨預算局那邊，喬治也成了他們心目中最可信、最有效率的NASA高層人士之一。

大約在查理面見總統後一個星期，有一天喬治・懷德賽和我在辦公室裡加班到很晚，然後接到一名白宮工作人員打來的電話，告訴了我們一個消息——而且言明只透露給我們聽，說歐巴馬總統已經選定了方案一，也就是要完全取消星座計畫。讓我印象深刻的是，總統明知道這樣做的話所遇到的政治阻力會是最大的，可是他還是決定要選擇這個項目，因為它可以帶來的進步也會最大。喬治對這個消息的反應還算平和，他也同意方案一是發展太空的最佳願景，他所顧慮的是如果馬上就把星座計畫腰斬的話，所引起的反彈有可能會危及我們最希望取得的進展。但我早已認準，如果NASA提交了一份以轉型為目標的預算書，那就代表我們會得到白宮方面的高度支持，而如今政府的決定也證實了我的猜想，總統確實願意挺身支持我們提出一個大膽而創新的未來規劃。不過我心裡也明白，重點在於總統支持的力道能有多大，因為此舉已經讓我們又一次上到了一條危險的軌道，朝著另一列火車的方向撞過去：那就是國會。

在通過參議院審核後，貝絲．羅賓遜（Beth Robinson）成了我們新的財務長，她是我還在過渡團隊裡頭的時候由史蒂夫．伊薩科維茨推薦給我的，之前原本是行政管理暨預算局裡頭最資深的員工，非常了解預算的作業流程，以及中間會有哪些人經手，在這方面NASA沒有人比她更清楚。即便時間剛好碰上了假日，貝絲還是帶著她的團隊跟科技政策辦公室和行政管理暨預算局的人一起工作，為的就是要回覆國會對預算提出的問題，以及起草我們在預算說明會上的說詞，這些都是國會在審預算案時預計要用到的。

ＮＡＳＡ以往常會為了其他目的而把白宮在預算上還沒定案的消息給透露出去，這點可謂是臭名遠播，更何況考慮到我們這次還敢固執己見，不遵照政府的指示辦事，所以讓對方的信任已經降到低點，所以儘管總統在一月初就已經做出了最後決定，而喬治和我也大致知道結果是什麼，但我們依然無法得知相關細節，只能等署長去了簡報會議後方見分曉。

查理在一月底的時候去聽了預算的簡報，這時距離正式提案只剩一週了，而最後決定的版本似乎給了查理非常沉重的打擊，他說自己覺得好像被人當胸狠踢了一腳，但是我卻拿出之前首長會議裡頭的圖表給他看，細數白宮那邊先前就曾做過的指示與決議，只不過他自己不知為何一直沒搞清楚而已。雖然他還是認為自己明明就有參與整個過程，不過也承認他沒有完全搞清楚自己的角色；至於我，算起來至少也要負一部分的責任，在我早期所提的意見沒有得到採納之後，我就受到勸誡失敗的影響，變得比較不願意說出我的看法了。

在白宮這邊，他們也察覺查理在預算簡報會上的神色有異，因此在心裡多加了幾分小心，覺得他可能無法傳達和宣導政府所規劃的方略，而由於有這樣的顧慮，所以他們就決定讓他正式公布預算的時候照本宣科就好。我們大家都不喜歡這種做法，尤其是我，可是白宮方面不想冒險，擔心在預算公布的第一天就擦槍走火。為了讓查理不會出錯，整個預算發布會的形式搞得就跟大型的內閣機關差不多，先請首長拿準備好的資料把大致情況說一下，然後細節就交給其他人去報告，但這種做法也不是沒有風險，因為有可能會讓大家對為什麼要採用這樣的程序大做文章，反而忽略掉了提案裡的實質內容。

而結果正是如此，問題失焦了。

在聯邦預算公布那天，查理在新聞發布會上讀了一段事先準備的聲明，然後就說自己得要趕去參加「其他會議」走掉了，他還告訴媒體，政策相關的問題都交給副署長和科技政策辦公室的幕僚長金・克倫伯格（Jim Kohlenberger）來回答。在問答環節過後，現場就交給貝絲對數字的細節進行簡報，我和霍德倫博士及其他科學機構的負責人則趕赴城區的另一頭，到美國科學促進會（American Association for the Advancement of Science）去報告NASA的預算。然後等我結束了這一天的行程後，又再回到總部，接著主持了一場記者招待會，輪流接受主流媒體的採訪。

歐巴馬政府為NASA提請了一百九十億美元的預算，比前一年還要多出三億，而且五年過後預計還要再追加六十億美元。這次的提案裡取消了星座計畫，省下來的錢不只可以多進行一次太空梭飛行任務，還能讓國際太空站從二〇一五年延役到至少二〇二〇年。至於新的資金則會用於發展地球科學、先進科技、火箭引擎，以及活化基礎設施，還要進一步加強之前因刺激法案預算而跟企業展開的合作關係，委請他們來載運太空人前往國際太空站，這也就是後來大家所說的商業載人計畫。

既然是我們自己提出要終止價值數十億美元的多項合約，引發對這份預算案的負面反應也算意料中事。由於國會議員可以依據自己的喜好來選擇要被分配到哪個委員會，所以最後左右委員會方向的一定都是他們各自的利益，加上近幾十年來NASA都比較算是個冷門機關，所吸引到的參眾議員一般都是利益相關之人，也許是想要增加選區的工作機會，或是這個選區有跟NASA簽約，而這些人心裡最優先的事，通常都是要保持現狀。

根據聯邦預算的處理規定，在預算正式公布之前政府不可以先去跟國會協商，也不得對外透露任何資訊，儘管如此，航太機構還是聲稱這次太過突然，怎麼會事先沒有知會過他們就提出了這麼巨大的變動。其實不論這次的方案用什麼方式來宣布，取消掉價值幾百億美元的合約都不可能會讓人高興的，所以不管事先打過多少招呼，他們也不會改變看法，因此那些有切身利益的人士就開始大肆指控這次的預算編列過程是黑箱作業。至於NASA內部在進行星座計畫的團隊，他們原本以為可以繼續做自己的事，根本不去管白宮方面的指示，如今發現自己居然不知道最後決策是這樣拍板的，也跟著感到既氣憤又難過。

這次的預算申請大致上是按照奧古斯丁委員會的公開建議來編列的，畢竟當初會成立該委員會就是要審查計畫內容，並且提出未來的預算方向，而他們的研究結果也揭櫫了星座計畫根本難以為繼的問題，所以在那之後的幾個月以來，業界媒體就一直都在猜測NASA的計畫是不是會出現重大變革，但還是沒有人預料到政府會如此打破成規，畢竟這次決策的消息可謂保密到家，沒有事先洩漏給那些他們知道會出面反對的人，使之沒有多餘的時間可以籌劃。雖然這樣做並沒有什麼問題，但是外界私底下還是不斷議論，說這次的預算申請有問題，而且最大的問題就出在程序上頭。

國會方面很快就安排了聽證會，NASA的團隊也幫查理做了準備。我拜託了總統，甚至還拜託了副總統，希望他們在預算案公布的時候可以打幾通電話知會一下民主黨的領頭人物，可是他們比較想要保住票數的是健保及其他的優先法案。如果總統私下打幾個電話給民主黨在國會裡的要角，雖然未必就可以打消他們對於NASA預算案的反對意見，但至少可以營造出不一樣的局面，也可以平息外界的非議，讓他們不要再說這次提預算的過程裡總統根本就都沒有參與。

我在公布預算那一天去找了納爾遜參議員談話，向他解釋為什麼會做這樣的規劃，而且好像也開始覺得他有可能會願意支持我們了。可是過了一陣子以後，他似乎覺得自己受到了冒犯——這其實也多少可以理解——因為當初沒有找他來一起制定這套方略，更何況他也跟其他許多人一樣，如果要他們接納這套新計畫，就等於要承認原先的計畫並不可行，但那可是自己從前負責監督並公開支持過的啊。這期間有一回我在他參議院裡的私人辦公室進行一對一會議，那是一次特別不愉快的經驗，他對著我炮火全開，因為伊隆．馬斯克公開表示SpaceX可以幫忙改良NASA目前在進行的計畫，這讓比爾．納爾遜聽了以後對我吼道：「管好你家那個小伙子伊隆吧。」其實在這份提案裡也要對佛羅里達州的太空海岸（space coast）進行基礎設施的投資，而且商用的發射產業蓬勃發展也一樣可以讓佛州大大受益，但是他依然不予支持，這點尤其讓人失望。

至於查理這邊也有難言之隱，他既不說預算書的內容，也不講自己在編列預算時所扮演的角色，他的閉口不談甚至讓NASA的領導團隊都開始相信他一定是在制定預算的過程裡遭到了打壓，然後馬上就有NASA的高階員工跑去告訴國會，說要提交給國會的計畫內容還沒有開始制定，甚至還表示如果大家還看不到一個計畫的技術細節，那就表示該計畫的推動根本就還沒到時候。這些人從來都不肯承認，問題其實是出在他們不願意遵照白宮的指示，所以NASA才沒有照程序來辦事，而且他們也沒有說，跟新技術計畫相關的細節辦法不是在提交計畫的時候就會先制定好的，而是要等到跟合作企業商討獎助金的時候才會制定出來。

聽一個人說話時很難不去計較他的身分，而我身為NASA的第二把交椅，所說的話就沒什麼人會聽，而且有時甚至比不聽還糟。查理不想要說星座計畫的壞話，因為他擔心那會對全體工作同仁造成不好的影響；但我卻認為要開誠布公，直言該計畫有多麼不符預期，同時也要承認這是層層結構在進行決策造成的共業，而不該以此來看待全體工作同仁的表現。由於兩個人的做法不同，我們傳達給大家的訊息自然也就無法一致，也令人難以信服。此時外界開始指控我應該要為這次的預算案負責，對此查理的回應是這樣說的：「有許多人都有參與預算編列的過程。」他沒有把大部分的力氣用來談這次的提案本身，說它會如何幫我們達成更有意義的目標，又會促進多少的經濟利益，他只說如果大家要怪的話就怪他好了。不論他是否原本就預料到會這樣，總之他這番話一點都沒有平息外界的非議，大家還是認為這次的預算案是暗渡陳倉，他或總統都並不知情。

任何稍有了解的人都知道，要想讓大型政府計畫產生重大變化，一定要先讓那些背後各有不同派系利益的最高階官員們全部都達成一致的立場——加上還要有大老闆的最終批准才行。真實的情況是，政府原本執行的那套計畫根本就不忍卒睹，而且我們所改提的政策和計畫其實既不突兀也不極端，只不過有人在找替罪羔羊，所以就把責任賴給我所領導的一批低階職員，說是他們在暗中策動要反對載人太空飛行計畫，因為如果可以保住原本的計畫，這批耍花招的人就可以因此獲得好處——包括查理那一批「杯子男孩」的好兄弟在內。星座計畫搞出了這麼多問題，原本是業界的這些人應該要負責的，所以他們的損失也會最大，可是如今大家的印象卻被偷偷調換了，所記得的內容已經變成了業界所宣傳的那副模樣。

這份提案背後的想法一開始確實是我提出的，不過最後抱持這些想法的不只有歐巴馬總統，還有他的科學顧問、行政管理暨預算局主任、國家經濟委員會，以及奧古斯丁委員會，而且自從我進入過渡團隊工作之後，就再也沒有跟總統直接談論過他對載人太空飛行的未來規劃，只不過他手下的人和查理開會後我會去打探消息，而從他們所告訴我的種種跡象看來，我有理由相信歐巴馬依然保持著跟我們二〇〇八年對談時一樣的看法。至於那些在背後搞鬼的人所宣揚的論調，其實某種程度上也算是在恭維我，因為在他們口中有很多人都會聽我擺布，不只有當過海軍陸戰隊上將和太空人的署長，就連美國總統也一樣。

在預算案公布後還不到一個月，媒體就得到消息，說查理下達了指令給NASA旗下規模最大的中心——也就是休士頓的詹森太空中心——的負責人麥克．科茨，所以他就按照吩咐開始在規劃一套替代方案，準備要取代總統的方案。麥克是查理在安納波利斯的老同學，後來也一樣當過太空人，他在執行太空梭飛行任務之後，以及在後來到NASA擔任管理職務之前，中間還曾在洛克希德．馬丁公司工作過，他就是那種標準的杯子男孩，不明白除了那些老字號的承包商（例如他任職過的這一家）以外，為什麼政府還會信任其他的民間公司，讓他們去碰載人太空飛行計畫。根據《太空新聞》（*Space News*）在二〇一〇年三月四日的報導，麥克之前曾寄出過一封電子郵件，說署長要他去聯合其他中心負責載人太空飛行任務的主管，一起跟NASA總部的主要高層來開發一套系統，也就是後來大家所說的太空發射系統（Space Launch System，SLS）。這些NASA高層們已經跟太空產業及國會裡的一些重要人士商量好了，大家的目標就是要保住星座計畫的合約不受影響，而在那封電子郵件裡，那個他們所籌劃的方案就叫做「B計畫」。

我一直都不清楚B計畫裡頭有多少內容是底下的人按照查理的吩咐去做的，又或者這一切都只是因為他拒絕不了杯子男孩們才造成的結果。不論原因究竟是哪一個，但從這件事本身就可以看出來，他根本就不管預算案有沒有被推翻。雖然NASA發表了一則聲明，想要讓查理和B計畫劃清界線，可是麥克．科茨的電子郵件副本一共寄到了八位NASA高層的手上，而且內容老早就已經到處在外頭流傳了，讓查理根本就無法撇清。

幾年後，在NASA的一次口述歷史的訪談中，麥克．科茨談到了自己怎麼看查理那次反對總統的預算案而制定了自己的方案，說起查理在此事中扮演的角色，他表示查理其實在預算公布之前幾天就已經察覺了白宮將要取消星座計畫，還說「我想大概是洛瑞．加弗告訴他的，但是我也不確定。我聽說查理那個週末都在跟白宮的人爭辯，大概是跟幕僚長吧，說些『要不要再給我個機會，重新規劃星座計畫，不要直接砍掉好嗎』云云」。麥克那票人一直把事情講成這個版本，而且還編成了一套鬼話來加強大家的印象，為的就是他們自己的利益。

B計畫進行得非常順利，甚至讓該計畫打造出來的太空發射系統載具常被人家冠上「**參議院**發射系統」的稱號，＊但其實真正合力打造它的是一群謀求私利的人，分布在太空總署、航太業界和國會山莊之中。等到任期結束後，查理就直接站出來表態支持太空發射系統，而且還公開批評我支持商業載人計畫。在二〇一六年的一次採訪中，他說自己和我對總統最看重的事情是什麼有著不同的解讀，還責怪我站在別人那邊，跟我「在NASA、行政管理暨預算局，以及白宮科技政策辦公室的政治盟友」同夥，一起袒護商業載人計畫，並打壓太空發射系統和獵戶座計畫，但國會對後者的支持明明就要大上許多，而且NASA裡那些跟載人太空飛行計畫相關的資深主管們也是如此。

雖然他之前也公開表示自己支持商業載人計畫，而且時間還長達七年多，但是現在他的說法也變了，換成是譴責我支持這項計畫，他說我跟他不一樣，指控我「解釋總統最看重的事情是什麼」時是按照總統行政辦公室的想法，而不是按照國會的想法。這項指控倒真是沒說錯，查理也總算承認了自己是站在對方那邊的，而且他還等於昭告了天下，他不只跟我在政策的優先順序方面有歧見，在這點上他跟大老闆的看法也不一樣。

＊譯注：因為太空發射系統的縮寫是SLS，說這話的人是把第一個S換成是參議院（Senate）來開玩笑。

六、負重而升

商業載人的目標其實跟商業載貨差不多，都是要壓低往返太空的運輸成本，只要可以降低發射成本的話，幾乎對NASA的每個層面都會有幫助，包括執行地球科學和太空科學的任務，因為這種任務的發射成本有時候甚至高過於太空船本身的成本。至於外界對這項新計畫的批評，最主要都是因為它跟戰神系列以及獵戶座有競爭關係，而後者靠著傳統那種「成本加成」的合約，不論做出來的東西能不能飛上天都可以每年坐領三十至四十億美元。然而商業載人計畫的好處卻正好就是它引來批評之處，我眼見於此，而且又看到當前的發射成本如此高昂，在在讓我覺得有必要向太空界以外的人強調這些實情，但白宮的法務官員所看重的是其他他們認為更優先的計畫，似乎不大願意去碰NASA的問題。

我試著跟NASA的員工、承包商，以及各方媒體和航太協會溝通，說明我們的規劃可以帶來哪些好處與長期的利益，然而似乎收效甚微。少了白宮方面的頂層支持，又不能明言星座計畫為什麼會被取消，我們等於是挖了一個非常大的坑給自己跳，而星座計畫的合作企業與國會裡利益相關的人士也聞到了血腥味，跟著加入戰局來打擊我們。我們出席了一場又一場的聽證會，政府和計畫也一再遭受抨擊，但我們卻始終拿不出多少足以服人的說詞來為自己辯護。到了二〇一〇年四月，媒體的負面報導與參議員的憤怒聲浪終於被白宮注意到了，而他們為了討好尼爾遜參議員，就拍板讓總統去參訪佛羅里達的甘迺迪太空中心，以示他對NASA的支持，而且政府為了打破僵局也表示願意讓步，只要保住我們的優先項目就好，包括商業載人計畫、韋伯望遠鏡，以及一些技術項目與地球科學任務。總統這次發表的演說一方面是要對太空界伸出橄欖枝，同時也是要站出來為該預算案所提出的規劃進行說明，以示他個人對此的支持。

由於戰神一號火箭的成本和風險都已經變高，而進度又有遲誤，所以它自然就成了星座計畫裡最該被取消的環節。它的合約是由ATK太空系統（ATK Space Systems）公司獨家承攬的，這是一家設立在猶他州的承包商，負責為太空梭製作固體火箭發動機，而且每次做的東西幾乎都一模一樣。戰神一號也常被人叫做「史考特火箭」，這個別名來自於前太空人史考特・霍洛維茨（Scott Horowitz），因為火箭就是他設計的，而當時他才從ATK那邊回到了NASA工作——有這樣的利益牽連，任何公正的監察長都應該要調查一下才對。此外，戰神一號原本只是負責打頭陣的，後續應該還要推出更大的火箭，那才是NASA、企業界和國會真正都想要打造的東西，也就是大家所說的戰神五號（Ares V）。

為了爭取業界支持，政府首先做出的退讓是留下簡化版的獵戶座太空艙，只淘汰戰神一號火箭。這樣洛克希德・馬丁公司至少保住了當初搶到的獵戶座合約，而且現在為時尚早，還來得及修改計畫，將之改裝到目前的漸進一次性運載火箭（EELV）上頭，拿來當成太空人在太空站上的救生艙。此外，戰神一號被砍掉之後，資金還可以轉而提供商業載人計畫所需，從而避免了政府與民直接爭利的問題。

白宮所願意做出的第二個退讓，是為我們的太空人先定好下一輪深太空探索的目的地。大家常會把太空人的「目的地」和他們的「目標」當成同一回事，而當時對我們那份提案的主要批評之一就是說我們沒有先設定好「目標」，或者說沒有定好一個時間框架，告訴大家何時會讓太空人重返近地低軌道（LEO）。擔任第四十三屆總統時的小布希曾公開宣示過，太空人會在二〇二〇年以前重返月球，但就跟他父親在一九八九年時的宣示一樣，到了兒子這一輩還是沒能讓NASA完成這樣的計畫，照樣淪於空口說白話。

自從阿波羅計畫以來，NASA在載人太空飛行的發展策略上就一直只想著「什麼」、「何時」和「如何」，卻不去想「為什麼」。如果我們先幫NASA做好執行各式各樣任務的準備，說這樣可以因應國家的不時之需，等到派上用場時就可以少花些時間和金錢，光是這樣聽起來確實算是一項值得進行的目標，可是如果細究「為什麼」要這樣做，然後發現這只是要為國會各選區裡的人士創造與確保工作機會，那麼這種目標就不會有實效。我們所提出的方案採取的是一條靈活的路線，是以投資科技的方式來降低未來所有機器與人類跨出近地低軌道進行探索時所需的時間與金錢，如此規劃的目的一方面是要讓民間單位不必跟政府競爭，繼而自行開發出所需的技術能力，同時又讓未來的總統可以擁有更多餘裕，屆時他們可以利用手上新開創出來的技術，再參酌當時國內及國際間較為急迫的需求，以此來選定太空發展的目的地。正是為此，這個第四十四屆總統才不想要高談空話，只想求取真正的進步，可惜跟他站在對立面的那些人似乎志不在此。

要想過總統這關，明定出太空人下一個要前往的地方，那麼這個目的地不但要有意義，而且還得是個按照現行預算有望在二〇二五年以前到達的地方才行。如果要去月球的話，那還得打造價格高昂的登陸裝置；如果換成火星的話，花的時間和金錢只會更多；或者也可以在深空裡隨便找個地方就去，只是大家會覺得興趣缺缺，不值得為此大費周章。如此說來，到小行星出任務會是個不錯的選擇，因為這樣就不需要用到昂貴的登陸設備（小行星的引力太弱了），而且這種任務所會用到的太空科技系統都是現在已經有在開發的，甚至還可以讓獵戶座也派上用場。

小行星原本就是科研中重要的研究對象，因為孕育原初生命的胚種可能就是它們帶來的，況且如果用長遠的眼光來看太空發展，那麼小行星上頭也有一些礦物資源，未來可以用來打造太空站或星際飛船；此外還有最重要的一點，就是小行星有可能會撞擊地球，甚至可能會消滅人類。基於這些明確的理由，所以大眾對小行星一直都相當感興趣，連好萊塢也會不時就拿來利用一下。甚至就連要造訪哪一顆小行星的挑選過程也是很有價值的，因為我們得要先設法增進對小行星的探測與鑑察能力才行。最後，這項任務還能讓我們可以趁機提早研究一下人體長時間處於深太空環境下會有什麼反應，這一點我們目前並不清楚，所以也成了人類要把活動範圍擴展到地球軌道以外的一大障礙，包括火星在內。

總統到了甘迺迪太空中心之後，只能有一次參訪和拍照的時間，所以我們促成此行的這些人最後就建議他去SpaceX的發射台看看。查理不只出席了總統的演說，也參與了這次的行程規劃，但當他得知歐巴馬沒有要去看太空梭設施之後就顯得提不起什麼興趣了。此時我便出言支持這次的做法，並重申這次總統來訪想要對外界傳達的訊息乃是關乎於未來，而不在於過去，查理也接受了，沒有提議說要更改地點。

二〇一〇年四月十五日，總統在甘迺迪太空中心宣布美國將會在二〇二五年以前派遣太空人造訪小行星，並且會重新啟用獵戶座太空艙，只是功能上會再加以簡化，只用來當成太空人在國際太空站上的救生艙。相較於原本提出的方案，這兩項調整可謂相當重大，也算是誠心想要找出一條折衷之道，讓我們可以保住NASA方案裡頭其他重要的環節，繼續往進步的方向邁進。結束談話後，歐巴馬總統步下了講台走過來跟我握手，聽眾此時還在鼓掌歡呼，我的身旁也都是一些希望此事可以大功告成的夥伴，包括奈爾．德葛拉司．泰森（Neil deGrasse Tyson）、比爾．奈，以及太空人盧傑。歐巴馬笑著拍了拍我的肩膀，接著問道：「妳覺得這樣做有用嗎？」我的回答也很老實，如果這樣都不管用，那做什麼都沒用了。

然而我不幸言中，真的做什麼都沒用。

總統提出的兩個辦法都未能安撫反對派，雖然他們確實不再批評我的提案沒有設定目的地，但卻改為批評那不是他們想要的目的地。眼下願意支持研究小行星的選民基數太小，不足以影響預算，而航太產業界又已經跟國會連成一氣，要共同反對取消任何星座計畫的合約，所以也不可能會接受用現有的發射裝置來發射獵戶座。雖然白宮的法務人員說他們一直都有在跟國會裡的民主黨人士以及洛克希德公司的人合作，確保他們會支持我們所提的調整計畫，可是在我要離開佛羅里達的時候，所看到的卻明顯是相反的局面。我跟尼爾遜參議員談過，也跟洛克希德．馬丁公司的執行長還有查理都談過，可是他們全都認為總統說的話不會改變任何事，尼爾遜參議員還是打算要繼續鼓吹大型運載火箭，而鮑勃．史蒂文斯（Bob Stevens，洛克希德．馬丁公司的執行長）也不打算改動獵戶座，至於查理，按照他的意思就是要讓我們把太空人給送上火星。

羅伯．納博斯是白宮與國會的聯絡人，也是我們對政府單位的重要窗口，每次我見到羅伯，他都會拜託我叫尼爾遜參議員不要再打電話給他了，而我的回答也都一樣，由於我們心裡已經很清楚，總統此番決定不大可能會得到南方國會代表們的支持，所以不管我說什麼都改變不了現實情況，除非總統自己打電話，不然副總統來打或許也可以，這樣才有機會說服尼爾遜參議員，讓他支持我們的方案。可是總統始終沒能夠打這些電話，所以尼爾遜參議員當然就會一直打給他。我們離開卡納維爾角的時候，羅伯非常氣憤，我之前從沒看過他氣成那樣。他甚至告訴我，要是不想失去理智的話就應該離開航太界，他說「這些人裡沒一個關心真正的太空計畫會怎麼樣，他們全都是些小人，而NASA則是個小人堆」。我多年來中過許多陰招，早已是百毒不侵，但是也懂得他的挫敗感。

白宮那邊的人對NASA修改計畫一事有認真關注了幾天，但幾乎都完全只聚焦在總統的甘迺迪太空中心之行上頭，他們的溝通單位和先遣團隊只有一個目標，就是在不占用總統太多時間的前提下幫我們宣傳一下訊息，然後博取到媒體的正面報導。喬治、科技政策辦公室的那些人，還有我，這群人都盡了最大的力氣在跟時間賽跑，不但要趕著完成任務，還要盡量利用機會來向太空界表現一下總統的領導力。稍微讓步保留獵戶座、把小行星設定成目的地，還有到SpaceX去參訪，這些都是在我們的力薦之下才得以順利達成的，而且也取得了總統身邊高級顧問們的支持，可是只要空軍一號飛離了太空梭的起降跑道，問題就馬上又交回了我們手上，只能接著靠自己來對外傳達我們想說的話。

為了反對歐巴馬的預算案，有些當年阿波羅計畫的太空人出席國會發表證詞，甚至還有現役的太空人公開奚落商業載人這個想法，也嘲笑了最近公布的小行星目的地方案。我多次去過詹森太空中心，其中有一次還特意想找當時的太空人隊員們見面，但大家卻興趣缺缺，讓我相當失望。就連同意跟我碰面的太空人似乎也是來者不善，對我個人與對政府的計畫都公然表現出敵意，因為他們有一些朋友和以前的太空人同僚是在星座計畫的承包商那裡做事，這些人不但把星座計畫的進展拿來胡吹一通，而且還說假話，表示自己正要一步步將這些太空人們送上月球與火星，想當然耳，這裡頭有些太空人確實希望自己也能親自踏上月球的土地，甚至希望自己日後一樣可以被這些公司聘用。另一方面，太空人也很喜歡被派到星城去做事，在那裡有一些類似大學兄弟會的風尚制度，可以結識俄羅斯的太空人夥伴，所以他們不會急著想要放棄這樣的機會，改成在美國本土用伊隆・馬斯克這一些人打造的新工具來進行發射任務。面對這樣的局面，他們不想怪NASA署長，畢竟他也是自家的太空人弟兄，索性那就怪我吧，說我危害到他們的夢想、生計，甚至可能還危害到他們的生命，這樣想似乎簡單多了。

跟大多數的一般人一樣，NASA的領導階層對待太空人通常都很恭敬有禮，可是我已經受夠了，我只不過是想要說出實話，想要真正試著去實現更美好的未來，卻得要因此而受到輕蔑。我提醒他們，真正跟美國太空計畫有利害關係的人其實是美國的納稅人才對，而不是他們，也不是我們這些公職人員。然後我又解釋，總統對太空總署的轉型規劃就是想要讓我們在太空的發展變得可長可久，而不只是想要像從前那樣走走停停，害得我們一事無成。我這一番慷慨陳詞，很有可能會被拿來當成諷刺我的材料，畢竟原本就有人在惡搞我的形象，只不過日子一久，這倒真成了我給人的既定印象。

我想要讓太空人們支持商業載人這一套想法，而且在前一年奧古斯丁報告公布的時候就開始認真這樣做了。我在二〇〇九年十月去了俄羅斯，除了去見俄羅斯太空總署的人，也順便去迎接太空人麥可．巴拉特（Michael Barratt）返抵地球，他已經在國際太空站上待了六個月，剛要搭乘聯盟號回來。跟我從前當太空媽媽的那時候相比，此時駐紮在星城的美國太空人數量成長了許多，這是因為在哥倫比亞號事故之後，聯盟號已經成了他們上太空的唯一途徑。美國第一位搭乘聯盟號的太空人是海軍的海豹部隊隊員比爾．薛佛（Bill Shepherd），為了提供他住所，美方就在一九九九年蓋了第一間所謂的「小別墅」，後來這裡成了美國太空人的社交活動中心，屋裡的地下室變成了酒吧，大家將之命名為「薛佛吧」（Shep's Bar），名氣非常響亮。我有幸受邀跟著幾位太空人去過那裡，一起慶祝返航成功，這些人包括了麥可．福爾（Michael Foale）、崔西．考威爾．戴森（Tracy Caldwell

Dyson）、蘇妮塔・威廉斯（Sunita Williams）、馬克・波蘭斯基（Mark Polansky），以及麥可・洛佩斯－阿萊格里亞（Michael López-Alegría）。我向來提倡要用民間開發的發射系統來取代戰神一號，此事聲名在外、眾所周知，他們當然也很清楚我的想法。

至於這些太空人的想法呢，其實在我到那裡時他們就已經坦白告訴我了，看看人家上一位進到薛吧的副署長，他可是醉到不醒人事，得由他們抬著出去，他們希望這種光榮紀錄可以再添一回。我絕對算不上能喝的人，而且這一回我更加不希望蹚這種渾水，因為我的大兒子韋斯也陪我一起來了（花的是我自己的錢），而他只是個學過俄語的高中生而已。韋斯看到酒吧裡有一架鋼琴，就開始接受點歌演奏，崔西和蘇妮塔也過去坐在鋼琴長椅上，一起唱著〈火箭人〉（Rocket Man）這首歌，然後還偷塞了好幾杯瑪格麗特雞尾酒給他喝。我們大夥兒花了好幾個小時爭論由民間發展太空運輸的價值，玩了好多場的吹牛骰子（Liar's Dice），還喝了很多輪的瑪格麗特。從我隔天開會時的感覺來看，那一晚我能夠自己走出薛吧，已經算是運氣很好的了。

當年我玩吹牛骰子的時候喊點數輸給了別人，但是卻贏了那晚的爭論，只不過這件事要等到幾年後才看得明白。麥可・洛佩斯－阿萊格里亞後來當上了商業太空飛行聯盟（Commercial

Spaceflight Federation）的主席；而馬克．波蘭斯基則成為了商業太空事務的顧問；蘇妮塔．威廉斯更是為波音公司效力，成為一個名為星際航線（Starliner）的商業載人太空船的第一位操作人員。雖然他們沒能早點支持我們、幫到我們，不過這依然算是得來不易的重大勝利，畢竟能夠拉攏到太空人加入我們這一方還是很重要的，我們一直努力想爭取他們多多加入，如今總算是看到成效了。

最近回航的太空機組人員常常都會帶回一些拼貼作品給查理與我，那是用他們出任務時所用的飛行旗幟拼成的，上頭還有他們的簽名。在他們進行過正式報告之後，我們會坐下來聊聊他們這次飛行任務裡最有意思的地方，但後來這種與談活動講的東西很明顯都只剩下一些社交辭令，於是我就要求跟他們一個個單獨對談，解釋一下我們對於載人太空飛行的未來規劃。他們返航後的行程都排得很滿，所以我這樣強行插隊的做法會讓有些太空人不大高興，不過後來還是有幾個人告訴我，說我們那次的談話對於他們的想法與他們日後的職涯都起了決定性的影響。

二〇一〇年七月，有二十四位退役的太空人一起簽署了一封信給國會，以表示他們支持用民間單位開發的系統來取代太空梭。這次的行動是由商業太空飛行聯盟居中協調的，該組織的工作人員幫了我很多忙，簡直就像是我的「廚房內閣」（kitchen cabinet）一樣。從現在看來，當時這些人的聯名支持可謂是一個重要的里程碑，幫我們爭取到了不少民代的支持。

◎　◎　◎

在NASA裡除了太空人之外，另一個最有分量的角色要算是推進工程師，或者說「火箭科學家」（這是他們比較常見的稱謂）。這些火箭科學家們也是一直都在找機會想建造火箭，就好像榔頭整天想找釘子來敲一樣，他們看待自己目的地的方式就跟太空人差不多，就想要造出一個大大的火箭，尤其是那種專門用來載運太空人的火箭，光是做到這件事就已經滿足他們的目標了，無須多想。但是在我看來，要政府打造一枚大型火箭，這種事情既昂貴又不必要，更是在錯誤的地方與民爭利。

自從太空梭時代開啟之後，對於大眾是否應該繼續交錢給NASA來自己興建及運營大型火箭，這件事一直都沒有好好進行過論辯，所以大家對這套機制的根本目的為何也不會有一致的看法，結果讓這套做法流於只是用來餵養大型自舔式冰淇淋甜筒而已。伊隆．馬斯克和傑夫・貝佐斯都曾跟我說過，如果ＮＡＳＡ當初願意當他們的錨定租用客戶，就像雙方在商業載人和商業貨運上的合作方式一樣，那他們會更早開發出今日大家所見的技術能力。與其花功夫幫美國企業創造一個對手（而且其實政府的政策是不能這樣做的），不如幫納稅人省下幾十億美元，改用來投資在更有價值的任務上頭。

既然你要犧牲掉戰神一號，那就改開發一個更大，而且還更昂貴的火箭吧——我們對手這一招確實聰明，而且得手的話獲利可真不小。在原計畫將面臨被腰斬的局面下，參議院裡的上上下下、星座計畫承包商請來的說客、產業協會的人，外加ＮＡＳＡ裡頭在規劃Ｂ計畫的那票人，他們一起草擬了一套法案，意在迫使這個國家立刻動手打造巨型火箭，而且還要保留手上的太空梭與星座計畫合約。

有一次查理和我接到了羅伯・納博斯的來電，當時我們都坐在他汽車的後座上，得知政府又談好了一個條件，說願意建造大型火箭，把這個項目放進那個越來越長的讓步清單之中，可是在我看來這卻比直接投降還要糟糕。把一個新的大型火箭計畫給硬塞進現在的預算案裡，這比原訂計畫提早了五年，如此一來要想兼顧獵戶座以及我們真正要開發的優先項目根本就近乎不可能。查理看起來倒是似乎鬆了一口氣，不過我覺得他應該沒有參與這次的協商過程。一如往常地，白宮那邊又要我幫忙讓這次的協議「看起來像是打了一場勝仗」，我雖然不知道是否有可能辦得到，但還是向他們保證自己會盡力而為。

在進入NASA過渡團隊的整個時期，外加擔任副署長後的第一年，我都跟喬治・懷德賽一起共事，但他在那個春天時卻說要請辭，接受理查・布蘭森爵士的邀請前往維珍銀河公司擔任執行長。我很懷念他的宏觀思維，所以就打了電話向他請益，我先告訴喬治說我們已經跟人家協議好了，基本上算是要重啟星座計畫，然後再問他我們要怎麼做才能留住那些太空海盜，讓他們不要灰心求去，他回答說只要是我出面拜託的話，他認為他們還是會願意繼續支持那份預算案的。我的眼淚不禁掉了下來，此刻我又想起了自己的努力怎麼會付諸東流的，即便是有了總統的支持，也拗不過NASA署長的反對啊。

我們通話進行了大約十分鐘後，我聽到喬治那邊傳來一些雜音，這時我才意識到自己剛剛突然就打了電話過去，也沒問人家方不方便說話，而此時他才告訴我說自己人在醫院裡，因為第一個孩子在幾個小時前才剛剛出生。我一邊道賀一邊又連連致歉，然後心裡也不免覺得有點奇怪，他這時怎麼還願意接電話，他回答說沒關係，我打給他的時候洛蕾塔和小喬治正在睡覺，這時候才剛醒過來。聽到有新生命降臨到世界上，而且還是天底下我所認識的兩個最好的人的共同結晶，我的心裡湧上了一股驚嘆，眼前的問題因而不再那麼讓人苦惱，我的心神安定了下來，準備好要迎接這些挑戰。

白宮的通訊聯絡單位安排了十幾家媒體採訪，還指示我們要幫這次的協商說好話，要讓人家覺得我們已經拿到了自己最想要的東西。負責處理NASA新聞的政府官員尼克．夏皮羅（Nick Shapiro）是個典型的老派媒體人，他會先私下跟每個要採訪的記者在電話裡講述一下目前的情況，不時還會爆出幾句粗口，然後再交給我來正式回答各種問題。我們搭檔得很好，而我們那天下午在電話上所花的功夫也沒白費。至於國會那邊，他們也在試圖影響媒體印象，說這次是他們贏了——看看政府實際上做出了許多讓步，又或者在協議裡頭幾乎處處都有模糊空間，就知道是他們贏了。然後太空海盜也跟喬治所預期的一樣，還是願意一起支持這次的讓步。

我擔心這次的協議會拖慢我們想優先在NASA所推動的各項計畫的進度，包括載人太空飛行、科技與科學研究等項目。最後可以獲得多少資金是國會說了算，他們甚至沒有跟白宮方面諮詢過這份預算案，而且也沒人可以保證白宮有按照先前承諾，傳達他們對於商業載人計畫或科研項目的鼎力支持。可是我們已經簽署同意要優先發展的計畫項目那麼多，

NASA的預算並不足以一一支應，而且立法部門還明白指定了幾項跟大型發射載具有關的開發計畫，那些根本就是不可能的任務，然而政府單位這邊從來沒有對這些問題表達過類似的顧慮，所以我也沒辦法讓政府好好正視這件事，結果是白宮方面照單全收了參議院寫下的條文，歐巴馬總統在十月的時候也只能摸摸鼻子簽字同意了法案。

不過立法部門那邊還是同意了讓我們著手開展商業載人計畫，這一點真的算是不小的成就，畢竟就連NASA自己的領導班底裡多數人也都對此抱持著反對意見。

這次的議案引發了政府與民間單位之間的競爭關係，大恐龍要開始對上那些嬌小柔弱的哺乳動物了。這些小動物們不只要彼此競爭，而且只能在恐龍吃剩的東西裡頭討生活，我知道他們有朝一日終究是會勝出的，只是希望時間不要拖到像是真正的演化過程那麼久。

眼見法案已經簽署了，各陣營馬上回到各自的陣地去進行整合補救與策略規劃，準備迎接下一輪的戰鬥，那是一場至關重要的決戰，爭的是到底要建造哪一種火箭引擎。雖然我們這邊都已經同意，造出來的發射系統要交給政府來掌控與營運，不過其中有一些人——包括白宮裡頭的許多人士——還是希望，不管要造的是什麼東西，至少在設計時要確保會比星座計畫能走得更加長遠。

這次通過的法案要求NASA所設計和建造的火箭，在最初時就要能發射七十個百萬噸（MT）的重量，最終則要能增加到一百三十個百萬噸的級別，而且還要可以運送太空人，把這些全都送到太空站以及月球軌道上。那個用獵戶座運送七十個百萬噸的計畫，原本預計要在二〇一六年底之前發射，斥資一百一十五億美元，對此我回應道，你們確實可以立法規定天空是紫色的，但是這樣做並不能改變實情。該法案裡頭還有一個條款要求「在可行的最大程度上」續用原訂的合約，其中「可行」這個用詞很有門道，隱含的意思就是「這是辦得到的」，只不過他們此刻要求NASA所做的事其實大部分都根本就辦不到。我在寫這本書的時候也去瞧了幾下，到頭來，天空並不是紫色的，而說好的火箭也還沒有飛上天，只不過對國會、承包商以及NASA的多數成員來說，現實世界的實情如何似乎並不會讓他們覺得苦惱。

即使明知辦不到，卻因為立法單位壓力而讓NASA在官方文字裡說大話，這老早就已經不算是什麼新鮮事了。在過去這幾十年裡，相較於NASA提出的預算案金額，或是撥款方所核可的數字，各項法案實際授予NASA的資金多出了幾十億美元，這些法案成了各方的許願清單，裡頭放進了各種名目的計畫案與研究案，只是這樣的實情很容易就被大家所忽略了。國家太空協會在一九八八年的時候也努力爭取到了官方白紙黑字的承諾，要求NASA每兩年要報告一次自己做了哪些事來促成太空移居計畫，可是後來他們根本就從未提交過任何報告，而國會裡頭或其他單位裡也沒有什麼人想要聞問。

二〇一〇年的這個授權法案（Authorization Bill）比大家表面上看到的更具有特殊的重要性，因為授權委員和撥款委員形成了戰略同盟關係，這是很精妙的一記高招，撥款委員原本其實不大可能如期達成該法案的要求，不過這個難處只要再來上一點奇思妙想就解決了——只要相信，把原本那套昂貴的計畫裡頭的某些東西拿來好好利用，將之重新拼湊在一起，這麼一來只要花上很低的價格就能成事了。

《太空總署法案》（NASA Space Act）是在一九八五年時修訂的，要求該機構「盡最大可能去尋求並鼓勵對太空最全面的商業利用」，然而國會卻無視於這項原則，也不理會他們要求延長原本的合約會導致成本與耗時的增加。採用原本的合約其實並不合乎於「可行」一詞的定義，在我看來所謂的可行，應該是要NASA在合法的範圍裡、在合乎物理法則的情況下，妥善達成立法時的使命才對。

這次的授權法案要求NASA在九十天以內決定火箭要採用哪一個設計版本，如果想確保政府砸在大型運載火箭的錢可以研發出低成本、可持續利用的太空載具，那麼這可就是我們的最後的一次機會了。所以財務長貝絲和我就跟行政管理暨預算局（OMB）合作，一起進行了一項獨立的成本評估，專門用來為那份九十日報告提供相關資訊，並一心相信到頭來大家還是會誠實面對真實情況的。這真是大錯特錯，情況恰好相反，看看那些在NASA設計火箭並向國會提交報告的人員，他們設定的目標並不是想花最少的時間與金錢來發射最大的負載，而只是挑出了法案中的幾個字來乖乖遵守，這幾個字正是業界人士最想看到的：「採用原有合約」。他們根本沒把心思花在該追求的終極目標上，也就是打造出可靠穩定、長期可用的火箭引擎，而是用像在玩「扭扭樂」（Twister）遊戲的心態來設計系統——左腳踏在猶他州上，把固體火箭推進器放在這兒；然後又把左手按在密西西比州上，在那邊進行油箱和引擎的測試……這種遊戲只要身子不倒下去就算贏了，不用真的辦成什麼事情也沒關係。

由於美國唯一一家生產大型固體火箭發動機的廠商就位在猶他州，所以該公司的企業代表自然也特別關心此事，不論是太空梭計畫或星座計畫，ATK公司都是唯一的供應商，他們一直在注意各種風吹草動，唯恐有誰想要重新考慮這份合約。他們的心裡認為，立法單位的措辭就已經算是在**明白要求**必須跟他們續約了，所以自然也就認為如果沒有這麼做的話就算是「違法」。然而在我看來，還是應該要考慮其他替代方案，看看何者研發出的火箭引擎最有效益和效用，這才是真正實現「可行」方案的唯一途徑。於是接下來猶他州的代表團就發出請求，想見見查理跟我來討論這個問題。我和七位男士在參議院的會議室裡圍坐於一張偌大的會議桌旁，我們兩人遭受到猛烈的抨擊，說我們居然還考慮採用固體火箭發動機以外的其他裝置架構。雖然他們的話都是衝著我來的，不過還是對著查理和我都分別確認了一下，問我們各自是否都願意「守法」採用固體火箭發動機，我肯定地告訴他們我會守法，但於此以外沒有再做出更多承諾。

在我們散會之前，參議員奧林．哈奇（Orrin Hatch）把我拉到了一旁，用力指著我的臉說道：「我知道這些問題就出在妳身上。」他說：「我都看在眼裡，妳最好小心一點。」隔天早上，猶他州的報紙上充斥著代表團與會成員們的言論，高喊道他們已然痛斥過NASA的高層，並且也獲得了保證，我們願意「好好守法，使用固體發動機」——壓根兒不提這兩者其實根本不是同一回事。哈奇參議員在媒體上還聲稱，這次之所以要開會是因為「NASA最近顯露出了想要迴避法律規範的跡象」。不過有些談到此次會議的報導還是有寫到一個重點：其實開發出來的火箭就算沒有採用固體火箭發動機也是合法的，只要成品能夠更加「合乎用途」（practicable）就好，然而雖然大多數報導都把這點寫對了，還是有好幾則在轉述時用錯了字，寫成了「合乎現實」（practical）。

為了滿足立法單位各式各樣既不切實際又不合乎用途的要求，NASA寫這份報告的時間超過了九十天的期限，結果外頭就有人放話說是貝絲和我私底下在阻撓這份報告，這樣的指控全然是一派胡言。總之一直到二〇一一年七月，最終版的報告還是都沒有交到我們手上，於是參議院就對我、貝絲和查理發出了傳票，要我們交出所有跟太空發射系統（SLS）相關的電子郵件。接著我接到了白宮總法律顧問辦公室一位律師的電話，問我需不需要政府方面行使行政特權，*我說不用，我的郵件內容並不會為總統帶來什麼麻煩。我在這份報告裡寫進去的東西只有一件事是真正重要的，就是要確保讓可複用的推進器以後還有競爭機會（然而看看往例的話，當年藍色起源公司在投標時也曾提出過一份非常有競爭力的提案，但NASA終究還是只願意死守著跟ATK的合約）。

* 譯注：行政特權（executive privilege）是美國總統與行政機關的一項權力，可以拒絕接受來自立法或司法單位索取機密內容的傳票，以確保重要的政府工作不會洩漏。

我收到傳票的消息引發了媒體的轟動報導，但是等到後來發現並沒有找到任何不當行為的時候，媒體就默不作聲了。我有時會在一些討論群組裡看到，有人把遭到國會傳喚一事當成是「罪證」，好像發生這種事就代表我一定做了什麼非法或失德的事情，可是他們卻沒有搞清楚，要是真的有發現了任何這樣的實情，那老早就已經鬧到人盡皆知了。我可以用個人的經驗告訴大家，即便有人收到了傳票，這並不能證明被傳喚的人就真的做出了什麼不當的事，最後證明的情況有可能恰恰相反。

對於下一代的大型火箭到底應該是什麼模樣，NASA內部自己也吵成一團，而就在這波相持之時，NASA手上最新的一款大型火箭也進行了最後的一次航程。那年夏天負責執行STS－135號任務（同時也是最後一趟太空梭任務）的，是亞特蘭提斯號及上頭的四名太空人機組員。安全完成最後九趟的太空梭飛行任務是我非常認真對待的一項使命，而我也對這些機組員懷著極大的敬意，因為有他們的小心翼翼，才能達成每一次的任務，畢竟歷史上發生過多次教訓，一些計畫在執行日久之後，在最後就會出現差錯。任務要能成功，我們須得保持注意力和專注力直至最後一刻，而NASA和業界配合的這個團隊確實做到了。

當我們之前那個過渡團隊接手開始工作時，NASA對於退役的太空梭要如何處置一事還沒有最終拍板定案，當時比較傾向是要放到署內的各中心來展示，因為這些地方跟太空梭的發展歷史有直接的淵源。據估計，每艘太空船要打點準備好到「可以送進博物館了」，都得花上兩千萬美元，而且這還不包括運輸費用。等到政務官團隊上任後，在喬治與我的主導下提出了一項建議，要舉辦一場競標，藉此讓各個博物館也能幫忙分擔一些納稅人的開銷，而在我們所制定的選擇標準裡，最看重的一點就是要盡量能夠觸及到多一點的觀眾數量。雖然NASA已經私下跟史密森尼（Smithsonian）學會以及甘迺迪太空中心達成協議，要免費把太空梭送給他們，不過紐約市與洛杉磯的博物館還是償付了兩千萬美元給政府，感謝讓他們能有這個機會來展示這些公共珍品。

想把太空船送到博物館乃是物流工作上的重大挑戰，其過程也非常讓人感到心痛難捨，而查理要我來負責帶領這項任務。剛好我大兒子衛斯里在前一年離家去上大學了，不久後小兒子米奇也會如此，所以我在寫給團隊人員的話裡頭就把對太空梭的情感類比為看著孩子們離家時的感受，對我來說，這種感覺混雜著悲傷、寬慰、驕傲及喜悅。看到太空梭要離開了，我心裡有很大一部分感到難過，但是我也知道把孩子們帶大並不是要他們永遠陪在我們身邊，就像大衛和我兩人的孩子們那樣，等到他們離家後，我們自己接著也要展開新的冒險，而太空梭的退役也同樣會為NASA開啟嶄新的機會。

我盡了最大的努力來彰顯太空梭計畫的遺澤，同時也不忘展望於未來。我寫給大家的那些告別太空梭的文字只把焦點放在太空梭任務上，沒有去提它的推力重量比（thrust-to-weight ratio）方面的實情與數據。我著重訴說的是通訊衛星、地球科學所帶給我們的國家與世界的好處，而且在太空梭問世的早年裡也大大提升了我們的國家安全。此外我還提到了該計畫所帶給我們的太空新發現，包括行星探測任務、五次的哈伯太空望遠鏡維修任務，還有太空站也是，這可是執行了三十幾趟太空梭任務才建造出來的。

在我看來，太空梭計畫有幾項最值得大家緬懷的事蹟，當年第一批美國的女性與少數族裔就是搭著它飛上了太空，而且在許多次太空任務裡，國際合作都發揮了很重要的作用，從這些方面來說，太空梭確實可以說是「跨時代」的。我們在過去二十五年以來在太空領域可以跟俄羅斯和平共事，這對整個世界而言都具有無法用金錢來衡量的價值。然而對於當初決定要設計太空梭，我抱持的卻是批判的態度，因為該計畫本身並不是出於對營運成本意識的考量，或是想降低太空運輸的風險，而是有著其他的理由，不過這個問題絕不應該遮掩掉該計畫最終所獲得的成就，或是抹煞數以萬計的人們的共同努力，有了他們才能讓這些成就成真。我所不滿的地方恰恰與上述的這些相反，因為我相信這些付出努力的人和這個國家所得到的應該不只是這樣才對。民間公司所關心的是對於股東的回報，以此來論功計酬；而國會則是要對選民效忠；既然如此，那麼政府的所作所為（NASA也是其中一部分）自然理當也要受到一些公評才對。

不論是NASA自己，或是跟NASA有利害關係的人，往往會把這個機構的缺失怪罪到行政管理暨預算局上——他們相信只要砸更多錢就可以解決一切問題。可是我在研究所裡頭就有拿到過一份行政管理暨預算局寫的備忘錄副本，他們告訴NASA說太空梭的預算數目不會跟該署所提交的預算書數字一樣，課堂上還把這個說成是政府故意多給錢的鐵證。然而學院裡的這些人忽略了一件事，NASA本來就有責任在獲得所屬政府支持的情況下，主動提出能夠有助於推動國家發展目標的行動計畫，說到底，該要設計出貼合政府預算的計畫內容的是NASA才對。NASA失職的真正鐵證，就是它並沒有提出合理的預算數字，反而公然去跟產業界的高層亂簽合約，奉上那些人會喜歡的計畫方案，而其時程與預算也根本就不切實際，但明知對方辦不到也一樣照簽不誤。

我對於自己曾經是歐巴馬政府的一員感到非常自豪，在我有生之年經歷過的那些總統裡頭，不會有其他一位是我覺得自己更願意為其效命的，然而我依然看到了我們這個政府的毛病。人民選出了總統，就是要他把整個國家的最大利益放在第一位，總統有責任選出最優秀的人來執行自己最優位的政策，而且要讓這些負責人擔起責任才對。可是當我提出了一項對國家最為有利的計畫方案後，卻失望地發現，要讓這個方案被人接受，居然後續還要花費那麼多的政治資源才行。總統確實做出了選擇，而且也對於ＮＡＳＡ的改革計畫表現出了強烈的支持，而就像所有的總統一樣，他必須仰仗其他人來規劃和倡導他想提的計畫內容，在這之後不可避免地也會有阻力出現，問題在此時他允許自己的團隊對那些抱持著一己之私的人們讓步，因為他們不想進一步耗費自己的政治資本。可惜了我們提出的方案，原本是想要帶動太空計畫的進步，而且只要ＮＡＳＡ的高層可以配合的話，我相信那是真的可以辦到的。

政府這邊眼見自己占著道理，就啟動了一項獨立的成本分析研究，其結果也確實表明國會方面所指示的成本與時程並無法兩全，可是白宮方面與ＮＡＳＡ署長還是繼續任由那些參議員用拼拼湊湊的方式來發表曲解原意的說法，把那份評估的結果說得像是在為他們的計畫背書一樣。尼爾遜和哈奇森兩位參議員還發出指責，認為如果把那份獨立分析報告的結果公告天下，那就等同於蓄意在搞破壞，逼著政府在二〇一一年的九月召開最後一次的相關會議，按照他們所提的條件來拍板定案。

政府方面派出參與最終會議的代表團由行政管理暨預算局的局長傑克・盧（Jack Lew）帶領，包括查理、羅伯・納博斯和我也都是成員，我們只能乖乖坐著挨罵，說我們在沒有先諮詢過參議員或其幕僚的情況下就擅自提出了「極具爭議」的計畫。那兩位參議員更是一心想要保護該州所獲得的既得利益，所以表演得特別用力，還對外邀功說自己「補救」了我們所造成的傷害。至於我們這邊的反擊力道根本就不算什麼，我們既無法辯護自己所提出的計畫的價值，也不能提醒他們，說大家其實都已經知道他們所追求的這套現行方案根本就既沒效用也沒效率，我們就只能任人宰割而已，雖然自己手上明明拿了一副同花順的好牌，而對方只不過是二一對，可是我們依然認輸離開了牌桌。

參議院的那些人既然已如願以償，就在第二天在參議院裡安排了一場記者會，宣布太空發射系統的設計方案。尼爾遜參議員在九月十四日的活動上開場致詞，大談他所謂的那「巨型火箭」，講得一副好像東西已經造好了一樣。就在一個星期以前，尼爾遜和哈奇森兩位參議員還對媒體發布了一份聲名，聲稱「政府試圖要破壞載人太空計畫」，可是到了這一天，他們就昭告天下說白宮和國會正攜手努力。尼爾遜參議員翻開展示架上的大型海報，把藝術家所繪製的新設計圖秀給大家看，上頭的標誌看起來很像是從前送我們上月球的農神五號（Saturn V）火箭，由於這些圖片繪製得很仔細，看起來就跟照片差不多。這位佛州參議員高談「有著一顆美國的心懷，總是讓我們渴望去探索」，然後又說NASA的使命就是「探索天際」。查理也受邀上台說了幾句，不過接受提問的只有尼爾遜和哈奇森兩位參議員。

我站在廳中的一邊，簡直不敢相信自己所看到的一切，還得靠著牆才能穩住自己。很顯然，這一場大秀已經計畫了很久，而且早在我們昨天開會之前就已經得到政府方面的同意了，原來NASA裡頭的員工，包括那些計畫辦公室、地方中心、法務局處、總顧問，乃至於公共事務部門的人都一直在暗中跟我們作對。我腦子裡想著這個會議廳裡有多少人，全國又有多少觀眾，他們聽到這些消息都欣喜若狂，卻絲毫不知帶頭的這些人其實正在撒謊，騙大家說可以做到這些事情，數以萬計的人接下來會花上十來年的功夫來打造這些系統，可是這種東西並沒有辦法長期使用下去。我覺得自己有負於那些在做事的人，也愧對這個國家。

這次的新聞一發出，航太界的各方渠道都是讚譽有嘉，稱之為一場勝利，只有少數人不這麼看。國家太空協會後來衍生出了一些與之打對頭的組織，太空開疆基金會（Space Frontier Foundation）就是其中之一，該基金會的總裁瑞克．湯林森（Rick Tumlinson）的話可謂是一語中的：

投入商業太空計畫，不僅可以降低成本，還能研發出永續利用的基礎設施，以此來支持NASA進行太空探索及太空移民，這裡頭原本有絕佳的發展機會，但是這樣一個新開展的太空產業，如今卻被貪婪、本位主義、缺乏遠見的一些國會分贓人士所扼殺了，他們還是一心只想讓政府建造壯觀的火箭。這種把戲我們之前就見過了，當時沒有成功，這次也一樣不會例外。

該組織的主席鮑伯．韋布（Bob Werb）跟著也說道：「尼爾遜參議員說太空發射系統是巨型火箭，他還真說對了，它的預算大到會吃掉自己原本應該執行的所有任務，扼殺我們的太空人計畫，還把整個NASA的科技開發項目都一併毀掉。」

想當然耳，所有的航太企業與業內集團都力挺開發這個太空發射系統的決定，航太產業協會（Aerospace Industry Association）便在聲明中寫道：「我們的經濟想從衰退中復甦，儘管前路艱難痛苦，但這次的計畫有如一道希望之光，讓大家可以繼續相信美國的未來會更好，而美國也會繼續在太空探索方面居於領導地位。」此外，ATK公司甚至還站出來大方接受了規劃中的推進器競爭，說自己「已經準備好在最後的設計結果中勝出」。

但有一位國會議員站出來反對這個計畫，那就是加州的共和黨眾議員達納．羅拉巴克（Dana Rohrabacher），他在一份聲明中表示，「這種做法殊無新意或創新之處，尤其是要價還達到天文數字，這才是真正可悲的地方。」他說他擔心預算壓力最後會壓垮這項計畫，就像當初農神五號因為阿波羅計畫刪減預算而被迫終止那樣。「火箭令人懷念，但一個偉大的國家不該以此來創造未來。」他這樣告訴大家。

既然政府都同意了，那我們的工作就是要盡量為NASA團隊提供最好的成功機會。政府方面信守承諾，每年都為該計畫編列了超過三十億美元，而國會方面則是大刀一揮，把那些規模小很多的商業載人計畫以及科技計畫的請款給大幅刪減掉，轉而挹注到太空發射系統以及獵戶座這些預算規模大上許多的計畫上頭。跟所有的商業載人計畫相比，大恐龍最後得到的資金比這些競爭對手都多上了十倍，而我的目標變成了要保住這些小型的哺乳動物，讓他們捱過前幾個冬天，讓他們活到可以演化與創造出一個更長遠的太空計畫。

歐巴馬總統對於NASA未來的願景因為太過一廂情願而遭到了外力的影響，就像他在某些方面的政策規劃上所碰到的情況一樣，也就是說，他相信自己有能力可以贏得對立方的支持。但我們就是因為相信所有的政黨在心裡都會為太空計畫的最佳利益著想，所以最後才常常遭到無情碾壓。眼見航太界對於他提出的NASA規劃案反應不佳，他原本的熱切投入被潑了一盆冷水，以至於在他的總統任期裡，只有在二〇一〇年四月時發表過一次針對NASA的公開演說。那場演講裡頭有句話是大家最常引述的：「去過了，也辦到了——對吧，巴斯？」這話說的是登月任務，而且我在前一天晚上看到的預備講稿中並沒有這句話，當時巴斯跟他一起站在台上，所以這句話似乎是即興之作。

我們那時並沒有「按照計畫」把登月納入執行項目，最主要的原因就是接受了現實：五年預算的款項花下來，根本就沒有，或是說從來都不會真的有多餘的錢可以用在登月或大型運載火箭上。雖然對於預算的現實情況究竟如何，有幾任的政府明顯比其他政府覺得更無所謂，不過我們覺得最好還是實話實說。

歐巴馬在佛羅里達州的那場演講中，有些話是值得我們記錄下來的：

> 對於NASA所肩負的使命，以及它的未來，我會毫無保留地全心投入……我們會加

強派遣機器人去探索太陽系，包括探測太陽的大氣層；會增加前往火星及其他目的地的新偵察任務；會有先進的太空望遠鏡來接替哈伯望遠鏡，讓我們可以探索到宇宙前所未見的更深處……我們還會增加對地球的觀測，以增進對於我們的氣候與世界的理解……而且我們也會延長國際太空站的使用年限，大概會延長五年以上……

我們將投資超過三十億美元來研發先進的「大型運載火箭」——這是一種高效的運輸工具，可以將機組員的太空艙、推進系統，及其所需的大量補給品送到深太空。在開發這款新運輸工具時，我們所著眼的不僅是從舊有的型號來進行改版或修改，我們更會考慮進行全新設計，用新材料、新技術，讓我們不僅可以前往以前去不了的地方，抵達之後還能辦到以前我們做不到的事……

我們會增加投資——而且是馬上增加——來研發其他突破性的技術，讓太空人可以更快速、更頻繁地前往太空，可以用更快的速度、更低的成本前往更遠的地方，可以更長期、更安全地在太空中工作，而這也代表了我們要對科學上與技術上的巨大難題進行挑戰。我們要怎麼在更長期的任務中保護太空人不受輻射危害？又要怎麼利用遙遠的其他世界中的資源？

在未來這十年，前期會先有一組載人飛行任務進行測試，確保我們在離開近地低軌道（LEO）進行探索時各項所需的系統無虞。到了二〇二五年，我們預計就會迎來專門用來進行長途航程的新太空船，讓我們可以真正第一次派人前往深太空進行任務，不再只是侷限於月球。那麼，我們首先呢，先從派太空人前往小行星開始，這可是歷史上的頭一遭。到了二〇三〇年代中期，我相信我們就可以把人送上火星軌道，再把他們給安全帶回地球了，然後接著就會登陸火星，而我也期盼自己屆時可以目睹這一切。

我們會跟產業界展開合作，會投資最尖端的研究與技術，會在遠大的目標處定下里程碑，並且投入各種資源來抵達這些里程碑……這是本小而利大的事，太空計畫至今已然改善了我們的生活、推動了我們的社會、強化了我們的經濟，也啟發了一代又一代的美國人民，NASA必能繼續扮演好這樣的角色，對此我毫不懷疑。

在歐巴馬總統那本長達七百頁的回憶錄《應許之地》（*A Promised Land*）裡，只有不到一頁的篇幅在寫NASA。書裡提到，他在二〇一一年四月二十九日跟家人一起登上「海軍陸戰隊一號」飛往卡納維爾角，出席一艘太空梭的發射現場，在飛行途中他下達了阿伯塔巴德（Abbottabad）當地的任務指示——也就是要海豹突擊隊在巴基斯坦進行突擊，殺死了奧薩瑪．賓．拉登。看到他同時間要面對這麼多事，讓人們不禁意識到，總統一個人的時間得要應付這麼多的各方要求，以及美國總統得為多少重大決策負責任。身為總統，根本不可能對自己權責內的所有議題都給予足夠的關注，所以才要挑選出值得信賴的各項團隊，並給予他們支持，這比什麼都重要。

查理和我那天要在卡納維爾角相陪第一家庭，但後來收到消息說我們可以各帶一名客人前往，於是我替小兒子米奇跟學校請了假跟我一起去，而這次有他在場，外加有人拿芝加哥公牛隊在NBA季後賽的表現開玩笑，似乎讓總統的神經明顯放鬆了下來。後來雖然太空梭的發射延期了，我們還是提供了一套太空人參訪行程，而看著莎夏和瑪莉亞（以及蜜雪兒和她媽媽）一起聆聽珍妮特．卡萬迪（Janet Kavandi）講述自己過往的太空任務，這讓我更加堅信，真人的太空飛行具有何等能夠鼓舞人心的巨大力量。

歐巴馬在回憶錄裡講到了一位女性太空人，說那次的碰面對他的女兒們造成了巨大的影響，也提到了那天參訪的愉快回憶。這位前總統的書中寫到自己在任期裡有多重視STEM教育，*並且指出：「我也鼓勵NASA要創新，要為未來的火星任務做好準備，包括要跟在低軌道進行太空旅行的商業公司合作。」這就是在他八年任期裡對於NASA所記下的全部回憶。

雖然歐巴馬總統只寫下了短短幾筆，但也許這反而更彰顯了箇中難處，引得副總統奎爾在自己的回憶錄裡用了一整章的篇幅來講述他眼見的NASA難為之處，但是我仍然不禁對我們的表現感到有些失望。我對於我們的成就感到自豪，但是我也相信，歐巴馬總統當初的轉型決定，想讓NASA追求更進步、更長遠的目標計畫，其實可以在更快的時間裡獲得更大幅的進展，我們失去了手上值得一拚的大好良機，不過我依然認為歷史會記得這第四十四任的總統，他曾對NASA的轉型帶來了正面的影響。

* 譯注：STEM是科學（Science）、科技（Technology）、工程（Engineering）及數學（Math）的縮寫，類似我們常說的理工科。

七、黑暗物質

對我這樣一個原本接受政治學和經濟學訓練的人來說，在ＮＡＳＡ工作讓我對工程和科學有了更多的了解，其收穫之豐是我以前想像不到的。雖然我確實看到有些聰明人幾乎可以解釋天底下的所有事情，不過對我來說，所有學門中最難以理解的還是天體物理學，相較之下，不論是結構工程、推進系統、行星和地球科學、生物學、化學，甚至是天體生物學（是啦，這玩意是空想出來的，可是現在也成為一門學科了），似乎都還算是簡單的。

阿爾法磁譜儀（Alpha Magnetic Spectrometer）是由諾貝爾獎得主、天體物理學家丁肇中博士在一九九〇年代對ＮＡＳＡ提出的一項工作專案，該儀器的金主是能源部，原本的設計是要安裝在國際太空站的外部，可是哥倫比亞號事故後就被迫終止了。在我為歐巴馬政府領導過渡團隊期間，丁博士來找了我，想說服我把這個案子重新列入執行計畫之中，並向我解釋了該儀器要如何偵測宇宙射線之中的反物質。丁博士很嚴謹，簡報內容也很複雜，我根本不大知道自己提出的問題有哪些是真的切中要害，又有哪些其實是笨問題。聽到我問什麼是暗物質的時候，丁博士的解釋讓我覺得很放心，他告訴我，要解釋這個問題科學家會一連說上好幾個小時，可是我們其實根本一點都不了解暗物質。最後，我們的資金過關了，看到阿爾法磁譜儀終於能夠運作，我也覺得很是興奮。

我不知道科學界會不會認可丁博士當時的說明，但那至少在我的觀念裡是說得通的。在那次之後，對於NASA某些高層人士的那種既不合法又不道德的所作所為，我就將之稱為暗物質——就是那些我永遠都搞不懂的行為。

在我看來，對一個政府的職員而言，沒有什麼罪行會比濫用公帑來謀求私人目的更嚴重了，這已然違背了政治學家心中最根本的自然法則，然而我卻發現這對太空總署的職員們來說乃是家常便飯，他們決定該要怎麼花大家的稅金時都是一副理所當然的樣子。我要舉的第一個例子是火星，不過這個故事得先從地球說起。

對於歐巴馬政府來說，應對全球暖化的挑戰乃是重中之重的問題，所以過渡團隊自然也接到了要求，在我們的規劃案裡頭要更加重視這一點。我建議查理進行的第一項組織變革，就是把地球科學組從太空科學局裡頭獨立出來並拉高位階，霍德倫博士也支持這個做法，而且查理一開始似乎還對此抱持著開放態度。可是幾週之後我又再次跟他提到了這件事，他卻告訴我他已經問過了科學局的局長愛德華．韋勒（Ed Weiler），而他說不想要這麼做，此事就這樣無疾而終。然而早在過渡團隊的審查過程裡，我們就發現NASA的科學局是最迫切需要改革的其中一個地方，許多太空科學及地球科學的項目都陷入了泥淖，這些任務動輒耗費數十億美元，不但要花上幾十年的時間執行，而且還會扼殺創新。美國國家科學院每次調查都以十年為期，如果嚴格照著這樣做，新科技或新機會就幾乎不會有派上用場的空間，這使得同儕審查過程變成了一項打擊異己的工具。愛德華反對我們所提出的每一個想法，由他的例子就知道人人都可能是杯子男孩，不一定非得要有從軍經驗不可。

愛德華．韋勒博士在二〇〇八年的時候受到麥克．格里芬任命，成為NASA科學局的負責人，他之前在署內的多個科學單位也擔任過領導職務，而且長達三十年之久。我們之前也曾在丹尼爾．高丁的手下共事，處得還不錯，只是我會盡量避免跟他接觸，因為他的言詞既粗魯又下流。愛德華就是一個官場造就出來的人物，練就了一身無懈可擊的好本事，在他的職責範圍內就算出了什麼問題，他也能免於受過。

如果NASA想要在二十一世紀轉型，成為追求創新的機構，那我們就不能無視於那多達六十億美元的科學預算。由於查理不想要換掉愛德華，我只得另尋他法，我試過好幾個比較成功的辦法，其中之一就是重新恢復首席科學家和首席技術官這兩個職位，如此一來我們就可以招募到更有創新力的領導人物，把春風吹入這個系統裡頭。

自從一九九〇年代中期詹姆斯．韋伯太空望遠鏡啟動以來，NASA的天文學及天體物理學計畫就一直都多少算是愛德華的職務範圍。為了要接替哈伯望遠鏡，這項計畫預計要花費五億美元，並於二〇〇七年啟動執行，但是在愛德華任職期間，該計畫的成本飆升了二十倍——花在馬里蘭州上頭的尤其更多，那裡是芭芭拉．米庫斯基參議員的選區。韋伯望遠鏡超支了幾十億美元，這對科學預算造成了嚴重的影響，只能從行星科學方面挪用資金來填補缺口，而在行星科學裡頭，又只有火星計畫是唯一能付得起這麼多錢的項目。

在所有的登陸計畫裡，火星科學實驗室的雄心可謂是前無古人，而在我二〇〇八年重回NASA的時候，距離該計畫的執行也只剩下一年的時間。噴射推進實驗室的查爾斯．伊拉奇曾告訴過渡團隊說他很擔心，怕大家是因為想省錢所以才把發射時機定在二〇〇九年，我們都一致同意這件事值得再多花點時間和金錢——應該再多補上兩年以及六億美元，而其原本的預算數字為十九億美元。在ＮＡＳＡ裡經歷過上一次火星任務的失敗後，我已經很能夠了解到，一定要讓科學家和工程師掌握住每一個可以幫助成功的機會。四年後，好奇號成功登陸了火星，伊拉奇博士也親自在他的演說中對我表示了感謝。

然而決策也不是沒有後果的，韋伯望遠鏡和火星科學實驗室一共花了幾十億美元，這個超支排擠掉了下一個要進行的火星登陸艇的預算，這個任務是跟歐洲太空總署合作的案子，取名為火星生物學（ExoMars）計畫。外界盛傳愛德華．韋勒已經跟他在歐洲太空總署的對口單位負責人同意了會進行這項任務，可是在我們這邊，行政管理暨預算局（ＯＭＢ）已經代表政府做出非常清楚的指示，說我們無法繼續執行這個任務，只不過愛德華卻充耳不聞，而查理也寧願不要直接回絕對方。

在ＮＡＳＡ，署長的正式往來信件都是受到嚴格管理的，整個流程中還有一個例行環節，就是要經過副署長簽字，而在交給我審閱的信件裡，有百分之九十九我都會簽字同意。這些信件交到我這邊的時候，上頭有的已經有了十個甚至更多個簽名，具體情況要看信件的主題而定，而如果我提出了問題，那麼整個流程就必須重新再走一遍。雖然我已經知道白宮方面想要取消那個火星任務，可是卻又看到我的郵件信箱裡居然有一封要寄給歐洲太空總署的信，裡頭承諾對方說ＮＡＳＡ要一起進行火星生物學計畫，等我簽字後再送給查理簽名，這件事讓我非常訝異。我找了行政管理暨預算局的人談過，確定這封信的內容違反了政府的政策方向，根本就不應該寄給歐洲太空總署。原來愛德華之前用話術說服了署長，他說那封信只是想幫我們保留一個機會，讓歐洲太空總署知道我們還在尋找資金而已。但ＮＡＳＡ也是整個政府的一部分，我們不可以直接無視於政府的指示，可是愛德華卻不想對歐洲太空總署承認自己說了不該說的話，還替自己的政府開了空頭支票，他很有可能是打算要一面虛以委蛇，一面從國會那邊找到資金，來個最後一搏。

愛德華無視於自己局處的任務超支狀況，導致火星生物學計畫的資金不足，而且決策遲遲無法底定，但是他是個標準的官僚，早已學會要怎麼把這種事情賴到別人頭上，於是他就拿我當他的代罪羔羊。只要有人對此事感興趣，他就說我才是那個該負責的人，是我害美國退出了火星生物學的合作計畫的。

在愛德華從ＮＡＳＡ退休後沒多久，詹森太空中心就對他進行了口述歷史的採訪，其中他被問到了為什麼我們會取消那項合作任務，他答道：「說個殘忍的老實話，問題的原因就出在我們的副署長身上，那個跟商界往來甚密的洛瑞．加弗。唉，她真的是ＮＡＳＡ史上在科學方面遇過的最大災難，跟行政管理暨預算局那邊還私相往來，他們會把公務繞過查理來進行，以降低他的決策參與程度。查理原本試圖要向歐洲太空總署去函，同意雙方進行合作，可是卻被他們攔截了，他們把那封信給擋了下來，一封沒什麼大不了的信，他們卻還是拚著阻擋。洛瑞．加弗就是我離職的主因，我沒辦法跟那個人共事。」接著他又說道：「這根本就是在打我們的臉，你想一想，大家付出了那麼多努力，讓那些歐盟成員國都同意了要做以前從來沒做的事，都同意了要進行一系列的任務，結果那夥人卻做出了這種武斷專橫又反覆無常的決定，居然說不要繼續進行火星計畫了，我覺得真是丟臉丟到家了，我再也受不了了，而這就是我離開ＮＡＳＡ的主因之一。我受不了了，雖然我那時才六十二歲，可是我沒辦法跟那些無能之輩共事，我可以跟技術能力合格的人一起做事，一起做出技術性的決策，但是像洛瑞．加弗那種人就免了，還有行政管理暨預算局那批人也是，我可沒辦法跟他們做出那種決策。」

愛德華把我說成了一個〇〇七電影裡頭的那種壞蛋，還**跟商界往來甚密**，如此的無稽之談只不過是他試圖要轉移自己的連帶責任。他指控我繞過了查理來行事，其實那正是他自己的所作所為，他才是那個打了歐洲太空總署的臉的人，明知沒有官方授權，他還是冒險拿著納稅人的錢去答應別人，很有可能他是存心想引美國政府入局，使之按照他所想要的方式去做。愛德華浸淫在這個暗黑之術裡頭已經三十五年了，老早就已經是箇中翹楚。然而公職人員在沒有官方授權的情況下就承諾政府將會出資，這不但有違職業倫理，更是一種刑事犯罪。《反超支法案》（Antideficiency Act）明訂：「除法律授權許可之外，聯邦雇員不得從任何撥款或基金之中支用或授權支用超過該撥款或基金可用額度之款項，亦不得在上述超支情況下訂定或授權要求職務工作。」沒有官方授權就擅自代表美國政府做出承諾，這就是犯罪。

像這種未經授權就要提供資金的把戲，在NASA還有另一件也差點就成真的例子，而這件事牽扯到了反對終止星座計畫的力量，一切都跟那場激烈的爭鬥戰有關。

在政府的大型採購案中一直都有一種常見的要求，就是要先編預算讓承包商確保有足夠的資金，以在計畫取消時支付其可能遭受的損失，這筆資金叫做合約終止責任準備金（termination liability）。由於政府的撥款一年只有一次，所以才會要求編列這筆款項，如此一來政府才不會超支於國會所授權的預算額度。而且這也有助於減少政府機關很自然會出現的那種明知有問題還硬要繼續砸錢的情況，因為這種時候的說詞就是「現在如果取消的話反而得花上更多錢」。

當歐巴馬政府建議要取消星座計畫的時候也先看過了合約，這樣才能確定是否已經預留下了恰當的資金金額。但NASA的財務長貝絲．羅賓遜和她手下的團隊發現，星座計畫的大多數主要合約裡頭寫到合約終止責任準備金的文字都很奇怪，承包商一方面並沒有獲得法律的保障，必須自行吸收終止作業的成本，但是他們卻又無須預留任何資金。然而即使用較保守的方式來估計，在二〇一〇財政年度終結時，他們終止合約的成本所需的準備金總額也有將近十億美元才對。

既然星座計畫允許這些公司把手頭上的資金全部花光（所以才沒有留下任何的合約終止責任準備金），自然也就讓這個計畫看起來不用花那麼多錢了——顯然這才是上一任政府的目標所在——可是其中所隱藏的風險卻轉嫁給了跟這個合約有關的三家主要承包商。過渡團隊之前就發現了這種玩法，這次的事情跟過往的發現完全一致：就是趁著新政府還沒有搞清楚目前的狀況時先快點簽約，看能做什麼就先做再說。取消星座計畫原本就是爭議話題，等到NASA通知國會上述情況，並且提醒這些公司，要他們拿出自己的準備金時，一池臭水又被攪動得更加劇烈。如果按照合約文字直接終止該計畫，很有可能會導致企業的股東群起抗議，證券交易委員會也將介入展開調查，董事會也會有大動作，而且管理層還會發生人事大地震。這些公司擔負了數億美元的風險，卻不知為何居然認為政府會對他們施以援手，可是NASA明明就沒有這筆預算，而且按照合約也沒有義務要這樣做。企業代表們此時卻出面辯稱，雖然政府的其他合約都有明確寫上這種要求，但是NASA裡卻有人告訴他們，說他們不用承擔這些費用。

一眾承包商不斷聲稱NASA的代表曾在會議上對他們做過口頭保證，說終止合約的成本會由政府出面負擔，不會花到他們的錢。於是署裡頭展開了調查，想找出為什麼企業團體會有這種印象，而最後在一封電子郵件裡發現了端倪，那是NASA的低階官員和企業的簽約人員之間的來往郵件，裡頭隱約提到了會替他們支付合約終止的開銷。然而這件事卻讓我難以置信，這些公司的執行長居然會採信非合約方式的保證，認為那就足以讓他們代替股東答應這件事，扛下多達數億美元的準備金——就算這是NASA署長親口做出的保證也一樣不行啊。不過想也知道，他們怎麼可能光憑一個低階簽約人員的電子郵件就願意冒這種風險，在我看來，麥克．格里芬之所以拚了命不讓過渡團隊「追根究柢」，這應該就是另一個原因了。

貝絲建議要揪出這件事背後更大的黑手，可是有些人並不贊同，問題是隱匿違反《反超支法案》的情況乃是重罪。聯邦雇員若「知情且蓄意」違反該法案者，「應處以五千美元以下之罰款，或處兩年以下徒刑，亦可兩者併罰」。所以我們就把情況上報，說其中可能有人違例，可是署長和助理署長卻認定無須追查其他文件，也不用再深究NASA的高階人員裡到底有誰在口頭上代表官方做出了承諾。至於國會議員們——那些憲法規定要替納稅人看緊荷包的人——則選擇幫承包商們說話。由於議題已經被拉高，這場戰事的層級也自然提升了，所以國會也必須出手，在授權的文字用語上大做文章、曲解原意，為的就是保住合約。國會按照企業的請求辦事，盡了一切可能強拉NASA下場蹚這個渾水，不過最後星座計畫的合約延長了，而這也達到了他們預期的效果：此時再談合約終止責任準備金的事已經毫無意義。此事過後，有好幾位努力幫忙保住合約的NASA和國會的員工轉職進到了他們所幫助的航太公司之中，並擔任了高階職位。

最後，合約經過重新協商，這些公司不僅獲得了額外的資金以補貼他們終止合約的花費，還多拿到了幾十億美元。而由於合約其實並沒有真的終止，所以美國政府問責署也同意了不會提起訴訟，不過還是在隔年提交了一份報告，標題是「NASA必須強化對終止合約責任準備金的風險評估並確保其做法的一致性」。

在政府做事要講究正直，但是在我看來，我見到的許多行為都是不應該容忍的，不過其他人的容忍能力跟我不一樣，所以這種行為才會一直出現。然而就算上報到正式管道，這些問題還是很少會被承認或修正。有時候，想逃離權力的桎梏，比起逃離引力要來得更加困難。

◎　◎　◎

這種需要我強勢介入的「暗物質」事件，還有另一個很荒唐的例子，那件事要從二〇一〇年底說起，當時NASA接獲要求，要轉交九千萬美元給國家偵察局（National Reconnaissance Office），因為這個美國機構要負責幫情報界進行間諜衛星的設計、建造、發射和操作。之所以要轉交這筆錢，是因為國家偵察局當時也在卡納維爾角建造一座設施，NASA要幫忙分擔一部分的費用，不過行政管理暨預算局那邊也看不出NASA可以用那個地方來幹嘛，由於NASA在卡納維爾角原本就有很多的基礎設施，我們的預算審查員知道我有那裡的通行許可，所以就請我去查看一下這件事。

在此之前，我一直有意避免介入NASA跟軍方或情報界合作的事務，反正我們的高階人士有很多都是從軍方出身的，包括我們署長和助理署長在內，他們對這些事更有興趣也更有經驗。雖然我還是擁有我這個職務本就該有的通行許可權，不過只有在我受邀時，我才會進入那些專門用途的會議室，那是用來進行機密資訊的審核與討論的地方，也就是所謂的敏感情報隔離設施（Secret Compartmentalized Information Facility），一般稱為SCIF。查理差不多每個星期都會去一趟這種敏感情報隔離設施，固定到那裡去看情資報告，而我也曾拜託過他，如果有看到什麼我應該好好去看一下的東西的話，就請轉告我一聲，不過他從來沒有跟我提到此事，所以要不是這些報告裡頭真的沒什麼有用的東西，不然就是他覺得裡頭的東西我並不需要知道。

按照法律來說，NASA算是一個民事機構，因此就有責任要做到公開透明。歐巴馬政府一心想要重拾民眾對政府的信任，在透明度這方面也就特別講究。在NASA所做的事情裡頭，絕少是列為或應該列為機密的，所以對我來說，那個敏感情報隔離設施所代表的是NASA裡的父權及軍事文化的餘緒，我還曾跟手下的人開過玩笑，把那裡稱作樹屋，因為那裡會讓人聯想到小男孩建造的堡壘，裡頭放了一堆香菸和色情雜誌。然而我不可能完全不進到敏感情報隔離設施裡頭，因為如果你不去那邊看看自己是否錯過了什麼資料，你就根本無從知道自己到底需不需要那些東西。

要想在任何的敏感情報隔離設施裡頭開會，最基本的要求就是會議裡討論的一定要是真正的機密資料，只是大家也常常沒有符合這項要求，反倒成了官僚們選擇用來控制資訊的又一種方式。我曾有一次在這種會議結束前提出一個疑問，說我們在那場會議裡根本就沒有談到任何機密的內容，結果我聽到的答案是這個會議必須在這裡辦才行，因為我提出的問題也有可能必須談到機密才能回答。我提出了這樣的問題，反倒讓我在日後比較不會再收到邀請，要我去敏感情報隔離設施裡頭參加其他的簡報會議——不過對我來說也沒差就是了。

對國家偵察局的質疑（ＮＡＳＡ到底要用卡納維爾角的那個新設施來幹嘛？）之所以會找上我幫忙，是因為行政管理暨預算局的人和ＮＡＳＡ的許多其他高層之間缺乏互信。有些人覺得受到行政管理暨預算局的信任乃是一件丟臉的事，但其實恰恰相反，整個政府是一個團隊，隊伍中的每一分子都有其獨特的重要角色。ＮＡＳＡ有將近兩萬名員工，雖然裡頭只有大約二十名真的是由總統派任的，所以又被叫做「政務官」，但其實所有的人民公僕都是政府的一分子，只有成為受大家信任的政府團隊成員，才能確保ＮＡＳＡ在決策圈裡頭占有一席之地。如果老想著不要把事情給行政管理暨預算局知道，那就像是一家公司想要耍聰明來欺騙董事會一樣，這樣做只會自討苦吃。

我到佛羅里達州看了又看，實在找不出再出九千萬美元造一座新的無塵廠房能讓我們拿來幹嘛，*我把自己看到的狀況告訴了行政管理暨預算局，他們還是否認這筆錢是挪用款項。接著在幾天後我收到了一份邀請，請我去一趟國家偵察局局長布魯斯．卡爾森（Bruce Carlson）位於維吉尼亞州尚蒂利（Chantilly）的辦公室。查理和克里斯陪我去了尚蒂利，我們事先進行了一番討論，他們雖然同意了我的看法，但是樣子顯得有些不安。我們抵達的時候，有好幾位NASA的其他員工已經在會議室裡頭了，而當我開始談到我們看不出NASA要用那個設施來幹嘛的時候，NASA代表團裡有一個好心的成員引起了我的注意，那個人用嘴型對我說出了「牽牛星號」（Altair）這個詞。

牽牛星號是星座計畫之中原本規劃的登月艙的名稱，可是並沒有被放進預算書之中，一直到該計畫終止之前都是如此。我為NASA沒有做好溝通工作一事先向布魯斯表示了歉意，但是又重申NASA根本用不到那個廠房，雖然我一直不知道是誰在尚未獲得批准的情況下就承諾要幫忙出九千萬美元的預算，但不論是誰答應的，都很有可能已經違反了《反超支法案》。

我不想讓我們在會議開始後五分鐘就告辭，也不想浪費這次開會的良機，所以就提出了另一個雙方都會感興趣的話題，那就是一起投入發射火箭的計畫。在NASA和參議院中的主導人士常常都會拿國家偵察局發射的衛星當例子，想以此證明建造太空發射系統（SLS）的必要性，所以我想攤開來好好討論這個問題。NASA每一季都會到五角大廈去開會，而我也曾在幾次的會議中提出同樣的問題，想深究到底要不要採用太空發射系統，但不論是空軍、太空司令部還是戰略司令部，大家都一致堅定地回答我：「謝謝，不用了。」至於查理和克里斯等人更是連那個謝謝都省了，直接就跳過了對這些事的討論，繼續把軍用衛星及情報衛星的發射納入他們的談論主題之中，以此來表示我們不管怎樣就是需要太空發射系統。

當我問起國家偵察局有沒有興趣使用這種火箭的時候，對方的回答非常迅速且一致：沒有。然後國家偵察局的副局長貝蒂・薩普（Betty Sapp）說明了他們為什麼會回答得那麼

＊ 譯注：原文的「high bay」是在組裝廠裡的特別工作區名稱，對於環境的潔淨程度有特別要求，但NASA自己已經有很多這樣的設施了，無須再新建一個。

快，因為他們的衛星上頭都有很精密的儀器，無法承受大型固體火箭發動機在發射時造成的劇烈震動。實情就是這樣：那些國會裡的領導人物，他們強迫NASA一定要採用這種模式的火箭，但這些人其實是在為那些想要以此牟利的承包商說話而已，這種做法反而限制了火箭上頭可以載運的物品類型。克里斯．史柯勒塞的工作與國家偵察局之間過從甚密（後來甚至在二〇一九年當上了國家偵察局局長），所以他一定早就知道他們有這項限制條件，但結果還是一樣，他又一次選擇假裝沒看到。

二〇一〇年時，有幾位參議員以國家安全為由主張不可以終止星座計畫，參議院的預算委員會主席肯特．康拉德（Kent Conrad，民主黨的北達科他州議員）聲稱：「關於這一倡議，有些機密內容我們在此不便細說，不過我要告訴諸位同僚，這對國家安全來說絕對是有必要的。」尼爾遜參議員也針對戰神一號火箭和太空發射系統提出了類似的主張，說發展這些東西對於美國製造大型固體火箭發動機的能力而言非常重要，而這種發動機又可以用在戰略導彈和衛星發射器上頭。然而這裡頭真正的問題癥結在於，固體火箭發動機的推進劑到底適不適合軍事用途。不論是原本用在太空梭上的固體火箭發動機，還是那些未來要用在星座計畫及太空發射系統的修改版本，其所需的推進劑數量都遠遠大於軍方投彈時會用到的量。

尼爾遜和康拉德這兩位參議員，外加猶他州的代表團，這些人用曖昧不明的話語告訴大家，如果這種推進劑失去了NASA這個主力客戶，那麼美國也會失去製造它的能力，致使我們國家的洲際彈道導彈和義勇兵洲際彈道飛彈無法繼續更新。

他們以國家安全將會受到威脅為由，我覺得這種主張應該要認真看待，所以就跟國防部針對這個問題進行了一項研究。根據一項長達一年的跨機構研究顯示，NASA在固體火箭推進劑的投資，直接就幫軍方降低了三千萬美元的採購成本，所以這根本就不是什麼國家安全問題，這件事就是預算問題。然而等到這項研究報告出爐的時候，裡頭的資訊已經沒什麼用處了，因為此時NASA已經同意繼續延長太空發射系統的固體火箭發動機合約。這次的經驗又讓我學到了一次教訓，這些站出來反對的人一心就只想達成自己的目標，用上什麼手段都有可能。

查理和我被大家當成是那種所謂的「政敵團隊」（Team of Rivals），雖然這個類比確實有些地方沒錯，但是不同於當年林肯總統任命蘇爾德（Seward）、蔡斯（Chase）及貝茲（Bates）時的情況，歐巴馬總統任命查理或我時並沒有要我們提供什麼相互競爭的對立觀點，不論是提供給總統或提供給查理和我自己。在二〇一六年的一次採訪中有人問過查理，他認為用「政敵團隊」一詞來形容我們兩人的關係是否公允，查理答道：「不，我們根本不算是一個團隊，我們的整個領導班底已經失調了，有一部分人為她效命，其他人則為我效命。」我聽到查理的描述後感到失望，我認為政治團隊要效命的對象應該是總統，是政府，還有NASA這個機構——包括署長在內。查理的觀點常常與政府相左，所以大家才不得不選邊站，不過在大多數的事情上我覺得整個團隊還是齊心的，我也認為查理無論如何都還是我們團隊的領導者，除非他所做的事情是在跟總統或總統的政策作對。如果要說我真的跟這些人有什麼地方志不同而道不合的話，我想就是我效忠的對象始終都還是總統。

對大多數的副署長來說，這件事根本就不成問題，因為他們的署長在重大政策問題上會跟白宮方面站在同一立場。在我看來，查理這樣跟政府的政策作對乃是奇怪的特例，把這種狀況套用到其他機構的話，就好比是國家衛生研究院（National Institutes of Health）的院長也許並不支持總統在胎兒組織研究上的政策，然後該院長還決定不要讓這個機構的研究在預算書中請款，又把反對該政策的研究人員留下來，並要求他們透過非正式管道向國會提供資料，以破壞這個政策的執行層面。不論查理是否有意為之，他跟政府的不一致確實成了NASA在二〇一一年預算案提交過程裡一個非常棘手的大問題，糟糕的是這種事情還鬧了不止一樁。

想要解決這種情況，最好的辦法當然是讓查理及政府方面能夠更有效地保持一致立場，不過查理打從一開始手底下就有一批他很信賴的顧問——就是那些杯子男孩——他們可是使盡了渾身解數來阻止雙方化開矛盾。當我發現自己身居其間、兩面不是人的時候，我也試圖透過正式管道在我的提案裡小心地提出這個問題，可是得到的回覆通常都是要我更努力一點，想辦法把查理拉攏過來。

跟一般內閣機構相比，政府對ＮＡＳＡ的態度比較放任，因為其他的領導團隊通常會肩負較多的政治任務。以前白宮方面對於副署長的叮囑內容，居然還有該要怎麼穿著打扮、梳理髮型這樣的小事，我實在無法想像柯林頓或歐巴馬政府會管這些東西。至於查理，他主要的壓力來源並非來自於白宮，而是來自於克里斯．史柯勒塞、麥克．科茨，以及其他向查理遊說的人，他們都想讓他跟政府作對，好謀求自己的利益。

說起查理跟總統之間的意見分歧，最怪的一件事發生在二〇一〇年夏天，當時查理到卡達出訪，接受了半島電視台的採訪，他說總統對他此行設定了三大目標，一個是要幫助孩子們重新燃起探究科學與數學的興趣，還要拓展ＮＡＳＡ在國際間的合作關係，最後一個，

「也許也是最重要的一個，就是要跟穆斯林世界接觸……讓他們對於自己在歷史上對科學做出的貢獻感到驕傲……數學和工程學方面也是這樣」。在之後的短短幾天裡，他這段影片在網路上到處瘋傳，因為他那句「感到驕傲」實在是太讓人傻眼了，後來有一位記者在白宮的記者招待會上問起此事，白宮發言人羅伯特・吉布斯（Robert Gibbs）回覆道：「查理・博爾登搞錯了，總統從來沒說過這種話。」

羅伯特・吉布斯說完此話的隔天早上，我看到查理在他的辦公室裡發飆，他要求吉布斯收回昨天所說的話，因為「他可不打算要幫著他們說假話」。我對此情況表示憂心，問他是否還記得總統是什麼時候跟他說這些話的，還幫著他一一細數有哪幾次他見到了總統而我不在場。進一步回想過後，他意識到總統真的沒說過這些話，然後又認定那一定是國務卿希拉蕊・柯林頓說的，可是他明明只跟國務卿開過一次會，而那次我也在場，所以我說我並沒有聽到這些話。然後他又想起是另一個人，說那是他在國務院碰到的人，只是想不起來他叫什麼名字了。

雖然查理已經回想起，告訴他要跟穆斯林好好接觸的人並不是總統，也不是國務卿，甚至不是哪個有頭有臉的人，可是就我所知，他一直都沒有對外把這件事說清楚。我相信查理不是故意的，可是歐巴馬前總統至今還為此受到嘲笑，說外界盛傳他曾告訴ＮＡＳＡ的負責人，太空總署的頭號任務就是要鼓勵穆斯林世界。

在我們剛上任的時候，我聽到查理在一個比較大型的場合裡批評政府，於是就私下建議他修改一下言詞，畢竟我們也是行政部門的一部分。他並不同意，還說我們是同時在幫國會和政府做事的，兩邊一樣大，所以我們才會在受到總統任命之後再交給參議院批准，查理居然會把這些事混在一起，這相當讓人訝異。我們也曾對ＮＡＳＡ在政府中應該扮演的角色有過討論，我認為那次的討論很有意義，進行到一半的時候，為了要回答他的問題，我從活頁資料夾裡抽出了一張紙，在上頭畫了一個三角形，以此來解釋組成政府的三個部分。討論結束之後，查理看起來相當感謝我告訴他那些資訊，不過他還是繼續與杯子男孩們為伍，而比較少站在總統那一邊。

查理既不願意進行人事調整，也不接受新的政治任命，這讓我們很難建立一個為共同目標努力的領導團隊，由於他不肯明確表態，所以我只好盡量設法改動人事架構，以創造出新的職位，雖然此舉對我和查理的關係造成了更大的傷害，但是這批他們允許我們招募進來的新人，對於日後我們的成功來說乃是很關鍵的一批人才，包括勞瑞・萊辛（Laurie

Leshin）、鮑比・布朗（Bobby Braun）、邁克・法蘭奇（Mike French）和大衛・韋弗（David Weaver）。而自從有了一些比較開明的人進到NASA領導階層的位子上，想推動有意義的變革就變得比較容易了，我努力所培養的這支團隊，最後也成了查理最信賴的幕僚班底。

領導團隊的新成員們開始採納了一些新的觀念，也更加重視創新的做法，這讓NASA在好幾方面都產生了長足的進步，不論是更加善用對外的合作、購買數據資料、託管酬載（hosted payload）、可重複利用的次軌道科學任務、綠色航空、獎勵措施，乃至於對政府基礎設施的轉租工作等，這些新概念隨著時間不斷推陳出新，各自獲得了不同程度的成功，而當NASA的其他主管人員看到這些觀念的價值之後，這些觀念也就逐漸推廣和散播開來了。後來甘迺迪太空中心甚至因此急著想要削減現有設施的成本，準備跟SpaceX簽署39A發射台的獨家承包協議，我聽到這個消息之後，就敦促甘迺迪太空中心辦一場提案競賽，不要直接就把發射台交給SpaceX。

我們努力推動的項目還有很多，但都跟薛西佛斯的故事一樣，我在一個計畫上頭花了幾個月甚至幾年的時間，但還是被推翻了——石頭又滾回了山底下。

我一心想要刺激大家開發可再使用的次軌道商業研究載具，決定無論如何都要推動這塊巨石。ＮＡＳＡ裡頭有幾個志同道合的人士，在他們的合作之下，ＮＡＳＡ在二〇〇九年展開了一項計畫，要花兩百五十萬美元來支持這項工作。到了二〇一〇年我們又制定了一項五年計畫，每年的預算有一千五百萬美元，這些經費不只會用於做實驗，還鼓勵研究人員應用新發現的技術，不過到了二〇一二年時，在二十一組挑選出來的實驗成果中，還是有十四組獲勝者是採用現有的開發平台來飛行的，也就是還得用ＮＡＳＡ的氣球和飛機。這些計畫辦公室都是一個樣子，他們很樂意一直繼續砸錢，只要讓他們可以一直做他們本來就已經在做的事情就滿足了。

大多數的研究人員都必須親自搭上飛行載具來進行自己的實驗，不過ＮＡＳＡ不想要冒這個風險，所以限定只有自動飛行的研究才能獲選，我後來在二〇一三年時終於說服了查理，把這一條限制給取消掉，並在那年六月的一次會議上宣布了這項消息。可是就在幾週之內，杯子男孩們又讓查理撤回原本的決定了，最後要等到下一任的ＮＡＳＡ署長才執行了這項政策，但如果能夠早個五年頒布的話，一定可以在新創企業那邊擴展出相當可觀的市場，因為那正好就是他們尋找可行的商業應用方式，並大力研究各種例證的時候。

沒想到，就在我推動的一項研究計畫裡，居然也出現了「暗物質」，那項計畫就是OMEGA，也就是離岸半透膜海藻養殖（Offshore Membrane Enclosures for Growing Algae），該計畫研究的是綠色生質燃料的開發，預計要應用於航空業。計畫團隊開創了一種新方法，就是用廢水來養殖藻類，達到清潔作用之餘還可以順便捕捉二氧化碳，以此方式來製作生質燃料的話，就不用再搶走農業所需的水源、肥料與土地了。當初在加州的艾姆斯研究中心（Ames Research Center）看到我們的航空技術人員所展示的成果時，我就覺得很了不起，他們那時又再額外提出了五百萬美元的請款要求，我希望可以支持他們攻克下一個里程碑，於是就跟其他可能有興趣的政府合作夥伴們討論這項技術，其中一位是海軍部的次長，他對這個概念表現出很大的興趣，想要看看我們的成果。

雖然我支持繼續為該計畫提供資金，不過在告訴NASA航空局長申在元博士之前，我還是先去找了查理徵求同意，他也預祝我可以成功。在元這邊同意要繼續為這個替代性燃料研究計畫提供資金，可是後來OMEGA團隊卻被告知他們沒辦法再拿到下一筆資金，於是我回頭去找在元，他說他把此事告訴了查理，而查理告訴他不用再繼續給錢了。接著我直接去找署長詢問此事，他也承認自己改變了心意，因為後來他跟以前的一個同事談過這件事，那位前同事現在任職於馬拉松石油公司（Marathon Oil），他覺得這個替代性能源計畫沒有多大的前景。然而查理之前曾在該公司擔任過董事，而且手上一直握有該公司價值五十萬美元的股票，這就代表任何有關馬拉松石油的事情，他都必須因為利益衝突的限制而迴避才對，但他擅自跟該公司接觸，商討OMEGA的事宜，這是不見容於官方的正式約束條款的。只不過總顧問是查理在海軍陸戰隊的老朋友了，他認為查理的違規情況並不嚴重，但是監察長方面卻不這麼認為。

監察長發現查理違反了自己的道德誓詞，要求任何跟該計畫有關的決定他都必須迴避。監察長把這份報告公告周知，而查理還得要接受額外的道德培訓課程。我認為這件事情已經底定了，於是就準備批准該計畫申請的五百萬美元的資金，但是查理卻下令OMEGA計畫要採用新的決策流程，要繞過現行的指揮鏈條，於是他把管理權責交到了助理署長而不是副署長手上。他居然做出這種決定，這難道不是違反了迴避原則，又讓自己置身到這件事情之中了嗎？可是你猜怎麼著，這還真的就擋住了這個計畫。NASA的苦心研究，想尋找一個生產飛航燃料的替代方案，而且還可以減少溫室氣體的排放、減輕海洋的酸化問題、製造乾淨的淡水，同時又對國家安全有幫助，可是這顆巨石，我終究還是只能讓它留在山腳下了。

有些前高級軍官和太空人的行事作風會讓人覺得一般的規則好像在他們身上並不適用，不過這跟我個人的價值觀正好相反。他們似乎會給人一種感覺，因為他們替政府做事，所以就該要獲得很多好處，多到了我認為遠遠不恰當的程度。我曾對某些我覺得不當使用政府資金的做法提出過意見，例如把太空人的終生醫保福利延伸到他們的近親全體人員身上，或是用政府的飛機來進行我看來根本沒必要的出訪活動，還有人拿政府的錢讓NASA領導團隊的配偶出遊，以出席署長舉辦的假日派對（還好最後總顧問沒有批准這筆錢）。但如果你提出質疑，說不該拿這些好處，就會被NASA領導階層裡的其他人視為無禮，甚至是一種很大的冒犯。因為有了這一套永遠可以過好日子的體系，所以他們才會出現那般的作為，而這樣的情況至今依然大致上沒有改變。

大多數我所看到的「暗物質」，似乎都是後來才養成的行為習慣，其成因在於人們長期以來都太過高估了政府領導人物們的崇高程度。二〇二〇年時監察長在一次調查中發現，查理在離開該機構之後將近兩年的時間裡，居然還在使喚以前的署長助理幫他打理自己的私人諮詢活動，而且他們還協助調派NASA的其他人員來提供查理其他的服務。監察長在調查報告中指出，當博爾登被詢問到此事時，他一開始還否認自己接受過這一類的協助，可是等到證據攤在眼前，包括他曾多次寫電子郵件要求協助，此時他就改口承認自己做了那些事，說那不過只是他「判斷錯誤」而已。查理告訴調查人員：「離開NASA之後最讓我失望的事情之一，就是我得到的協助怎麼會那麼少。」他似乎覺得自己當過太空人和海軍陸戰隊的將領，所以政府就應該要出錢找人幫他寫專業的演講稿，要為他離職後的商業活動提供支援的行政人力。結果真的就是這樣，只不過監察長最後決定，看在查理多年來為國效力的分上，他就不用向政府償付自己不當獲取的服務了。

◉ ◉ ◉

我並不會定期去會見歐巴馬總統，但是我記得他對我說過的每一個字。當他和家人一起去卡納維爾角出席太空梭發射（但後來取消了）的活動時，他把我拉到一旁私下交談，他說他底下的人跟他說過，我一直為了團隊而飽受攻擊，他想讓我知道他有多麼感謝我。原來他知道我那時一直努力想把那些寶貴的巨石都推上山頭啊，我所做的一切還是有意義的。

後來，在二〇一二年大選之前沒多久，我在橢圓形辦公室與其他機構的副首長一起合影，總統要我先留下來一會兒，然後就對我道歉，說沒辦法把我們希望在NASA辦到的大事全部實現。他的臉色看起來很頹喪，而我則覺得有愧於他，因為我讓太空總署變成了他的政治包袱，然後他又說：「我們得要在第二個任期裡把這些事全部完成。」他告訴我要昂首挺胸面對一切，我也向他致謝，說他也應該這樣做。

載人太空飛行計畫交到我們手上的時候，太空梭已經確定要退役了，但其原本安排好的替代計畫卻搞砸到了無可挽回的地步，不論我們採用哪一種補救方式，即使是在最理想的情況之下，這個任務都還是會非常艱鉅。載人太空飛行這件事如果要往可以長遠走下去的方向發展，那就一定要在所有層面上獲得政府堅定不移、同心協力的支持才行，而我們之所以能夠及早取得進展，也是因為在一開始就獲得了歐巴馬政府的全力支持之故。

雖然太空梭已經退役，但沒有立刻被替換掉，這對我們的公共事務工作是很大的挑戰，NASA傳播部門的負責人大衛．韋弗用了一個很妙的比喻來形容這個狀況，說這就像是在海嘯上頭衝浪。大衛是一個非常有才幹的人，他看得很清楚，不管是一般大眾或本機構的人，大家心裡對太空梭的支持情感還是有如浪潮一般洶湧，而我們所提出的載人太空飛行計畫的價值又無法用簡單的話就說清楚，所以當時如果把這些話說給大家聽，一定會很難讓人接受。他說我們應該把目標設定在不要滅頂就好，只要辦到這點，等到海嘯過去之後，我們就可以重整旗鼓，拯救載人太空飛行計畫——甚至也可能拯救NASA——不要讓它被過去的沉痾壓入水中而沉沒。雖然我很信任大衛的專業，但是完全沒有料想到，後來形勢的逆轉居然會是那般激烈。

八、火箭新貴

政府的太空事務體系要想做到變革轉型，那就必須有一支齊心協力的力量，也就是要找到對的人，把他們都給組合在一起，以推動政策、科技與投資方面的各項工作。太空產業複合體已經發展得非常根深蒂固，要想顛覆這種範式（paradigm），就意味著要人拿自己的職業生涯和財務前景冒險，硬著頭皮去推動改變。外太空這個地方到底要怎麼善加利用，這其中既有巨大的挑戰，也藏著巨大的開發機會，因而吸引到了很多腦袋最好、最優秀的人才，也因為有了他們的努力，所以這個世界才會變得更加美好。

時至今日，SpaceX、維珍銀河公司，以及藍色起源公司，這幾家是大家最常看到在致力推動載人太空飛行的民間企業，他們一直想要讓這件事變得更加方便簡單。而即使一開始還沒有拿到跟政府或一般企業的合約，這些公司背後都還是有其創辦人在提供大量的資金支持，不論是伊隆．馬斯克、理查．布蘭森爵士，還是傑夫．貝佐斯，他們不僅都賭上了自己的聲譽，也將自己相當數量的財富投入到這些公司裡頭，為的就是要實現自己在載人太空飛行方面的夢想，而且他們也不是最早開始做這種事的人。

人們很早就已經注意到通訊衛星具有巨大的應用潛力，其價值遠非只能提供NASA和政府使用而已，因此在一九六〇年代時就透過通訊衛星公司（COMSAT）和國際電信衛星組織（INTELSAT）開始進行民營化的腳步。一開始上陣的這些組織都具有半官方色彩，為日後電訊市場的蓬勃發展與營利模式做出了相當貢獻，而等到即時通訊出現之後，整個社會的面貌都因之發生了巨大的改變。由於各國政府及國際組織的鼓勵，民間單位也開始幫忙打造基礎設施，於是我們一般人也終於可以開始傳輸訊號了，接著又可以傳輸聲音、圖片、影片，到最後用網路就可以把想傳的東西傳給地球上任何地方的人，完全沒有時間差。

一九八〇和九〇年代時，由於看到衛星星座（satellite constellation）的迅速發展，不僅鼓動了傳統的航太產業開始對NASA的可複用發射載具計畫（RLV）感到興趣，更促使一批比較小型的民間火箭公司紛紛出現，為的就是要把握住這個快速擴張的市場，這些企業中又有不少都設立了長期的願景，希望能把人給送上太空，雖然某些比較早成立的公司確實在這方面所獲得的成果要比別人更多，不過他們全都有各自的貢獻，一起為日後的成功奠定了基礎。

大家都看到了太空旅行的市場，這件事也已經討論和努力了幾十年。在阿波羅十一號登陸月球之前五年，泛美航空就成立了一個「月球首航俱樂部」，到一九七一年才終止接受排隊加入，期間共招收了將近十萬名申請者。一九八五年，又有一家名為「社會探險」（Society Expeditions）的異國旅遊公司宣布說它要開始把人給送上太空，要價五萬兩千兩百美元，該公司的每個艙位還先收了五千美元的訂金，可是太空船卻始終沒有造出來，最後社會探險公司也只能把款項退了回去。

載人太空飛行的概念不只可以應用到旅遊業，早在一九七〇年代，就已經有經濟學家、環保人士和未來學家在探討是否值得把一些採礦業和重工業移出地球，像是能源製造業。他們的研究還討論到要如何讓大量人口在自由漂浮的建築結構裡居住與活動，這樣不僅可以善用微重力環境，還能確保人類可以在地球以及其他地方都生存下去，這些早期的太空思想推動了後來的一些顛覆性概念，開始設想要建立自給自足的太空棲地。傑瑞德·歐尼爾的想法不只啟發一批人在七〇年代成立了L5協會，還吸引了一批狂熱的追隨者，其中包括了以研究娛樂性迷幻藥效果而出名的提摩西・李瑞（Timothy Leary），裡頭還有一位普林斯頓大學的學生，名字叫做傑夫・貝佐斯。

提摩西・李瑞有個朋友叫做喬治・庫普曼（George Koopman），他在一九八五年創立了美國火箭公司（American Rocket Company）。跟這一行的其他公司一樣，該公司成立的目標就是要降低太空運輸的成本，以及掌握住衛星發射的市場商機。我在一九八〇年代中期認識了庫普曼，那時他已經是太空海盜之中的名人了，由於他跟提摩西・李瑞以及好萊塢的關係很好，自然會讓人對早期的太空運動多了幾分遐想。喬治在四十四歲的時候不幸遭遇車禍去世，當時距離美國火箭公司首次嘗試發射火箭只剩下四個月而已。後來該公司也申請破產了，但美國火箭公司的領導班底和智慧財產並沒有消失，而是轉移到了其他地方，畢竟別處也一樣有人為了類似的理念在努力，這所有的人最終一起為今日那些主要的商業太空公司做出了貢獻。許多火箭設計師和企業家們前仆後繼進入這個行業，彼此之間的淵源實在是非常緊密而複雜，早期就有十幾家公司都是在同樣幾位太空海盜的手上逐漸發展起來的，這些公司一心想要研究出可重複使用且價格低廉的上太空方式，像是旋轉火箭公司（Rotary Rocket Company）、XCOR航太公司（XCOR Aerospace）、太空發展公司（SpaceDev）和太空服務公司（Space Services Inc）等，這些企業陸續培養了更多的設計師，也招來了更多的投資者。

在一九八〇和九〇年代有很多願意自掏腰包來推動永續太空運輸的人士，我很榮幸能夠認識他們，並與之共事。這些人之所以會投入這個產業，大多數都不是為了賺錢，有一些甚至在這個過程裡賠到血本無歸，當時還有一個不是很好笑的笑話：「你要怎麼靠太空產業變成百萬富翁呢？先從億萬富翁開始當起吧。」後來到了一九九〇年代，眼見衛星市場呈現大規模增長，於是開始有許多民間投資投入到了發射載具上頭，但後來卻發生了一系列之前沒有預料到的事件，尤其是網路泡沫的破裂，讓這些榮景也跟著煙消雲散。儘管如此，之前所進行過的那些計畫還是為往後的成功奠立了基礎，其影響到的層面涵蓋了貿易政策規劃、新興科技，還推動了衛星開發，並且讓留在這個行業的人獲得了更多經驗，有些當初建造的設施甚至日後還在這個行業的活動中派上了用場。可以說，這些億萬富翁居然願意進場幫忙，這是大家原本沒有想到的有利因素，只能說幸好當時他們都沒有把那個笑話的內容當真吧。

我認識的第一位億萬富翁級火箭開發商是安迪．比爾（Andy Beal），比爾在一九九七年創立了一家與自己同名的火箭公司，他跟其他人一樣，都想把握住發射通訊衛星這個備受看好的市場商機。比爾航太公司（Beal Aerospace）吸引了來自各方的傳統航太產業人才，在一九九〇年代晚期和二〇〇〇年代初期，我為了幫丹尼爾．高丁進行NASA的貿易政策調查，曾經去參觀過他們的設施。當時安迪．比爾說他不需要政府提供什麼獎勵辦法，只要政府保證不會跟他搶生意就行了，可是等到媒體報導該公司的引擎測試通過後，才不過再過了幾個月的時間，他自掏腰包的兩億五千萬美元已經燒完了，公司只好在二〇〇一年時關門大吉，他把問題怪到NASA頭上，說NASA還是照樣在建造自己的火箭，根本就是存心跟他進行不公平的競爭。比爾航太公司所打造的引擎廠房位在德州的麥格雷戈（McGregor），後來由SpaceX出面收購，成為該公司推進系統進行測試時的核心設備。

在麥格雷戈的西北方數百英里處，靠近拉斯維加斯的沙漠裡有另一位億萬富翁，他也把目光投向了太空。跟安迪．比爾一樣，羅伯特．畢格羅（Robert Bigelow）也是靠房地產發家致富的，他曾表示自己之所以會渴望累積財富，其實背後的動力是自己對於太空的興趣——外加他一直相信有外星生命存在。他在一九九九年成立了畢格羅航太公司（Bigelow Aerospace），矢志要「為近地低軌道（LEO）、月球乃至更遠處的商業太空交通提供安全、低成本的系統平台」。而且畢格羅還取得了NASA在可擴展太空棲地技術*的許可權，為他的太空系統平台奠立了發展基礎。

畢格羅航太公司所設計的可擴展太空艙跟其他公司不同，NASA及其國際合作夥伴是以每次發射一小塊後再行拼接的方式來組合太空站，而畢格羅則是一次就全部發射上去，等進入軌道後再一次擴展開來，這種做法無疑是比較有優勢的。我在二〇一一年去參觀過他們的廠房，我認為他們的太空棲地也許可以用來擴充國際太空站，雖然後來他們多花了好幾年的研發時間，不過NASA最後還是跟該公司簽了一份價值一千八百萬美元的統包定價合約，讓他們建造畢格羅充氣式活動艙（Bigelow Expanding Activity Module），並於二〇一六年時發射送到國際太空站，這個太空艙至今仍然用於國際太空站物品的加壓存放，而其成本比起太空站的任何其他太空艙都便宜了一個數量級以上。當年羅伯特從自己口袋裡拿出了超過三億五千萬美元來資助這間公司，它在全盛時期有多達一百五十位員工，可是在二〇二〇年春天，隨著COVID-19疫情在美國到處肆虐，該公司的員工也遭到資遣，而畢格羅航太公司自此就一直處於停業狀態。

往更西邊的地方望去，那裡還有一位更知名的億萬富翁也對太空產生了興趣。保羅·艾倫

（Paul Allen）在三十歲出頭就已經擁有了數十億美元的身家，他這些錢是因為一九七五年時跟比爾．蓋茲一起創立微軟而賺來的，過了二十年後保羅的目光轉向了，他想看看要怎麼把科技創新的範圍擴展到大氣層以外。他找來姊姊喬迪（Jody）一起創立了火神（Vulcan）公司，而他們一開始的這場太空冒險後來竟一步步締造了第一艘由民間開發的可複用太空船，也就是「太空船一號」（SpaceShipOne）。保羅投入了兩千五百萬美元的資金，但也拿下了一千萬美元獎金的安薩里X大獎，然後他又選中了傳奇人物伯特．魯坦（Burt Rutan），跟這位試驗機製作大師合作，由他來領導研發團隊。

在二〇〇四年的九月到十月，太空船一號連續兩度從它位於加州莫哈維沙漠的任務基地起飛，並到達次軌道後返回，這個成就讓它贏得了X獎。雖然用掉的時間幾乎是原本預計的兩倍，但對我們之中的許多人來說這已經是一個偉大的里程碑了。我丈夫和我還專程去了那個沙漠一趟，親眼見證了這次得到大獎肯定的飛行實況，跑這一趟還真是不虛此行，我們在

* 譯注：可擴展太空棲地（expandable space habitats）是一種專門設計用在太空探索和人類居住的空間結構，在發射前體積較小，但在進入太空後可以擴展開來，以提供更大的使用空間。

觀看過程的時候就都已經認定那會是一個創造歷史的時刻。這次的飛航確定成功後，在我們跟其他數百名觀眾的見證下，理查．布蘭森爵士接著就站出來公開宣布，說他已經跟該團隊一起組成了一家聯合企業。

雖然之後這些年保羅也投資了一些規模更大的太空發射計畫，但是直到他在二〇一八年過世的時候，裡頭沒有任何一項能夠成功開始營運的。不過重要的是他引出了理查．布蘭森爵士飄然下場，加入了商業太空產業的億萬富翁俱樂部，這個消息特別受到大家歡迎，因為布蘭森帶來的將不只有他的財富，還有他無與倫比的公眾品牌形象與個人魅力，這些都是從前這個產業所不具備的。布蘭森把這個新公司取名為維珍銀河，還定下了一套商業計畫，要定期使用次軌道飛行航班送「旅客」往返太空邊際。該公司以二十五萬美元的票價招募了近千名乘客，讓他們能夠在太空中體驗數分鐘的失重狀態，以及目睹地球的曲線外觀。之後維珍銀河又與新墨西哥州合作興建了「美國太空港」（Spaceport America），把這裡當成該公司的商業總部。二〇一〇年時，我曾代表ＮＡＳＡ參加了太空港跑道的剪綵儀式，到場致賀的還有數百位人士，大家都相信成功終於就在眼前的不遠處了。

在我看來，理查是那些億萬級太空大亨中最具有天生魅力的一位，他對太空和人類都一樣充滿熱情，而我們的談話也總是令人難忘又饒富意義。即使不是太空事務，我們對許多進步觀念的看法也是一樣的，我一直很欣賞他願意對重要的社會議題發表個人看法，相較之下，我既然身為高階政務官，不論是好是壞，都得要背著總統帶給我的包袱。在航太界裡頭，如果人家覺得你跟歐巴馬是一夥的，那通常就不會交到多少企業執行長這種等級的朋友，但理查他非常密切在關注美國的政治情況，而且跟我一樣都很景仰歐巴馬總統，因此就結下了不解之緣。我們私下的談話就跟一般人覺得和朋友聊天的正常模樣差不多，會開開心心大聲喧譁，有一次我去新墨西哥州造訪太空港，之後到了傍晚就跟理查以及他兒子（還有喬治．懷德賽）共進晚餐，我這才發現山姆．布蘭森原來也是一個很有魅力的人。當你有機會跟其他人共度了一段時光，而且他們的孩子就在身旁的話，此時你會得以一窺他們私底下更本真的面目，至於布蘭森一家，則是讓人感受到了他們彼此的親密無間。

事後看來，把人送到太空邊際其實比原本預想的更加困難，維珍銀河的太空船開發計畫發生了兩次致死事故，這大大拖慢了他們的進度。二〇〇七年七月，在加州莫哈維的測試基地有三名工人在裝填推進劑的時候被炸死，由於這次只是在進行流動測試——意思就是沒有打算要點燃燃料——所以大家就誤以為不會有危險，因而所有員工並沒有都照規矩站到安全屏障後方，結果那些站在屏障後面觀看測試的人都沒有受傷。這個事故對該計畫造成了重大的打擊，也導致安全流程要全面進行檢查，因而又耽誤了之後的測試工作。

二〇一四年十二月，有兩位飛行員登上太空船二號（SpaceShipTwo）進行第二次的動力試飛。飛船按照計畫從運載飛機——名字叫白色騎士二號（White Knight Two）——上脫離，然後就點燃了火箭引擎來為太空船提供動力，但是卻在十一秒後爆炸解體了，其中一名飛行員成功彈出機身並使用降落傘落地而活了下來，但副駕駛卻不幸罹難。事後的調查顯示，副駕駛過早打開了尾翼舵（feathering mechanism），而這個裝置原本應該是在後來的飛航流程裡用來穩定太空船的。這次的人命損失，讓理查、喬治（當時的執行長）和整個維珍銀河團隊都感受到了無比的傷痛。

在我撰寫本書時，布蘭森和維珍銀河公司已經從挫敗中完全站了起來，他們自二〇〇四年成立以來，不僅籌募到了數十億美元的資金，二〇一九年的時候還將公司上市。在最初幾年，維珍銀河似乎在次軌道旅遊市場上占據了優勢，然而此時有一個財力更雄厚的競爭者，正在進行著不一樣的計畫。

這世上有數以百萬計的人曾受到登月壯舉的鼓舞，但是很少有人能像傑夫・貝佐斯一樣，把自己的太空夢變成手上的火箭公司，雖然他當時只有五歲，但傑夫對阿波羅十一號登月的事情還是記得很清楚。即使跟他主要的財富來源相比，他的太空公司目前並沒有獲得全世界那麼高度的肯定，不過傑夫還是反覆告訴大家，說太空事業才是他最重要的工作。

傑夫躋身為億萬富翁時剛好是世紀之交，當時他的圖書銷售公司亞馬遜開始迅速發展，成為了美國最有價值、涵蓋層面最廣的企業之一，而他就在那時候創立了藍色起源公司。雖然傑夫、伊隆、理查爵士三人似乎都是在差不多的時間成立了自己的公司，但是他們各自都有不同的關注焦點和工作文化。藍色起源的座右銘是拉丁文「Gradatim Ferociter」，意思是「一步一步，勇猛精進」，這家標榜藍色的公司喜歡引用龜兔賽跑的寓言來比擬商業競爭，希望自己能緩慢但穩定地贏得這場太空競賽。的確，藍色起源公司在成立的前十年規模一直很小，而且通常都沒有什麼存在感，跟 SpaceX 和維珍銀河公司相比的話更是如此。這家公司早年專注於發展火箭科技的測試工作，先從低空噴射動力載具的測試做起，而且一開始的業務只有在華盛頓州，後來才擴展到德州。跟維珍銀河一樣，藍色起源的商業火箭系統至今還只能到達地球大氣層的邊緣，但是傑夫把這樣的次軌道火箭系統看成是剛踏出的一小步，後頭還有他的宏大願景要走下去，那就是要把製造等各項產業移出地球。

到了創立二十年後，藍色起源已經成長到擁有三千五百多名員工的規模，手上也有眾多的開發計畫在進行。接著該公司開始測試自家第一具推進器，取名為新雪帕德（New Shepard），當時他們把目標設定在從二〇一五年開始送乘客上太空，可是就跟太空產業裡其他人學到的教訓一樣，成功的到來往往沒有原本料想得那麼快。

藍色起源一直把自己的火箭以過去一些著名的太空人來命名，他們後來接著又在二〇一六年宣布推出了新葛倫（New Glenn），這款巨型火箭甚至讓 SpaceX 的獵鷹重型火箭（Falcon Heavy）都顯得身型嬌小了起來，它原本計畫要在二〇二〇年進行首航，不過後來進度延遲，至少要拖到二〇二二年後才能進行。除了新葛倫，傑夫在二〇一九年的一場非常轟動的媒體活動上也曾向大家推出一具名為「藍月」（Blue Moon）的登月艇，並表示月球乃是一份送給人類的「禮物」，他希望未來把那裡當成太空製造業的轉運中心，因為從月球表面發射生產材料時所需的能源相對比較少。接著該公司還和一些大型航太承包商合作，一起競標

NASA一項價值數十億美元的合約，而那個計畫內容正是要把太空人降落到月球上面，當時大家看到後，都覺得這一招走得真是太高明了。

傑夫受到傑瑞德．歐尼爾的觀念啟發，他最終盼望的是「讓幾百萬人可以在太空中生活和工作，讓他們來造福地球，並且把那些有危害地球之虞的產業轉移到太空去進行」。藍色起源在二〇二〇年時曾對外透露，說他們正在考慮要打造一系列的軌道棲地（orbital habitats），並於二〇二一年時宣布與另一家新創太空企業「山脈太空」（Sierra Space，前身為內華達山脈公司〔Sierra Nev〕）攜手合作。該團隊表示，他們想打造的棲地跟國際太空站有著根本上的不同，按照他們的說法，這種太空站會是一般人也可以去的地方，大家可以到那裡去參觀，也可以去進行科學實驗。

我第一次見到傑夫．貝佐斯是在二〇〇九年回到NASA工作時，當時藍色起源的名聲還並不響亮，不過當他們主動跟我聯繫希望安排見面時，我還是很興奮。傑夫飛來了華盛頓特區，坐在NASA署長和我眼前，向我們介紹他的公司和他未來的計畫。當時傑夫雖然還不是世界上最富有的人——那時他排名第十八——不過他在富豪榜上排名還是比伊隆．馬斯克高多了，有這樣的財富身家，NASA當然也就對他的話相當重視。我跟傑夫討論事情的時候，總感覺像是在跟多年的老友講話一樣，他的神態輕鬆、喜歡發問，又很會搞笑。我們第一次在NASA開會時，傑夫就把他對藍色起源的規劃直接說給我們，還邀請我們去參觀他在西雅圖的製造廠，查理看起來並不感興趣，不過我倒是立刻就接受了他的邀請。

和傑夫一起參觀藍色起源的經驗讓我印象很深刻，工廠本身和其運作的規模都相當可觀，而且他對每個運作環節以及每位員工的了解程度也讓人大感意外。傑夫還喜歡講一些讓人一聽就立刻可以抓到重點的故事，我第一次去他們工廠時就聽到了好幾個，我最喜歡的是一個跟引擎清潔材料有關的故事。在進行測試飛行之後清潔引擎中的殘餘燃料是一項既危險又昂貴的工作，必須在無塵室中使用有毒物質進行，因此要有很周密的各項預防措施，然而如果你追求的目標是要重複使用太空船的話，那就必須設法降低這項成本並且簡化這套流程，結果這反而讓他們找到了一個創新的解決辦法，之前大家都沒想過居然可以用這個東西來清潔火箭引擎——那就是檸檬汁。傑夫講這個故事時神采飛揚，告訴我們他就這樣變成了全世界柑橘類萃取物的最大買家。

我也跟伊隆一起參觀過 SpaceX，從許多方面來說兩者的感覺很像，這兩個人對各項營運細節的了解都很深入，而員工看到他們出現也不會大驚小怪，你可以感覺到大家應該很常看到他們在自己身邊走動，跟那些傳統航太產業承包商相比，這種參觀廠房的體驗是非常不同的。SpaceX 和藍色起源的工作節奏很快，當一艘太空船建造到一半、還掛在高架上的時候，一旁往往同時有六到八個人在同時作業，有的人懸掛在鷹架上，有的踩在梯子上，而且每個人身上都有自己的工具腰帶；至於那些傳統的承包商工廠裡，空間通常都會比較寬敞而寧靜，而一艘建造中的太空船也通常只會有一個人在上頭作業，旁邊還會站著一個人，負責把工具遞給做事的人，然後再另外有個拿著記事板的人，負責站在一旁觀看。

我也曾多次去參觀洛克希德．馬丁公司的工廠，獵戶座太空艙就是在那裡製造的，但是我從來沒有看到有人在太空船那邊實際作業，我去參訪的時候他們跟我說的事情主要都是他們有跟多少個州合作、他們會如何提供零件或進行測試云云。有一次去參訪他們的丹佛工廠期間，太空船才剛從俄亥俄州進行完測試後送了回來，而他們現在又在進行一樣的測試工作，所以我就問到為什麼還要再進行同樣的測試，他們說這是為了確保運送過程中沒有造成船體鬆動。這個回答也算有道理，於是我又接著問為什麼一開始要把東西先送到俄亥俄州去，此時帶領我參觀的資深主管就用手肘輕輕推了我一下，又對我眨了眨眼，表示他們正在努力設法讓俄亥俄州的民意代表支持他們。我只能用盡量客氣的方式建議他們，專心快點把太空船造好就行了，政治上的把戲就交給別人去搞。

在參觀完藍色起源的西雅圖工廠後，傑夫邀請我再去參觀他們位在德州的發射基地，這次我也立刻抓住了機會。藍色起源在德州西部擁有廣袤的土地，範圍大到用「遙遠」一詞都無法形容，我進到該區域後看 Google 地圖，上頭是一片空白。我去那裡看試飛，雖然最後延期了，但是那次的行程並沒有讓人失望。在我去參訪的時候，藍色起源剛好完成了一個新的測試台（test stand），我跟那個計畫的經理一起登到台上的最頂端，我問蓋這個他們公司花了多少錢，這位三十歲的普渡大學畢業生想了一下，然後告訴我他估計大概三千萬美元。我接著問他一個我本來以為他會反問我的問題：你知道一個差不多這種大小的測試台，NASA光是翻修就要花掉多少錢嗎？結果他每上回答我：「三億美元。」——還真答對了。他告訴我他以前也曾經在NASA工作過，可是因為受不了官僚主義就離開了。我又問了一個問題，這次多少真的算是反問了：你認為藍色起源打造的這些引擎有可能拿去NASA進行測試嗎？他搖了搖頭笑著說：「我們幹嘛浪費那個時間？」

關於他這個答案，背後另有一段故事。NASA擁有大量跟測試引擎相關的人力與基礎設施，各方面的設備和能力都很齊全，尤其在密西西比州和阿拉巴馬州。有些測試台是在一九五〇和六〇年代建造的，現在都已經被封存或改建了，後來又另外建造了更多的測試台，從阿波羅計畫開始以來，ＮＡＳＡ在這方面的花費已經超過十億美元，可是開發出來的引擎卻只有一具，就是用在太空梭上的那一具。有一位過去的ＮＡＳＡ財務長跟我說過，他們在這個機構看過很多骯髒的交易，而其中又以跟測試台有關的那些把戲是最有犯罪嫌疑的。

在ＮＡＳＡ取消了星座計畫裡頭的戰神一號火箭開發案後，密西西比州的民代就強迫立法單位，要他們無論如何都得要把上節火箭的測試台蓋完，為此納稅人付出了四億美元的代價。我身為被大家指責害得火箭計畫被取消的人，也曾有幸跟提出該要求的資深參議員泰德．柯克蘭（Thad Cochran）在密西西比州共度了一段很愉快的時光，在我看來，他與其說是關心火箭，其實更關心的是測試台承包商拿到的工作，畢竟那個測試台一完工就馬上封存了，變成了一座流傳至今的紀念碑，見證政府是怎麼浪費錢的。

既然國家方面一定要花錢維護這些測試台，我想那不如就讓民間單位——也就是真正在設計新火箭的那些人——利用ＮＡＳＡ的設備來進行他們產品的測試工作。也許多少看在我推薦的分上，後來藍色起源真的去談了一份協議，要把他們開發的引擎拿到ＮＡＳＡ的設備上測試，可是事後證明，雙方的工作文化終究還是合不來，其中最根本的矛盾癥結在於時間，NASA不論做什麼事情都花了太多時間，計畫、決策、溝通、把引擎放上測試台，然後再進行測試，每件事都要照著政府的常規時間表來執行。藍色起源發現乾脆由自己在德州西部裡頭蓋測試台反而還比較有效率，畢竟這種事只要用一些水泥車，以及興建游泳池時練就的專業就已經足夠了。

大家都聽過那句老話，時間就是金錢，但是這句話如果用在採購方面就有了雙重含義。在商業世界裡，花更長的時間打入市場就代表著有較少的錢進到你的口袋；但換成是跟政府做生意的話，你如果花更長的時間來建造一艘太空船，政府反而會付給你更多錢，整個獎懲機制是顛倒過來的。

我最後一次見到傑夫是在二〇一九年他推出藍月之後，他後來在華盛頓特區辦了一場晚宴，那天他先在華盛頓會議中心發表了一場演講，結束後就找了我們一行大約十幾個人，一起坐下來輕輕鬆鬆吃個飯聊一聊。整場晚宴他都一直主導著話題，不斷對兩個我最喜歡的主題進行問答，那就是太空和政治。卡洛琳・甘迺迪（Caroline Kennedy）坐在我和傑夫中間，她告訴大家自己五歲的時候在橢圓形辦公室見到約翰・葛倫的經歷，她說自己先跟這位太空人打了聲招呼，然後就轉過頭去對自己的父親說她覺得很失望，她還以為自己這次會看到的是隻猴子。＊我之前就聽約翰．葛倫講過這個故事了，但是傑夫的放聲大笑還是感染了我，這也代表他之前並沒有聽過這件事。

⊙　⊙　⊙

我第一次見到伊隆．馬斯克是在二〇〇二年夏天，他邀請我到華盛頓特區的威拉德飯店（Willard Hotel）吃早餐，但他雖然提出了邀約卻沒有說明緣由，而我對他的真實了解僅有一點，就是他最近成立了一間火箭發射公司，名字叫做太空探索技術公司（Space Exploration Technologies Corp.），也就是後來大家所說的 SpaceX。那一次我們聊了很多對於太空發展的個人願景，而他擔任了主要的提問角色，自此之後，我們兩人的對話模式差不多就都是這

＊　譯注：由於不確定太空旅行的風險，美國在正式派太空人出航前曾多次送猴子上太空，其中存活下來的猴子還成為了明星。

樣。在最早碰面那次，伊隆的問題都圍繞在「太空媽媽」計畫上（當時事情剛結束），但我個人比較感興趣的話題是太空旅遊，以及與俄羅斯人共事的經驗。雖然討論的過程很熱烈，但如果把這次當成面試來看的話，我其實並沒有過關。

伊隆．馬斯克出生於南非的普利托利亞（Pretoria），也在那裡長大，十幾歲的時候才遷居北美，先在加拿大念過大學，後來又轉學到賓州大學，拿到了經濟學和物理學的雙學士學位。伊隆和弟弟金巴爾（Kimbal）一起創立了一家叫做 Zip2 的網路軟體公司，幾年後被康柏（Compaq）電腦公司以三百萬美元收購。接著他又跟人合創了另一家數位新創公司，他取名為 X.com，後來與另一家公司合併，成立了 Paypal，然後又再被 eBay 以十五億美元的價格收購。伊隆雖然很早就獲得了財富，但是他很懂得善用，分別又在二〇〇二年成立了 SpaceX，並在二〇〇三年成為特斯拉公司的主要投資者。

為了把自己設計的小型運載火箭送上火星，伊隆試著想要找到一種便宜的發射方式，所以 SpaceX 的成立就是為了降低太空運輸的成本，這是伊隆體認到自己一定要做的一件事。外界盛傳伊隆當年曾去俄羅斯跟他們洽談發射事宜，結果俄羅斯人對他做了種種不禮貌的事，甚至還有個說法是有一位俄羅斯的火箭設計師對著他的鞋子吐了口水，此舉徹底惹怒了伊隆，所以他在搭機返國的路上就決定要創立自己的火箭公司來跟他們競爭。如果特洛伊的海倫有一張美麗到足以招致千船齊發的臉龐，那麼那灘口水也可以說是點燃了千艘太空船的火焰。

受到伊隆所說的話吸引，在我們那次共進早餐後，我又在二〇〇三年去到位於瑟袞多的（El Segundo）SpaceX參訪，那時我是一名顧問，和一位同事一起在向格溫．蕭特威爾（Gwynne Shotwell）推銷我們的服務，當時她已經是SpaceX商業開發部門的負責人了。格溫帶我們到他們的一家新廠房去參觀，裡頭大半都還是空的，我們費盡了唇舌希望能取信於她，說我們可以提供跟政府合作的策略建議，可是卻始終沒拿到合約。雖然我當時覺得很失望，不過這樣一來，在後來的職涯裡我反倒可以告訴大家，說我從來沒有拿過這家公司一分錢，這對我的工作很有幫助。

我再次見到格溫時，她已經是SpaceX的第二把交椅，而我也是NASA的第二號人物，在當時我們同樣都聲名在外，外頭常有人說（但也不算是完全沒有依據）我們是那些男性首長背後的影武者，而既然兩個人性情相似，自此之後我們就一直合作得很好。我很佩服她的成就，覺得她就像琴吉．羅傑斯（Ginger Rogers）一樣，即使身為女性，表現卻不讓鬚眉。*

儘管我錯失了兩次與他們合作的機會，不過 SpaceX 的發展目標才是我真正關注的重點，也就是降低太空運輸成本，解開那個戈耳狄俄斯之結，所以我就一直很關注他們的進展。由於擔任過約翰．凱瑞（John Kerry）二〇〇四年總統競選活動的太空政策高階顧問，我（還有很多其他人）當時就已經看清楚了一件事，替代太空梭的下一代載具不應該讓政府自己來建造和營運，我們認為應該刺激民間的力量來做才對，如果當年凱瑞選上了總統，然後他的政府派我回到NASA，也許會更早端出這項政策來。不過這種事情也沒那麼簡單，想成功還是需要有技術、有資源才行，所以事後諸葛的那種指點江山還是別說太多了吧。

NASA不是第一個願意冒險支持 SpaceX 的政府機構，這個桂冠要歸到國防高等研究計畫署和空軍的頭上，他們在二〇〇三年時都有投資一點錢，總計大概八百萬美元左右，也因此讓我們看到了獵鷹一號火箭（Falcon 1）具備了高度靈活而且價格實惠的發射能力。皮特．沃登（Pete Worden）和傑西．斯波納布爾（Jess Sponable）這兩位太空海盜在政府裡頭做事，當初就是他們帶頭讓國防高等研究計畫署和空軍支持民間的獨立小公司的研發工作，而在他們的職涯裡，也一直在鼓勵民間發展火箭發射的能力。

不過第一筆大額的政府資金還是NASA這邊提供的，就是當初SpaceX抗議奇石樂航太公司未經競標就直接拿到資金，這件事過後他們就在二〇〇六年從NASA獲得了資金。當初推動商業軌道運輸服務（COTS）計畫的目的，就是為了鼓勵民間單位發展能夠運送商業貨物到國際太空站的能力，所以才提供給SpaceX兩億七千八百萬美元的資金，讓他們可以擴大火箭的規模，以及研發出他們第一款太空貨艙飛龍號。飛龍號是安裝在獵鷹九號（Falcon 9）火箭上頭發射的，但是這款火箭當時還沒有設計出來，而其最初的版本獵鷹一號在前三次進行測試時都宣告失敗，第三次的失敗是在二〇〇八年八月，之後伊隆公開承認SpaceX的金流差不多都花完了，剩下的錢勉強也只能再試一次而已。

八月的這次測試失敗，剛好發生在我受到歐巴馬邀請，待他當選後要為他領導NASA的過渡團隊之後一個月，所以當時我已經向這位總統候選人表達過我個人的觀點，說明過採

＊譯注：這裡原文用了一個成語「Backwards and in high heels」，就是源自琴吉・羅傑斯的舞蹈，傳說她在跳舞時可以穿著高跟鞋進行倒退的舞姿，難度雖高卻依然優雅。由於高跟鞋是女性的常見代表符號，因此後來這句話就常常用來稱讚優秀、勇敢、能夠克服性別不利因素的女性。

用民間單位的火箭發射服務有什麼好處。其實很多人都認為 SpaceX 是最有可能辦到這件事的民間公司，所以我的建議一開始看起來並不大算什麼獨到的創見，不過現在我把籌碼全部都放到賭桌上了，可是我連自己玩牌的資格都沒有，以賭博來說，這實在不是很讓人放心的情況。

在過渡團隊評估取代太空梭的最佳方案時，商業軌道運輸服務這種模式很早就已經是我們所考慮的重點項目，所以即使 SpaceX 的下一次試飛還是失敗，我們的方向也不會改變，只不過能夠成功發射的話還是比較好，這會有助於讓歐巴馬的政策團隊相信此刻已是開始推動商業載人計畫的好時機。成功當選總統後，歐巴馬的高級顧問們每週都會看到我們所提交的ＮＡＳＡ交接報告，而他們從一開始就很支持我們的這個理念，也認識到了把太空人的飛航任務交給民間來做可以帶來哪些好處。話雖如此，不過當獵鷹一號終於測試成功的時候，還是讓這個選擇顯得更不用讓人擔心。

到了那一年的十二月，ＮＡＳＡ正式宣布了這一項大利多，提出為太空站供貨的合約，讓 SpaceX 拿到了十六億美元的資金，未來要由飛龍號執行十二次飛行任務；此外軌道科學公司也拿到了十九億美元，負責八次的航班發射。此時我們已經可以看到一種後來常見的情況，就是SpaceX簽約時拿的錢雖然比其他同行還少，但是負責執行的航次卻更多。到了我寫這些內容的此刻，SpaceX總計已經成功進行了來回二十二次的送貨任務，而軌道科學公司則只有十三次。之所以會造成這種數量差異有一個重要的原因，就是飛龍號不只可以送東西上去，也可以運東西回來，而軌道科學公司的載具天鵝座號（Cygnus）則是採用太空艙的設計方式，所以沒有辦法把物品載運回來。

商業補給服務（Commercial Resupply Services）的合約宣布時，我雖然在NASA總部的過渡團隊中工作，不過並沒有參與這項決策。一個任期只剩下三十天的跛腳政府居然執行了這樣的大計畫，這種事情通常都會讓人覺得不大對勁，不過我的團隊和我還是對於SpaceX的獲選很是興奮，而且也沒看到這次的事情有什麼大毛病。伊隆平時常說，及早獲得NASA的信任與資金是很重要的一件事，如今他們在NASA就要交接給新政府的時候獲得了他所企盼的信任，這代表他們又再次征服了一道關卡。

二〇〇九年七月，獵鷹一號執行了第五次的發射任務，也是該機型的最後一次，而這次的時間點也很值得一提，因為發射的時間剛好是在我們在參議院參加審核聽證會後的一週，同時也是參議院表決是否通過提名的前一天。這次我又再次對發射結果屏息以待，一心期盼不要出什麼問題，否則那些反對政府把火箭發射工作交給民間單位的人就會抓到話柄。看到他們發射成功，讓我兩天後走進NASA總部時的腳步都輕快了起來，可以安心宣布就職。

對於我們的商業載人計畫而言，SpaceX在二〇一〇年六月的發射也一樣是重頭戲，這是獵鷹九號火箭第一次飛行，而要想發射飛龍號太空艙，最後也得靠這個火箭才行。事到如今，為這件事賭上一把的還不只是我，歐巴馬總統也把全部籌碼都押在這上頭了，到了這種時候，只要有哪一步出了差錯，政府的計畫都會招致更多的批評。結果那次的飛航不但順利升空，在那一年稍晚的時候飛龍號太空艙也成功發射到了軌道上，為了向巨蟒劇團（Monty Python）致敬，艙上還放了一塊很大的輪狀起司，＊像這種惡搞的把戲，當然是伊隆自己拍板定案的。

這些事雖然都是里程碑，但是並沒有能夠改變大局，因為那一年稍早的時候NASA提出了那份想要改革積弊的預算案，引發了一場大型公共政策辯論，縱然這幾次的發射都大功告成，但也沒有辦法讓這場辯論終結，其實說起來如果發射失敗的話，辯論反倒真的就不用進行下去了。

◎

◎

◎

在太空梭退役的前一年，SpaceX 用獵鷹九號和飛龍號太空艙完成了商業軌道運輸服務的示範任務（demonstration missions），讓我們這些人燃起了一線希望，相信如果美國要再次由自己送太空人上太空，他們就是最佳選擇。到了二〇一二年五月，也就是最後一趟太空梭任務的一年之後，飛龍號終於成了第一艘跟太空站對接的商業太空船。

在NASA的工作裡，我所喜歡的其中一項就是跟國際上的其他太空機構合作，而飛龍號跟太空站對接時我人正好在東京。日本的宇宙航空研究開發機構（JAXA）在太空領域有許多引以為豪的成就，是NASA最可靠的合作夥伴之一，我原本在前一年時就已經計畫要去日本造訪了，可是二〇一一年剛好碰上大海嘯，之後該國也不大平靜，所以計畫就延期了。等到重新安排好日本之行後，卻又跟飛龍號對接的時間撞期，我心裡很清楚，照顧好雙

＊ 譯注：這是巨蟒劇團在電視喜劇裡的一個著名橋段，講述一位顧客永遠無法買到自己想要的起司，屬於無厘頭的搞笑，後來成為一個著名的戲哏，常會被提及或改編。

方的合作關係比較要緊，只是依然不免覺得有些失望，自己只能在遠方遙望這個重要的里程碑。

發射的當天剛好是我生日，所以我同時有了兩件可以跟日本的工作夥伴一起慶祝的事，跟我一起出差的幾個團隊夥伴想辦法找到了現場轉播畫面，可以即時觀看飛龍號的對接過程，而我們另外又同時透過電話在聽取任務室裡頭的各項行動內容。我們這場慶祝活動一直開到這個日出之國的隔天早上，我還在離開日本之前特地買了一個很華麗的飛龍雕塑品，因為我之前常被人戲稱為「飛龍女士」（Dragon Lady），雖然這樣稱呼我的人不安好心，可是我卻引以為豪，所以此時特別買來紀念。而飛龍號能夠跟太空站對接，我也並不是唯一一個覺得這件事了不起的人，在飛行任務成功的隔天，SpaceX 的股票市值直接翻了一倍，約等於二十四億美元，而到我寫這些文字的此刻，該公司的估值已經超過了一千億美元。

在本書出版前還不到二十年的時間，SpaceX 原本只是一個可有可無的小角色，如今已經成為NASA的第六大承包商，旗下員工將近萬人，固定採用其產品與服務的也不只是NASA，現在連空軍及其他軍種，以及情報機構也都是。有件事特別值得提一下，就是當初我不知道在五角大廈裡開過了多少次會議，在裡頭反覆被人質疑和嘲笑，說我怎麼會把

ＮＡＳＡ的資源放給這家新創公司，最初那幾年還有許多高階的業界人士與政府官員喜歡嘲笑這家公司和伊隆本人，這些人原本應該替納稅人看緊荷包，可是他們只肯相信自己在聯合發射聯盟（ＵＬＡ）裡頭的那些朋友，而我認為這樣的做法看起來很不負責任，因為聯合發射聯盟收取的費用太過高昂，這已然傷害到美國政府與太空產業的競爭力。

伊隆比這些人更年輕、更富有，還具有矽谷人的心態，敢於打破現狀、不受業界傳統束縛，但這些在他們眼裡全都不是什麼好事。現在有很多人看不起或批評伊隆，表面上說是個人看法，但明眼人都知道那些人的憤恨有更根本的原因，因為過去雖然有其他公司也想推翻這些傳統巨人，但是從來沒有哪一間是真正有機會辦到的，如今一旦讓 SpaceX 漸漸得手了以後，這座紙牌屋恐怕就撐不了多久了。

事到如今，從前政府裡那些一開始不肯支持 SpaceX 的人，現在都忙著在改寫歷史，向人吹噓自己很早就接受了這種合作理念。可是大家別忘了，不論是ＮＡＳＡ或空軍，都是在招標問題被投訴而遭到糾正後才跟 SpaceX 簽約的，甚至就連 SpaceX 已經成功執行了ＮＡＳＡ的飛行任務後，空軍這邊還是繼續只跟聯合發射聯盟簽約合作。二〇一四年，SpaceX 抗議有一項一百一十億美元的大宗採購只獨厚於聯合發射聯盟，迫使空軍展開協調，後來只能開放競標。但即便如此，多年來空軍還是繼續拖拖拉拉，不肯放開腳步。至於商業軌道運輸服務的情況也差不多，一樣是 SpaceX 先提出了抗議，NASA才被下令要開放競爭，但是之後NASA還是無視於 SpaceX 所提出的條件，只要三億美元就可以開發一套系統來把太空人送上太空站，這樣我們就不用一直付兩倍於此的金額給俄羅斯人了。即便到了現在，NASA依然還是堅持要花幾百億美元的人民稅金，跟民間資金開發出來的可複用大型運載火箭競爭，這可真不是什麼值得驕傲的事情。

過了這麼久，那些堅決反對跟民間單位——尤其是跟 SpaceX——合作的NASA員工，現在也不得不承認人家確實更有本事。SpaceX 在商業軌道運輸服務的進展大到讓NASA不得不服，因為他們的計畫內容非常符合NASA想要的目標，甚至允許他們把兩項示範任務合併成一項進行就可以了。其實他們的成功祕訣一點都不奇特：就只是提供了價值最高的產品而已，因為 SpaceX 一次次在只拿到比同行還少很多的資金的情況下，卻做出了比對方更好的表現，他們證明了天底下真的可能有這種事，你可以同時做到更快、更好，而且更便宜。

這種情況有一個最典型的例子，就是二〇一〇年十二月的時候，那是飛龍號預定要第一次實際發射的前一天，可是在對發射台進行最後檢查時，卻發現獵鷹九號火箭有個引擎噴嘴上出現了兩條小小的裂縫，NASA裡的每個人都認定這次的發射一定要先暫緩幾週了，因為最常見的做法就是把整個引擎都給換掉，而太空梭這樣做的話大概得要花掉一個月。不過SpaceX 卻開始進行計算，評估效益範圍，最後決定把裂開的噴嘴末端裁切掉就好了，然後他們就成功進行了發射——只比原訂日期晚了一天。由於商業軌道運輸服務並沒有簽約，其資金只是透過合作協議來提供的，所以NASA不能插手，只能站在一旁對著 SpaceX 的決定乾瞪眼，然後用不敢相信的表情看著他們大功告成。

伊隆並不是第一個認識到可複用火箭的價值的人，卻是第一個使其發揮經濟上之優勢的人。在開發以前的那些運輸載具的時候，「可複用」一詞甚至不是大家會用的術語，因為根本沒有人在製造馬車、汽車、船隻或飛機的時候會只使用一次。即便如此，在二〇一二年 SpaceX 開始進行火箭的垂直降落測試時，那些自詡為航太業界標準的公司還是對他們的努力嗤之以鼻，畢竟對許多人而言，你居然會想把從太空中回航的推進器降落到海上的平台上，這種做法不論是看起來或聽起來都一樣無稽，而當他們出了紕漏，或是降落太猛出事時，有時就有人在私底下看著那些出狀況的影片譏笑他們。可是看看現在，還有誰笑得出來。

早在三十年前的太空梭計畫開始，政府就已經努力想透過重複利用的方式來減少太空運輸的成本，太空梭的許多零件——包括引擎在內——其實在設計上都是可以重複使用的，只不過後來發現整修所需的時間和金錢幾乎就跟製造全新的差不多。其實這跟其他的科研情況一樣，問題出在獎勵辦法上，今天只要有哪家公司收了錢要建造引擎，他們都會想要繼續雇用同樣數量的員工，如此一來在測試和整修上的成本自然也就跟著提高了，而且該公司的體制裡也不會有人質疑這種做法是否可以更改，反正這樣一來只要一直做同樣的事就好，而且跟政府收的錢還可以越報越高，生意好做多了。這樣的戲碼直到今天還在上演，太空發射系統（SLS）的研發計畫就是如此，NASA現在還在付錢給洛克達因航太控股公司（Aerojet Rocketdyne）來「整修」那些太空梭時代的引擎，即便這些引擎的製造費用都已經付完了，而且都堆在倉庫裡，但每一具引擎還是要花一億五千萬美元的整修費。由於太空發射系統每次發射都會拋下四具引擎，那就等於每次發射都要花掉納稅人六億美元在自己已經花錢買下的引擎上。相較之下，SpaceX獵鷹號運載火箭的發射價格只需要九千萬美元，而且其中已經包含了可複用引擎的使用費。

我們得要承認，那些公司的做法其實也無可厚非，畢竟上市公司要對股東負責，而股東所重視的通常就是每一次的財報數字要好看、股價要上漲、要拿到股息。航太公司的高層一心想的就是要盡量提升短期的股東價值（shareholder value），他們才不管利用的是政府的獎勵政策，甚或是鑽法律漏洞或灰色地帶，所以政府才有責任要制定與執行可以鼓勵創新與效能的政策，不論是國會或行政機構都是如此。擁有具備競爭力的企業，這才真正符合國家的最佳利益，所以如果繼續墨守成規，明明企業的能力落後了還要給予獎勵，並且無視於各種道德上或商業上的違規行為，這傷害到的不只是我們的經濟，還有我們的國家安全。

身為政府的員工，我的職責就是要推動與改善美國在航太領域上的能力，以為納稅人帶來更大的好處。替伊隆和 SpaceX 說話絕不是我的工作或使命，我並不是他們的支持者，一直以來只要是任何民間公司能有如此膽識，願意採取大動作來改善美國的競爭力，我一律都會予以支持。在我的任期之中一直有一些謠言在到處傳播，把我們之間的關係進行了各種惡意的連結，然而這還是其次，更該讓我們擔心的是為什麼其他的政府高層會這麼愛說人長短，這個人和這家公司明明幫納稅人省下了幾十億美元，還讓美國在全世界的火箭發射市場上擁有了競爭力，這些高官到底有什麼理由要詆毀他們？太空俱樂部裡的人只會把伊隆和傑夫離婚的事情拿來說三道四，卻忘了他們朋友中的太空人和企業執行長裡頭有多少人都拋棄了第一任妻子。雖然我從來沒有為這些人工作過，但是不論是在太空界的裡頭或外頭，雙重標準的情況竟是那麼常見，這還是讓我覺得該幫他們說些話。

我個人的經歷很難跟伊隆切割開來，因為如果沒有他和 SpaceX 的話，我在NASA就不可能推動多少的轉型工作。我們為了同一個志業流血奮戰，有時也招來了一批共同的敵人。二〇一二年時《君子》（*Esquire*）雜誌裡有一篇跟伊隆有關的文章，標題是「他的意志的勝利」（Triumph of His Will），作者湯姆．儒諾（Tom Junod）寫道：「他和洛瑞．加弗之間，一直維持著某位跟NASA有密切關係的官員口中所稱的『共生』關係。」的確，我們兩人要想成功的話，都需要對方的幫助才行。想當初NASA設定出了競爭機制時，我有信心至少會有一家公司能夠提供太空人載運服務；同樣地，伊隆也有信心，一定有很多政府的高層人物看到了讓民間公司來負責送太空人上太空站的好處。這兩種對情況的預判最後都一定會實現，只不過當下時機還不對，而雙方之中只要有任一方出現的時間晚了，都會導致政府所採取的策略變得完全不同。

像大多數我所認識的天才一樣，伊隆不說空話也不說廢話，他會提出問題，仔細聽完你的回覆後再做出回應，如果不是這樣的話，那就是他已經判定你是個笨蛋。他的腦袋動得很快，也不是喜歡閒聊的人——至少不愛跟我閒聊。我跟伊隆最後一次單獨跟對方吃飯是在二〇一二年，我們說好了要喝一杯，當時我們已經還算認識對方了，不過工作上跟我往來比較密切的是格溫·蕭特威爾，還有伊隆手下負責處理政府事務的工作團隊。那次 SpaceX 的員工問我是否可以在工作後留下來跟伊隆碰個面，然後他就得要搭機飛回加州了，我非常樂意地答應了對方。由於我們所擔任的角色都身負重任，而所面臨的共同挑戰又是那樣艱鉅，所以放開自我、釋放壓力時也特別暢快。我們點了一些西班牙小點心，一壺瑪格麗塔酒，一直聊了好幾個小時，我其實不確定我們兩個平時是否習慣喝那麼多酒，不過如今回想起來，真正讓人訝異的是餐廳裡頭居然沒有人認出他來，也沒人打斷我們聊天，這種事如今當然已經不可能發生了。等到我最後終於看了電話一眼時，才看到他們員工一直在打電話給我，要我提醒他飛機已經加好油了，正在等著他登機起飛。

在我寫這些東西的此刻，我已經有多年沒有跟伊隆談過話了，而我們上一次直接對話還是在推特上吵架。那時我引述一本書裡的話，想要以此說明發射衛星也是一門好生意，不過遣詞用字上沒有經過深思，而他也誤解了我的意思，然後就回覆我說他如果想輕輕鬆鬆賺到更多錢的話，那他當初經營網路事業就好了。我那段話原本是想要強調開放民間單位進入這個市場的好處，並非在暗指他做這門生意只是想賺錢，我原本以為自己甘冒著大不韙來推動各項政策，讓 SpaceX 有了成功的機會，這應該足以不會讓人懷疑我的動機，可是幾千個伊隆的粉絲還是生了氣，這讓伊隆不得不在原本那條推文的回應裡又寫了一段聲明來幫我說話。其實說起來，我們兩人私下交談時也一直都是開誠布公、不加遮掩的，這一點從一件事裡頭就可以看出來了，那次的對話討論跟我大兒子也有關係，而那也是我很喜歡的一段回憶，不論是對兒子或伊隆的回憶。

那次的事情是發生在二〇一四年六月，衛斯里剛好大學畢業回到了華盛頓特區的家裡，而 SpaceX 在新聞博物館（Newseum）舉辦了一場活動要正式推出飛龍二號（Dragon V2），也就是後來的載人飛龍號（Crew Dragon），衛斯里以賓客的身分陪著我一起出席。我自從離開NASA之後就沒有見過伊隆了，他也問了我新工作的事，一些跟航空公司飛行員工會有關的內容，我就告訴他——半開玩笑地——說希望有一天也能把他的飛行員加入我們工會裡頭，他笑了笑，說飛龍號上不需要用到飛行員，接著又轉過頭去問衛斯里在大學裡是主修什麼的。當衛斯里回答說他學的是音樂作曲時，伊隆馬上就接著說，那也是一個很快就會完全自動化的領域。我覺得對一位大學剛畢業的年輕人說這種話有點無禮，不過衛斯里倒是顯得並不在意，而且他也毫不猶豫地就反駁了這位氣勢逼人的偶像人物。然後伊隆又對衛斯里的說法進行了逐條的反駁，說不論作曲家有什麼聞名的創意才華，甚至是獨特的缺陷之處，也全都可以寫進軟體之中。衛斯里接受了伊隆的觀點，但是又提出一點，就是對聽眾來說有許多曲子帶給他們的意義與感受都跟我們對這位作曲家的認識是分不開的，接著他又問伊隆，如果有一首巴布·狄倫做的曲子，但我們原本並不知道作曲的人是他，那麼這首歌的感覺聽起來還是一樣的嗎？伊隆稍微沉默了一會兒，然後就點了點頭表示同意，說道：「你知道嗎，我想你是對的。」

這段關於我兒子的往事是我最愛的回憶，因為我為他的自信與能力感到驕傲，即使面對一個大家都知道的聰明人所當面提出的挑戰，他還是可以說出這麼有意義的見解。另一方面，這也是我對於伊隆最喜歡的一段印象，伊隆這個人是出了名的恃才傲物、不在意傷到他人情感，而他並不認識我兒子，只知道他一個星期前剛剛拿到學位畢業，卻毫不猶豫地直言他所選的領域是一個沒有前途的行業，然而他還是肯仔細聽一個二十一歲的年輕人的話，思考他所說的內容，從而改變自己的想法。身為這段對話的旁觀者，我同時為他們兩個人感到驕傲。

除了為太空站開發運輸系統，SpaceX 在二〇一一年也開始投入自家資金，研發一款體積更大、部分可重複使用的火箭，取名為獵鷹重型運載火箭（Falcon Heavy），因為此時雖然獵鷹九號已經研發成功，但是批評伊隆的人還是在放話，說他不可能打造得出運載量更大的火箭了。

二〇一一年四月，當伊隆宣布他將要打造獵鷹重型運載火箭的時候，我人正在馬歇爾太空飛行中心（Marshall Space Flight Center），當時ＮＡＳＡ還在為大型運載火箭推進器要採取哪一種設計方案吵得不可開交，所以亨茨維爾（Huntsville）的那些火箭男孩們就對伊隆直接宣布要怎麼做感到不大開心，然後ＮＡＳＡ在該中心的領導團隊就想出了一個他們自認為很合理的要求，要我去告訴伊隆，繼續做小一點的火箭就好，大火箭是他們的事。我很慶幸剛好我人就在這裡，可以親自跟這些人見到面，這樣我才可以更完整地解釋給他們聽，讓他們知道自己的要求有多荒謬。

這些人是火箭科學家，不是政治學家，所以可能對這個領域比較陌生。我向他們解釋了

◎ ◎ ◎

美國政府跟美國企業之間並不是競爭關係，我們並不是相鄰跑道上彼此搶快的跑者，我建議他們改用自行車賽的主車群（peloton）來進行類比，我們的職責就是要衝到前面破風，讓我們後方商業組的選手少受一些風阻，等到團隊裡有某一家公司蓄足了力量可以超越我們，我們就不該設法阻攔他們，而是必須向他們示意可以超車，然後尋找下一個要挑戰的目標。我自認為這個類比很棒，只不過不大確定自行車賽在南方有沒有那麼受歡迎。

伊隆已經公開表示過，獵鷹重型運載火箭這個目標比 SpaceX 一開始預料的還要難以挑戰，花掉的時間和金錢都比預計的多，但是他們花的不是納稅人的錢，所以旁人也沒有什麼理由好批評的。第一次發射最後安排在二〇一八年二月才進行，那時我早就已經離開NASA了，不過 SpaceX 還是發了一份邀請函給我，而我也去了佛羅里達一趟，好親眼見證此事。SpaceX 跟NASA租了一個通常只會給VIP用的觀賞場地，那裡的視野絕佳，可以看到獵鷹重型運載火箭雄偉地矗立在發射台上，而這裡過去也是水星、雙子星、阿波羅以及太空梭等計畫的火箭們發射的地方——當年我還在當副署長時，他們就已經爭著想要租用這個發射台了。

這款火箭跟獵鷹九號很像，不過在側面多掛著兩個推進器，為的是可以靠自己的力量返回發射基地，這樣下次又可以重複使用。原本那種採用單一推進器的火箭，SpaceX 通常會讓它降落在海上的平台上，至於這次多掛上去的推進器，則會直接返回卡納維爾角，所以發射時對當地的風速和天候條件就要比較講究。那次的發射碰上颳大風，所以延後了幾個小時，大約有一百位緊張的觀眾聚在一旁的觀眾台上，希望最後一切順利。

在此前一年NASA的一場假日派對上，我跟一位曾共事過的 SpaceX 前高階員工聊天，對方告訴我 SpaceX 已經向政府提案，想要在獵鷹重型運載火箭第一次發射的時候順便幫政府載運物品，而且開出來的價格非常便宜，可是他說這個提案被拒絕了，因為把東西放到還沒有測試過的火箭上風險太高。雖然NASA有一些特定的物品是可以用這一類試飛的任務來運送的，例如學生的實驗運載物品，＊但出於不知道什麼樣的原因，這種方式似乎也被駁回了。後來伊隆宣布，他要把自己開的特斯拉Roadster放進火箭發射，那時他完全沒有提到之前曾經提過什麼合作計畫給政府，但還是有些人出面批評他，說他放東西上去實屬多此一舉。

能夠回到甘迺迪太空中心，而且看的還不是NASA委託 SpaceX 進行的發射任務，這樣的經驗實屬誘人，所以我很願意多花點時間在那裡等待天氣狀況穩定下來。出席的VIP

們大多數其實都是太空海盜，而這次發射的運數似乎也將會決定海盜們未來可以分到多少賞金。後來我們已經開始在討論要不要更改自己的行程，明天再來看看能不能發射，此時風勢卻平息了下來，而倒數計時又重新開始了。當這項喜訊一宣布，眾人隨即響起了興奮的呼叫聲，紛紛走到欄杆前，想看看自從阿波羅計畫以來最巨大的火箭的處女航。三、二、一……當獵鷹重型運載火箭的二十七具引擎同時點燃，然後緩緩升起飛向太空，就像是第二個太陽那樣照亮了天際，觀眾們的激動情緒也跟著到達了最高點。只要你觀看的地方跟發射地點有一段距離，那麼你就會在看到火箭升空了幾秒之後才聽到聲音，或是感受到那股震動，這是因為光的行進速度比聲音更快。我在同樣的位置上看過很多次太空梭的發射情景，每次都還是讓人興奮不已，但這次相較之下聲音更大，衝擊在我胸口上的聲波也更強，從前看過農神五號和太空梭發射的人都說，獵鷹重型運載火箭發射時產生的效果跟農神五號比較類似。

＊ 譯注：NASA會提供全世界的學生機會，學生團隊們可以提案設計各種實驗，獲選後NASA會把他們想實驗的物品載到太空站上，隔一段時間後再送回地球，這些團隊就可以觀察這些物品在太空中發生的變化，這些實驗物品稱為「student payloads」。

我人就這樣一直站在觀眾台上，發射成功讓我喜極而泣，後來爆出了兩次音爆的巨響，這是我原本沒有預料到會出現的，但那正代表了火箭的推進器確實發揮了作用，此刻正以次音速在返航，準備跨過香蕉河（Banana River）抵達降落點。等到推進器返回時，一開始看起來像是飛過來的導彈，然後就一面旋轉一面減速，準備要進行精心設計過的降落步驟，最後兩具推進器都穩穩地以尾部著地，並排在一起後關掉引擎——那模樣就好像一對奧運跳水選手一起縱身入水，筆直而精準，沒有濺出什麼水花，拿到了滿分十分。接著觀看派對上的目光很快就轉回到了室內，大家看著大螢幕上火箭最前端的鼻錐（nose cone），這裡是保護運載物品的地方，此時正緩緩在太空中開啟，露出了伊隆那輛櫻桃紅色的特斯拉 Roadster 跑車，車上還有一個穿著太空衣的假人在「開車」，此外，這輛車上還安裝了三個攝影機，可以顯現不同角度的影像，讓大家看到了有史以來最有創意又最超現實的太空船畫面。

在一片驚嘆聲中，我們看著那輛特斯拉緩緩開過地球身旁，一路向那紅色的火星駛去，此時大家聽到的是伊隆事先在車上收音機裡設定好的音樂清單，第一首就是大衛．鮑伊的〈星人〉（Starman）。後來從望遠鏡中可以看到，這輛小小的紅色跑車如今已經穿越了火星軌道，朝著火星和木星軌道之間的主小行星帶而去。隔天我就在《國會山報》（*The Hill*）上發表了一篇專欄文章，稱此事為「跨界行銷的天才之舉」，雖然有人覺得這種話是批評之語，但我確實是在表達衷心的佩服。我那篇專欄文章的重點是要呼籲NASA，也就是我的前雇主，叫他們不要再執迷不悟了，既然此時都已經知道可以採用獵鷹重型運載火箭就好，何必還要花大筆稅金自己建造大型火箭。當時我才剛在不久前看到NASA在一個會議上發放一本宣傳手冊，裡頭就是在介紹自家的太空發射系統，說該系統可以把十二點五頭大象送到近地低軌道（LEO）上，這份色彩繽紛的宣傳資料上還放了許多圖片，上頭的大象整整齊齊地堆在貨艙之中，一頭緊緊靠著另一頭，鼻子和尾巴相接。我看到這種東西就會開始抓狂，於是就大致計算了一下，比較看看獵鷹重型運載火箭可以載運多少頭大象，答案是九點七頭，於是我就把這個數字用在文章裡，以此說明NASA的計畫到底有多扯。

我在專欄中指出，你要花上幾百億美元來打造火箭，可是即便是順利完成之後，也只能比已經成功研發出來的火箭多載運個二點八頭大象，但是人家並不用花到納稅人的錢，所以你這種做法就是在浪費公帑。就算先不管NASA自己造火箭要用掉的那一百五十億（現在已經追加到兩百億）美元的沉沒成本好了，把每次飛行的成本拿來比較看看，結果NASA那個太空發射系統所花的錢，足以讓獵鷹重型運載火箭再多送八十四頭大象上太空，你還真是了不起啊！

火箭的大小通常取決於它預計要載運的內容而定，也就是要看它載重需求。獵鷹重型運載火箭的大小是經過計算的，原本就是要用來載運非常巨大且昂貴的軍事衛星，我們如今也看到它進行了多次這樣的任務，每次大約要花一億五千萬美元。然而看看太空發射系統對民眾的宣傳方式（而且還是花民眾的錢在幹這些事的），就是想告訴大家該系統可以載送一堆大象，這種講法本身就已經暴露出了它最根本的大問題，他們的目的只是想要打造很大的火箭而已，至於為什麼要打造卻無須說明。跟這些人相比，伊隆把他那輛特斯拉跑車送上天還似乎更像是合理之舉。

SpaceX 不只開價較低，而且更加可靠，這完全打亂了全球的火箭發射市場，讓它成了最受青睞的火箭發射服務供應商，且客戶不限於政府機構。SpaceX 還有另一個打破現狀的地方，就是它單憑一己之力讓美國重新回到了今日太空競賽的領導地位，在二〇二〇年之前，美國已經有將近二十年沒有發射過商業衛星了，但是那一年美國發射到太空軌道上的火箭卻比任何其他國家都多，其中有二十五次發射是 SpaceX 負責執行的，相較之下聯合發射聯盟只有六次。美國另外還有好幾家剛成立的新創公司也發射了九次，加起來一共是四十次，對比之下中國也有三十五次，俄羅斯有十七次，至於其他國家則都還只有個位數而已。SpaceX 不僅徹底扭轉了美國在火箭發射方面的戰略與經濟地位，另一方面，該公司也正在積極打造各種要運載上太空的物品。

SpaceX 在二〇一五年時宣布正在開發自家的衛星網路星座系統，取名為星鏈（Starlink）。而即使是對 SpaceX 這家講究速效的公司而言，星鏈的發展速度依然可謂是快如閃電，現在它的軌道上已經有兩千多顆衛星在一起運作了，而且很快還會再多個幾千顆。這個系統就跟 SpaceX 的所有產品一樣，在打亂市場的同時，也引發了許多爭議。

伊隆對於太空發展的願景跟很多其他的太空海盜差不多，也希望讓人類能夠成為在多個星球生存的物種，而他為我們挑選的第一個新家就是火星，目前已經在開發一套前往火星的系統，他將之取名為星艦（Starship）。伊隆期盼可以用星艦一次載送一百個人上火星，然後在二〇五〇年之前達到在火星上居住一百萬人的目標。對，一百萬人，我沒有打錯字，而他也已經開始在測試那種可複用火箭的各個不同應用場景，地點就在德州東部一個正在快速擴張的工廠裡頭，他把那裡叫做星港（Starbase）。

政府在這十多年來所制定的政策與計畫，都是在為民間單位提供可以依循的發展方向，雖然我們的工作對於他們最後的成功乃是不可或缺的，但也從來都不可能光靠政府就能成事。伊隆和他的團隊在 SpaceX 所取得的成就，已然形成了一股變革的力量，雖然之前有很多人腦子裡知道可以採用這種辦法，但是真正讓這個辦法成形的還是 SpaceX。當然被伊隆所突破的市場並不止這一個，但那些領域的問題已經不在我的理解範圍之內了。

第三部

運動

Motion

字義——●移動、改變位置或改變地點的過程。●物體在一段時間內朝著一個方向行進。●平移。

九、火箭何止是科學

跟政治科學相比，火箭科學通常都被認為是門複雜許多的學問，但我們在現實中看到的情況通常卻都恰恰相反。想把一個東西給送上太空，從設計、製造到操作上要考慮到的內容非常繁複，遠遠比我們的政府體系更加複雜，然而差別在於重力是恆定不變的，就算要挑戰引力是極其艱鉅的任務，尤其是要讓很重的東西飛昇起來更是困難，但聰明的人們只要受過了訓練、願意依從物理法則，並且同心協力的話，終究還是可以辦到。然而同樣的一群聰明人卻會發現，當大家死守著那些政治法則時，要想同心協力反而更是困難，所以才會導致載人太空飛行計畫一直在空轉。

一九七〇年時尼克森總統頒布了一項命令，要降低太空運輸的成本，所以就把政府的資源重新安排，「大規模集中」投入到ＮＡＳＡ裡頭，好讓它開發出「低成本、夠靈活、壽命長、極度可靠、能夠運作的太空系統，還要有高度的通用性及複用性」。請想像一下，如果當初NASA確實接受了這項使命，而且成功達成了總統的要求，就像從前它也曾順利達成目標，打敗俄羅斯人搶先登月一樣，那麼NASA到現在的成就將會是何等的不可限量？

然而事與願違，NASA高層只肯設計他們想要建造的那種太空船，他們把機構內部的利益和地方的利益團體放在第一位，罔顧於國家指派給NASA的政治使命。在我看來，我們解決這些問題時一直搞錯了方向，甚至根本就是本末倒置，好像讓馬車來拉馬一樣。照理說只要是要花掉大筆稅金的計畫，都一定要先確認該計畫的目標是有價值的，然後按照這些目標去指導計畫，馬車要放在馬的後面才對。不論是建造大型火箭，或者是前往特定的地方，這些都不是目的本身，而只能算是幫我們達成目的的手段。

奈爾·德葛拉司·泰森曾經指出太空界有一種很深的執念，老喜歡重複進行類似形式的計畫，他將此稱為「阿波羅戀屍癖」（Apollo necrophilia）。我們也該是時候得要承認，當年那個以舉國之力想達成的目的，雖然曾經推動我們完成了第一項任務，登上了月球，但是那早就已經不符合時代了。奈爾還觀察到一件事，綜觀歷史，凡是出現了鉅額的公共支出，其背後都跟三項動機脫不了關係，有時牽涉到的還不止一項，分別就是恐懼、貪婪及榮耀。

以阿波羅計畫為例，我們害怕蘇聯會因為成功探勘太空而增加其全球性的實力，而我們也因為投資新科技而獲得了經濟上的利益，最後又因為完成這個目標而倍感榮耀。為了支持自己的理論，奈爾另外還舉了很多歷史上的例子，像是建造金字塔和長城，以及伊莎貝拉女王（Queen Isabella）投資船隻，也是希望能找到新的貿易路線來展示自己國家的實力。

我贊同奈爾的論點，而且我也跟很多支持ＮＡＳＡ做法的人一樣，相信如果是在最理想的情況下，載人太空飛行計畫確實可以對一些有意義的目標做出貢獻，可是ＮＡＳＡ這個圈子裡的人往往太常會執著於建造自己想造的馬車，卻沒有去想馬兒有沒有拉車的動機。你可以對馬兒大喊、抽牠鞭子，甚至直接拉扯牠，但是如果這些馬自己不想動的話，又或者你的馬車太過沉重，也可能你的輪子是方形的，這種情況下馬車都是走不遠的。

堅持目標（Constancy of purpose）近來成了許多人愛用的詞語，試圖以此來為現行的計畫辯護，希望新政府不要取消這些計畫。我最近對ＮＡＳＡ各計畫的負責人曾發表過一次演說，對於政策會不會受到政治局勢影響而發生改變，他們感到相當憂心，所以我就談到了上述這個例子。我建議他們要用不同的角度來看待問題，由於他們是工程師，我就用他們習慣的話語來提醒他們，說只要我們是由政府出錢營運的機構，那麼民主制度就一直都會是「常數」，而NASA的計畫則是「變數」，可別把這兩者給搞反了。想像一下，如果有個小孩常常超支零用錢拿去買糖，然後又把自己錢花到精光以及出現蛀牙的問題怪罪到父母身上，那我們會怎麼想？除非我們想要完全擺脫政府的控制，否則只有一種方式才最能確保我們可以拿到零用錢，那就是規劃一些與政府的目標一致、有辦法達成的計畫，然後按照自己的承諾實現計畫。只不過一如往常，每個父母也都只能懷抱這樣的夢想而已。

其實NASA一直堅守著一個目標，因為這個機構本身就是從《美國國家航空暨太空法案》中衍生出來的，所以大家在爭論的並不是我們的目標究竟為何，而是我們要怎麼做才最能夠達到那個目標。在過去六十年來，載人太空飛行計畫已經成了廣受認可的目標，而這個目標的核心要務在於啟發大眾、幫助國家的經濟成長，並為國家造就某種形式的國際領導地位——無論是透過競爭或合作的關係。然而上述這幾項要務，其實都是恐懼、貪婪和榮耀的變體。人類的太空探索事業一直都沒有取得很大的進展，有部分是因為自從阿波羅計畫以來，我們所設計出來的計畫都並沒有真正實踐這幾項價值，就像你說天空是紫色的並不能讓天空真的變成紫色，你光是說自己做的事可以啟發人心、刺激經濟、造就全球領導地位，同樣也不會真的就如你所願。而NASA也跟大多數孩子一樣，其實對自己父母有著相當大的控制力，而且是大到超乎我們這些父母所意識到的程度。

如果我們想花人民的財產來「啟發」他們，那我們就必須好好想想，我們現在所做的事是否真的夠有啟發性，花這樣的錢是否真的有道理；又如果我們說這些計畫可以提供工作、刺激經濟，可是我們卻只是依賴政府的合約給錢，而其內容並沒有什麼創新，也沒有推動新的科技，或是開展新的市場，那這些計畫真的能夠帶來最佳的經濟價值嗎？再者，如果我們自己先決定好了要做什麼，以及要怎麼做，然後才給別的國家機會，讓他們照著這種方式加入我們，甚至還想自己創造出一場跟以前一樣的太空競賽，只是對手換成了新的國家而已，那還可以說我們的國際領導地位因為這樣而變到最高了嗎？

當我在歐巴馬當選總統後加入他的過渡團隊時，白宮為未來的準政府設立了一個臨時辦公處，而我就跟科技政策辦公室的過渡團隊負責人共用一間辦公室。我們的辦公大廳裡擠滿了各局處的首長，有國家科學基金會（National Science Foundation）、國家海洋暨大氣總署（National Oceanic and Atmospheric Administration）、國家衛生院（National Institutes for Health）等單位。NASA被歸類到一個叫「STARS」的組別裡頭，那是科學（Science）、技術（Technology）及藝術（Arts）的合併縮寫，統歸由湯姆．惠勒（Tom Wheeler）帶領，他後來還當上了聯邦通訊委員會（Federal Communications Commission）的主席，而本組的成員後來也都擔任了科技方面的高階職位，此時大家有一個共同的目標，就是要增進經濟與社會的福祉，只不過有一部分人一開始對於ＮＡＳＡ和載人太空飛行計畫不大感興趣，這主要是因為他們不清楚我們當時所做的事可以為大眾帶來多少好處。我相信ＮＡＳＡ的計畫確實有可能為經濟與社會帶來更大的貢獻，但前提是要先將內容進行重整，而我也知道實現這個目標的所剩時間已經不多了。

地球科學和航空方面的計畫當然是最合乎上述目標的項目，所以我們在二〇〇九年刺激法案的預算提案裡頭就把這些排在最優先的位置。然而增加資金並不是要用來打造更多相同的馬車，應該是要用來推動技術和創新才對，或者說用來提供價值與好處，以讓馬兒有願意拉車的動力。既然想要增加好處，眼前就有一個很直接的辦法，就是設法減少製造馬車前前後後所要用掉的金錢與時間，這樣不管是哪一匹馬上場，都比較有機會成功拉到車子，我在歐巴馬政府裡努力想制定的各項ＮＡＳＡ的政策及計畫，其實主要就是用這樣的辦法、順著這樣的思路來解決問題。換言之，如果我們想讓太空活動可以持續下去、不斷擴展，一個很直接的辦法就是釋放ＮＡＳＡ的力量，不要讓它繼續被各種基礎設施和運輸方面的高昂費用給壓垮。

ＮＡＳＡ和業界裡有些堅持傳統做法的人，他們指控政府只是在為改變而改變，但事實上改變對於達成計畫而言確實有其必要，這樣計畫方能按照原本的承諾，更完整地實現其既定目標。然而要讓ＮＡＳＡ的領導團隊達成共識，一起確保ＮＡＳＡ的計畫可以更加切合實際、更能長期進行下去，這件事對副署長這個職位來說可不容易辦到，畢竟只要ＮＡＳＡ的領導團隊跟署長的看法不一致，事情就不用想要有什麼進展了。

尚恩・奧基菲曾經寫過一份ＮＡＳＡ的願景聲明，後來還一直在ＮＡＳＡ的文件中出現，其內容是「改善在此地的生活，拓展到他方的生活，發現宇宙中的生命」＊，我們之中的某些人就把這句話戲稱為「蘇斯博士（Dr. Seuss）的願景」。

ＮＡＳＡ的高階主管每季都會一起開一次會，在我們剛就任的早期，查理在我的請求下同意把其中一場主管會議移師到外頭去辦，這樣與會的成員就可以專心構思，一起寫出一份更能夠說明我們目標的新版願景聲明，我還找來了一位世界知名的專家西門・奈克（Simon Sinek），他最擅長的就是幫助各個組織發現自己內部的共同願景，然後又特意從會議議程裡安排了幾個小時的時間做這些事。西門一開始先要大家寫下自己認為ＮＡＳＡ的「最佳時刻」是在何時，我原本預計大家會說登月的那時候，結果大家一致認為是在成功拯救阿波羅十三號的時候。這個新發現可以說是一個驚喜的體悟，讓這個團隊能夠一起看清一件事：NASA的基因裡頭有一部分的天性就是想要迎接新的挑戰，想要對自己從前未知的事物一探究竟。

幾個小時內，這個團隊就寫出了第一份的聲明文字：「登上新高處，揭開未知處。」這已經算是不錯了，不過西門又再逼我們進一步思考……你為什麼要做這些事情呢？這次進行的對話非常重要，我還記得有好幾個杯子男孩一直被西門提出的概念所折磨：你說「為什麼」是什麼意思啊？我們這樣做是為了要登月或去火星啊。「但那又是為了什麼呢？」西門繼續問道，「你要進行探索的目標是什麼，而你往更遠處邁進的結果又會是什麼呢？你要照顧的客戶是誰，而你所做的事又對他們有什麼好處呢？」經過了這一番討論，讓我們的聲明

＊ 譯注：願景聲名（vision statement）是企業或組織用來介紹自己的成立宗旨的簡短文字，有時也稱做使命宣言（mission statement），而此處的原文是「To improve life here, To extend life to there, To find life beyond」，這裡的 life 兼有「生活」和「生命」兩種意思。

又多出了另一段文字：「以令我們的所做與所得能夠嘉惠全人類。」這份聲明是整個領導團隊共同努力的成果，在我印象裡，那次的活動讓我們受益不少。

依照我們之前跟員工商定的協議，工會可以派一名代表來出席管理層的決策會議，而我也已經開始直接把他們選出的工會領導人納入NASA領導團隊每一季所開的例行會議名單之中，查理和一些其他管理層的人並不同意我的做法，但是因為他剛上任時鬧出了人事風波，所以在這件事上頭白宮方面的高階官員堅持由我負責處理，因而NASA最大的員工工會的主席也出席了這次的修思會（retreat），不過他在此次的討論議題中完全沒有擔任主導的角色。

這份願景聲明通過了時間的考驗，即便經過了十二年多的時間、三屆總統任期、六項戰略計畫之後，NASA的聲明依然向世人傳遞著相同的訊息，只是文字上更加簡練了一些：「為了人類之福祉而探索與拓展知識」。文字是有力量的，而我對於自己可以幫助這個機構達成共識，寫出這樣有意義的一段NASA「為何如此」的聲明，至今仍然感到相當自豪。

署長最好的夥伴，同時也是杯子男孩成員之一的麥克．科茨也出席了這次領導團隊的修思會，不過他對整件事的看法卻很不一樣。麥克在退休之後所接受的一次採訪中曾經抱怨過那段聲明：「歐巴馬政府上任了，太空本來就不是他們熟悉的事務，他們想的只是太空計畫要怎麼幫他贏得連任呢？對民主黨能有什麼幫助呢？對工會又能有什麼幫助呢？於是就出現了史上頭一遭，工會代表跟所有NASA的管理階層坐在一起開會，在會議上高談闊論。然後你看看那次寫出來的NASA使命宣言是什麼樣子，根本就是工會代表寫的東西，在我看來完全是不知所云，那些話你看了以後，搞不好還以為是在講麥當勞的薯條啊。裡頭的內容跟太空一點關係都沒有，完全沒有提到太空，根本就完全是工會代表寫出來的東西，然後洛瑞還堅持要大家非接受不可。」

看看那段聲明：「登上新高處，揭開未知處，以令我們的所做與所得能夠嘉惠全人類。」居然有人會說這段文字可以用來推銷麥當勞薯條，真是荒謬絕倫。麥克抱怨我們的使命宣言是「工會寫的」，這同樣也是不實言論，反倒證明了他有多討厭看到他們在場，至於他對工作同仁們能有多少關心，自然也就不用多說了。在麥克擔任詹森太空中心的主任時我去造訪過那裡好幾次，還舉辦了全體員工會議，但是在台上的只有我跟他兩個人，那幾次跟他對話並不大順利，不過直到看見他在詹森太空中心所進行的這段公開的「口述歷史」採訪，我才知道他心中的積怨竟然到了這種程度。

麥克的抱怨中更露骨的地方還不少，其中有一段他這樣告訴記者：「讓搞政治那一掛的來當副署長也不算罕見啦……可是在管理團隊的決策會議上，她卻想要插手來做技術決策。別忘了，洛瑞根本就沒有行政或管理經驗，完全沒有、零、啥也不懂。而且她也沒有技術背景，但她居然對不懂技術一事沾沾自喜，反正人家現在還不是照樣當了NASA的副署長。然後她看到什麼事情都要求馬上要加以修正，可是明明就很少真的出現問題，至少在載人太空飛行這方面是這樣。因為她沒有管理經驗或行政經驗，所以她真的幫不上什麼忙，她甚至連自己該要問什麼問題都不知道。」

我當時所推動的改革，跟麥克等一眾杯子男孩們的世界觀背道而馳，他似乎無法想像，像我這樣的人可以為載人太空飛行計畫帶來什麼好處，更何況在他眼中該計畫根本沒有出現任何問題。對麥克和許多杯子男孩來說，我永遠都不是他們那個圈子裡的人，注定了會格格不入。對許多人來說，包括麥克．科茨在內，NASA的這些陳年計畫不僅牽涉到他們所投入的個人情感，也關係到他們的利益財產，這使他們都成了整個計畫體系的一部分，問題是這套計畫已經炸掉了兩艘太空梭，而且遲遲無法開發出現實上可用的後續計畫，就是因為有他們這些人組成的小圈圈，所以我們現在才會陷入載人太空飛行計畫的困局，至於解決之道，想當然耳他們只會叫我們繼續朝著那條死路走下去。

太空梭原本規劃的退役時間是二〇一〇年，而其替代方案從一九九〇年代就已經提出了，照理說應該在其退役之前就已經開發好可複用的太空運輸系統才對。然而九〇年代晚期的X－33計畫，到了二〇〇一年改成了太空發射倡議（Space Launch Initiative），接著又在二〇〇三年衍生出了軌道太空飛機（Orbital Space Plane）計畫，二〇〇五年時衍生出了星座計畫。以上這些計畫的內容，除了X－33以外，在設計上全部都是由NASA自己來獨占和操控的，但一樣無濟於事。到了二〇〇八年的時候，情況已經迫在眉睫，我們需要馬上進行大刀闊斧的改變，才能讓載人太空飛行計畫走上穩定及永續的道路。雖然載人太空飛行計畫已經無可避免會開天窗，不過如果想縮短這個空窗期，我認為這個計畫最好能夠改採一種既競爭又合作的方式，我們在二〇〇九年初的刺激法案裡申請了商業軌道運輸服務的載人方案（COTS－D）的資金，此舉雖然冒險，不過我覺得還是值得試試看的，因為飛龍號有可能會因此大幅加快研發速度，繼而通過檢測，那就可以載送太空人了。這項有爭議的舉動確實讓我早早就招來了仇視，但另一方面也讓我們踏出了第一步，讓我們之後有了成功的機會。所以縱然我們沒有拿到所申請的全部金額，但還是獲得了九千萬美元的資金，而被指派來進行這個計畫的小團隊也確實有加以好好利用。

雖然我們成功設立了一個小型的計畫辦公室，還跟民間單位的合作夥伴簽訂了一些商業協議，但這並不能阻止NASA官僚系統裡的守舊派繼續反對我們發展具有永續性的計畫，至於國會方面的阻力就更不用說了。在他們看來，我們居然把原本要刺激經濟的錢用來研究「小把戲」，更何況這夥人本來就不想替民間單位鋪路，改讓他們來送太空人上太空，因為這個想法會危害到星座計畫合約裡頭高達幾百億美元的利益，反正現在發牌權掌控在自家人手裡，自然不會給別人翻盤的機會。所以即使我們很快就小贏了一把，但是距離牌局結束還有很久，更別說對方那邊的人已經打理這個牌桌很多年了。

在編列接下來兩年的年度預算時，NASA的官員們並沒有為商業載人計畫的活動請款。二〇一〇年度的預算書編列過程是由克里斯．史柯勒塞負責監管的，因為那次的預算提交時正好碰上尼爾遜參議員跟總統之間的對峙僵局，他們為了應該由誰來入主NASA而角力了數個月之久。沒有新的領導團隊，我們頂多也就只能夠先提出人類探索計畫*的初步暫訂預算，並且另外附注說明，這筆預算在收到總統設立的審查委員會的報告後會再進行重新評估。可是等到隔年要再編列二〇一一財政年度預算的時候，查理卻罔顧總統所指示的優先編列項目，我因此被迫要選邊站，而我的選擇跟其他人可能不大一樣。我私底下串連了一個小組，成員裡頭有NASA和總統行政辦公室（EOP）兩邊的人，請他們依照《太空法案協議》的內容來設計規劃商業載人計畫。此舉並未得到署長的允可，也沒有讓他得知，不過我一直都很坦白地告訴查理，讓他知道我為什麼認為這是一定要做的事，而我們的想法跟NASA提交的計畫非常不一樣，我們的計畫遵循了政府所下達的指示，但查理認可的計畫內容卻沒有。

團隊裡的成員各司其職，將總統所指示的大方向化為具體的執行細節來加以落實，其中估算商業載人計畫的預算數字一事是交由里奇．勒什納（Rich Leshner）負責，他是從NASA借調到科技政策辦公室（OSTP）的員工，在NASA總部曾有數年的時間負責制定探索計畫的預算。在他這次工作所提供的資料幫助下，總統提出了一項五年共六百億美元的開發計畫，其中還要求補助對象裡至少要有兩組相互競爭的人馬。按照裡頭的資金分

＊ 譯注：「human exploration」指的是由太空人實際到太空進行探索活動，而非只是藉助機器人、探測器等設備，除了月球和火星任務外，太空站的太空人也可以算是該計畫工作的一部分。

配時程來計算，二〇一六年左右就可以開始試飛了，也就是說如果國會批准這個方案的話，SpaceX 成功的時間可能就會提早一些，所以我們的空窗期也可以縮短一些，不用一直跟聯盟號太空船買機位了。

為了阻止NASA發展商業載人計畫，國會那邊祭出了另一招，就是在二〇一一財政年度的撥款法案條款裡刪掉了所有的「新啟動計畫」，他們把撥款的技術性條文給玩成了授權的政治性條款，這樣署長、總顧問和其他的NASA高層就可以拿這些內容說是他們最後接受到的指示。面對此事發生，他們也只是淡淡地說了一句：「好吧，反正我們有努力過了。」那個模樣讓我想到電影《聖誕故事》（*A Christmas Story*）裡的一幕，主角拉菲（Ralphie）的朋友弗里克（Flick）中了激將法，在下課時間把自己的舌頭伸到結冰的旗桿上，結果等到上課的鐘聲響起，他的舌頭卻黏在了旗桿上拔不下來，其他的孩子們就自顧自走回教室，讓可憐的弗里克留在那裡哀嚎，而拉菲只是回頭對他聳了聳肩說道：「沒辦法，上課鐘響了啊。」

NASA裡大多數人也都覺得既然鐘聲已經響了，所以就這樣吧，但並不是所有的人都已經放棄，打算讓載人太空飛行計畫就這樣卡在旗桿上，認定整件事已經沒救了。雖然國會和NASA一口咬定說這個計畫是新啟動的，不過這種說法未必一定對，所以財務長和我就去問了其他人。我們找了法務部門裡一位極有創新觀念的員工安德魯．法爾康（Andrew Falcon），他所判斷的結果是該計畫並不符合新啟動的定義，因為之前在進行商業軌道運輸服務的連帶開發載人方案（COTS－D）時，NASA就已經讓其他公司嘗試過載送太空人飛行了，而且商業載人計畫的資金也早在刺激法案那一次的預算裡就開始提供了。幸好當初我們聽到了這番論據，否則這個計畫至少還得再多拖上一年的時間，看來有創見的律師也是挺適合來當太空海盜的。

商業載人計畫的執行是交由菲爾．麥卡利斯特（Phil McAlister）負責的，我對他的領導能力有絕對的信心，他是一位默默做事的太空海盜英雄，這個計畫的成功有很大的功勞都得算在他頭上，而我的主要目標之一就是要確保他在努力推動計畫時，能夠獲得他所需要的人力和資源。想要好好進行這個計畫，感覺像是在玩一場大型的打地鼠遊戲，就在我們以為自己搞定了一個問題的時候，馬上又會從其他地方冒出三個問題來，在計畫最初的前幾年裡，我們跟那些官僚打了不知道多少場仗，從預算、安全、採購策略、人員問題和保障公平競爭等等事情上不一而足，真的是太累人了。

某個程度上來說，我其實並不訝異獎勵民間單位發展商業載貨計畫會在NASA裡頭引發如此強大的負面反應，畢竟商業軌道運輸服務（COTS）牽涉到的金額不大，自然也比較不會威脅到他人的利益，可是商業載人計畫碰觸到的是整個NASA文化的最核心部分，也就是載人太空飛行這件事。更何況星座計畫剛要被取消，這個計畫的規模那麼大，也因此受到大家喜愛，然後此時馬上又提了商業載人和載貨的計畫，其境遇可想而知。國會裡有幾個要角，例如尼爾遜參議員，他們和查理最終雖然也加入了我們這邊的行列，但一開始可並不是這樣的，他們原本才是該計畫最強大的兩股反對勢力。

麥克．格里芬從一開始就說得很清楚，他不想把計畫的內容延伸到載人飛行上頭。如今在事後看來，他應該獲得表揚才對，順便也幫行政管理暨預算局（OMB）記上一筆功勞，因為要是沒有他們，後來美國政府責任署（GAO）就不會強迫NASA要舉行競標，而商業載貨計畫也就無法成形。然而即便如此，他還是一直表示自己反對把該計畫內容從載貨延伸到載人上頭，等到計畫開始後他還說：「就算他們真的開發成功了，也沒道理叫政府這邊不要擁有自己的火箭載送能力啊。我認為這是個糟糕的政策，會害美國政府被人綁架，只能依賴做生意的承包商來提供服務，政府自己卻拿不出替代方案，我敢肯定那些做生意的承包商們一定會很喜歡那樣的情況。總之我就是認為這個政策很糟糕。」這也就是說，他主張政府就是要補貼那些過時的計畫，哪怕這些計畫一開發起來就是十幾年，還要花掉納稅人幾百億美元的稅金，而且政府只可以採行一套美國人自己的方案，好把競爭發展、經濟擴張、國家安全、創新與進步一起扼殺掉，這真的很荒謬。在我看來，只要是客觀的分析，都不會認為他想要的那一套算是「好政策」。

這些年來，查理曾多次在公開場合承認自己一開始並不支持商業載人這個概念，而正因為他當年無力為該計畫的價值進行辯護或提供論述，所以才讓國會找到了突破口，要求NASA重新採納獵戶座、建造太空發射系統（SLS），並且斷掉商業載人計畫的資金。對此他有一套標準說法，說他「最後放下了（自己）早先的擔憂」。二〇一三年時，他在大家為我辦的歡送派對上說了一段話，後來還被業界的媒體引述，他說他自己「一開始並不是商業載人計畫的『信徒』，但是她改變了他的態度，也改變了其他人的態度。她一直很『堅持』，他這樣說道，然後又說大家確實得要『算上洛瑞的功勞』」。到了最近，查理甚至已經開始不遺餘力地到處吹噓，告訴別人說自己原本是反對那個計畫的。在二〇二一年底的一次電視訪談裡，查理表示他一開始是「抱持著非常懷疑的態度」的，他說：「我原本是總統親自挑選去當ＮＡＳＡ署長的人，後來卻可能成了總統身邊最被憎惡的人之一，因為我並不喜愛『商業太空』這樣的概念。」對於自己不支持上頭指揮官對政策優先性的指示，查理現在似乎反倒覺得很引以為傲，所以又說了：「我跟我當時身邊的很多人不一樣，我不是一個愛做白日夢的人，那些人就覺得我們自己什麼都不用做，只要拿出ＮＡＳＡ的預算，拿掉所有跟載人太空飛行有關的東西，然後都拱手送給伊隆．馬斯克和 SpaceX 就行了。」

因為我跟署裡的其他人想要投資民間單位，用他們的創新發明來降低上太空的成本，這樣就說我們是「愛做白日夢的人」，這很難說沒有貶低的意味，可是實際上我們是依照這幾十年來的政策指示去做的，而且百分之百符合總統的看法。何況我們所要求的不過是拿出ＮＡＳＡ不到百分之五的預算，辦一次競標讓商業公司參加計畫，這樣就被說成是「把載人太空飛行計畫拱手送給伊隆．馬斯克和 SpaceX」，這不但是誇大其詞，還想煽風點火，聽完不禁讓人想起了我們在開發該計畫時所面對的阻難。由於我創立而且支持了一個查理所反對的計畫，這讓我們的關係出現了裂痕，可是他也讓我別無選擇，雖然我們都曾經矢志要為太空總署效命，但當時我也只能挺身作對了。

始終如一並不是查理的強項，他在二〇一六年底的一次採訪裡說：「如果沒有我的大力推動，我們絕對不可能讓ＮＡＳＡ接受商業載人計畫的。」在他任期的後面幾年也許可以這樣說，不過在我看來，這就好像有個救生員看到人溺水了卻不給對方救生圈，等到溺水者拚命游到淺水處時才扔給他，然後就說自己救了對方一命，雖然他最後肯下水也算好事，但是他一開始的直接想法還是任由對方溺水，而查理的所作所為更是幾乎讓那個計畫滅頂。我身在副署長的職位上，面對查理早期所加諸的訕笑和懷疑，那簡直就是不可承受之重，讓人難以執行總統最重視的計畫，從另一方面來說，他的個性開朗又廣受歡迎，這反而讓我對該計畫的支持顯得像是異端。如果我們不要去管那些事後的放話，事實就是這樣：要是按照ＮＡＳＡ的署長的看法辦事，不管是格里芬還是博爾登的，那麼商業載人計畫當初根本就不可能成真。

每一回要編列新的資金時都會引起新的批評，有的反對者來自於ＮＡＳＡ總部裡頭，有的來自各地方中心，他們都想要阻擋計畫繼續發展下去。署裡有一批人，署長對他們說的話的重視程度超過了其他所有人，那就是署長口中的「技術權威」，這批人的頭頭就是布萊恩·歐康納，他在一九六八年跟查理以及麥克一起從安納波利斯的學校畢業，三個人都是海軍學院出身的太空人。布萊恩是ＮＡＳＡ的安全與任務保障辦公室（Office of Safety and

Mission Assurance）的主任，這個單位的規模和影響力都很龐大，而且特別鍾愛傳統合約。裡頭的總工程師、總醫療官，加上布萊恩形成了一個三人組，查理還說這個組合就是他的良心，然而在這一夥「技術權威」裡頭，沒有任何一人支持採用民間合作夥伴的技術來進行載人太空飛行，談都不用談。他們不斷對這個決策提出質疑，還懷疑政府有沒有權做出這個決策，總之他們就是要政府永遠把載送太空人的系統抓在自己手上，靠自己運作就好，而且他們還試圖扭曲我的不同看法，說那完全都是出於政治考量，所以根本就是胡說八道而已。

NASA有個航太安全諮詢小組（Aerospace Safety Advisory Panel，ASAP），這是一個機構外部的諮詢委員會，他們也徹底反對這個計畫。相較於載人太空飛行計畫（其所占NASA預算的總額是商業載人計畫的五倍），航太安全諮詢小組對商業載人計畫的負面關切與評論達到了五倍之譜，兩者的不成比例可謂甚是荒謬。跟NASA自己內部的「技術權威」一樣，航太安全諮詢小組也會搬出一些哲學式的論點來反對民間參與公共建設，然後我就會質疑他們的想法本身就已經嚴重危害到了安全，等到被逼急了的時候我忍不住提醒他們，政府所擁有和營運的系統顯然也不見得一定安全——想想挑戰者號和哥倫比亞號事故就知道了。這些對話進行起來並不輕鬆，我提到這種事也不討喜，但還是選擇說了實話，這種事情根本就不應該要人提醒才對。

ＮＡＳＡ喜歡疊床架屋，在組織裡頭添加一層層的官僚人事和管理單位，搞得好像聯邦採購規則（ＦＡＲ）有規定計畫一定要這樣做一樣，但這種做法也只是造成了更多的紛爭。我聽說有幾十個人被指派去參與計畫，問題是太慢安排了，已經來不及更動人事。何況就算ＮＡＳＡ真派了自己的員工去跟商業合作夥伴一起做事，可是ＮＡＳＡ這邊的做事速度太慢，也只會拖慢大家的腳步。我有好幾次成功限制了員工配置人數，或是不讓他們更改人事，但是官僚們還是施展了渾身解數來推翻我的決定，更何況署長那邊也常常會駁回我的決策。

⊙　⊙　⊙

ＮＡＳＡ第一次為商業載人計畫選中的合作夥伴是在二〇一〇年二月時產生的，我們從刺激法案的預算裡先撥出了五千萬美元分給五家公司，並且分別跟他們進行協商，要他們用這筆早期資金專門研發具有不同指標性意義的項目。這些公司裡頭第一個獲選的是藍色起源，但是後來卻決定不要繼續參與後續的競標了，他們想繼續用傑夫・貝佐斯的個人基金來研發太空船就好。SpaceX在第一輪競標時沒有通過，但是在第二輪的時候留了下來，最後在二〇一一年四月時通過資格。有四家公司獲選跟NASA簽了第二輪協議，一共拿到了兩億六千九百萬美元的資金。

下一階段要比的是系統開發，看誰最終能獲得NASA認證，可以送太空人上國際太空站。此時菲爾．麥卡利斯特和他的團隊，加上我和白宮方面的相關主管，都以為第三輪比賽也會按照《太空法案協議》的規定來進行，所以接下來就是要簽統包定價合約來買下這些服務內容，就像之前在商業軌道運輸服務計畫時做的事情一樣。可是到了二〇一一年時，原本的方案卻出現了阻礙，計畫辦公室裡的人，加上一些律師以及那些技術權威，他們全都更希望立刻改成按照聯邦採購規則來簽訂合約，換言之，他們想要掌控局面。我無法阻止查理簽字同意那個方案，然後菲爾．麥卡利斯特就接到了指示，要他們按照聯邦採購規則擬定出統包定價合約，於是計畫團隊就在七月時開了一次內部的計畫策略研討會，並於會中通過了該方案，接著NASA在九月時舉辦了一次產業日（Industry Day）的活動，然後再下個月公布了提案需求說明書（RFP）的草案。在這樣的時機點，把這個計畫的簽約方式改成按照聯邦採購規則來進行，這會讓NASA的官僚們可以奪回控制權，繼而修改合約要求的條款、增加成本，把進度拖住，這讓我覺得既失望又挫敗。

我們這些支持用合作夥伴協議的形式來簽約的人，實在需要一個奇蹟，一個像是在吉姆．洛維爾的授勳典禮前一晚，柯林頓總統剛好打了電話給芭芭拉．米庫斯基那樣的奇蹟。結果奇蹟就真的降臨了，就在最後一刻——在上課鐘聲響起之後——國會在無意間幫了我們一把，讓我們拼湊出了一個成功的計畫。

NASA在二〇一二年的預算裡頭為這個計畫編列了八億五千萬美元，但是國會真正給的卻不到一半，只有四億零六百萬美元，就連NASA的高階主管們也不得不承認，這根本就不夠繼續按照原方案來跟人家簽兩份用聯邦採購規則制定的統包定價合約，只能被迫重新考慮其他選項，而這正是我們所需要的機會。計畫團隊於是考慮把目前的計畫時間拉長，而且只選出一家承包商來簽訂統包定價合約，我則力主要重新把《太空法案協議》的合作模式納入選項，而在最後一刻菲爾也終於獲准，又把它加到了最終版簡報的圖表裡頭。

比爾．格斯特邁爾（Bill Gerstenmaier）是NASA載人太空飛行局的局長，大家也常叫他格斯特（Gerst）。他和菲爾在那年十二月向查理和我提出了幾種可能的解決方案，格斯特建議直接縮減計畫規模，只跟一家公司簽統包定價合約就好了，這樣未來還有機會進行

SpaceX的商業軌道運輸服務的載人方案（COTS－D），而如果照這個辦法，幾乎確定會拿到合約的就是波音公司。查理聽完表示，他隔天早上會告訴他們自己的決定。

有些觀察家在評估查理和我的關係時，會把他講成是被我操縱的傀儡，這並不符合實情，通常在背後操縱查理的人是他那些杯子男孩才對。我副署長任期裡的大多數時候，都跟林登．詹森當副總統的感受差不多：我連痰盂的價值都比不上，＊有好幾百個NASA的主管都比我有更多管理預算的權限。拜託，我連拍板決定拿出五百萬美元來進行一個已經有成果的綠色航空燃料計畫都辦不到，還被人家給駁回了。在我這樣的情況底下，只要署裡的第一把交椅沒有指示清楚特定的權限，那麼第二把交椅這個位子所能獲得的權力，通常都得要靠自己四處遊走和遊說的本事才能取得。在我們跟格斯特以及菲爾一起開會的那一晚，我知道自己講話必須很小心，而且一定要留到最後沒有其他人了再離開，然後我就一對一向查理仔細分析了這次的狀況，雖然我們自己內部的團隊並不建議再次採用合作夥伴協議的形式來簽約，但那卻是唯一一個各方都可以接受的做法。我首先提出自己的觀察，說NASA團隊要是真的認為不用重新考慮採取合作夥伴協議，那一開始就根本不會把它列入可行選項，然後我接著又建議他，由於國會這次刪預算的舉動，其他的辦法實質上都已經不可行了。話已經說到這種程度，接下來不用我來提醒，他也知道我們如果要想遵從白宮的指示的話，那就只剩下一個選擇。最後我又稍微分享了一下自己的見解，說如果他和NASA都大方採納了這個方案，那國會方面應該也會買單的。

當查理第二天向團隊表示自己決定採用《太空法案協議》裡的合作夥伴模式時，格斯特的臉上出現了我從來沒看他表露過的極度厭惡之情。查理這次的決定相當關鍵，雖然後來NASA那一大批搶著要捲土重來的人還是搬出了一套按照聯邦採購規則制定的合約，但這次依然讓那些公司多出了兩年的時間來取得研發上的進展，在我的任期之中對商業載人計畫所做的最重要的事，也就只能到這邊了。我們把最後這一輪的合作夥伴關係稱作商業載人能力整合方案（Commercial Crew Integrated Capability，CCicap），這個做法讓原本的提案一直到二〇一四年中期都能獲得財力上的支持，然後屆時再決定哪些公司可以取得NASA的認證。NASA在二〇一二年八月時選出了三家公司來簽商業載人能力整合方案的合約，其中

＊ 譯注：詹森的原話是「it wasn't worth a warm bucket of spit」，這是修飾過後的說法，原本應該是「warm bucket of piss」，亦即連一泡尿都比副總統這個職位有用。

波音拿到了四億六千萬美元、SpaceX 拿到了四億四千萬美元，而內華達山脈公司則拿到了兩億一千兩百五十萬美元。

國會這邊同意了支持商業載人計畫，但交換條件是政府也要支持太空發射系統和獵戶座，不過之後國會根本就只是口惠而實不至，還是將該計畫頭四年所申請的預算直接砍掉了將近四成，而且負責NASA撥款事務的委員會還把商業載人計畫所申請的預算轉移到太空發射系統和獵戶座的預算中，這兩個計畫明明已經有幾十億的預算了，卻還要從商業載人計畫那裡挪走幾億美元。原本此計畫在前五年應該要拿到六十億美元的預算，但是最後只拿到四十二億；而在同一時間裡，NASA不但申請了一百五十億美元來給太空發射系統、獵戶座和其地面系統，而且這些計畫最後拿到的撥款金額其實比這個數字還高——國會給了他們兩百億美元。

SpaceX 在商業載人能力整合方案的競爭裡頭可以說具有領先優勢，因為他們原本在商業載貨的能力上就已經有了重大成果，不過這同時也意味著他們會被盯著看，如果出了什麼比較大的問題肯定會被NASA的決策團隊注意到。SpaceX 的系統本身有一種迭代演化的性質，這也是其最引人注目的不同之處，因為他們有比較多發射衛星的經驗，所以其火箭的可靠性也會跟著比較高，但成本卻比較低。商業軌道運輸服務計畫讓獵鷹九號和飛龍號幫忙把東西送上國際太空站，以此來提供開發這些技術的資金，而如果整個系統都開始可以成功飛行與運載的話，NASA團隊就會對 SpaceX 的能力更有信心，接下來就可能會放心讓他們來執行載人任務。

二〇一二年時，當 SpaceX 開始成功運送物品到太空站的時候，我看到風向開始要轉了。讓飛龍號跟太空站對接（其實以飛龍號的情況應該說是靠泊〔berth〕），這對NASA來說是一項非常難以克服的大難題，萬一出了什麼重大差錯的話，不只是價值一千五百億美元的太空站本身會有危險，駐站的太空人也會身陷險境。俄羅斯之前的太空站就出現過幾次很不順利的對接，當時幾乎就要宣告失敗，有一回還搞到整個艙裡的人都緊急撤離了。我自己也在模擬機上試過進行太空梭的對接，每次都以毀壞告終。

SpaceX 第二次的載貨任務在發射後順利地進入了軌道，不過與獵鷹九號火箭分離後推進器卻出了一些狀況，我當時人就在卡納維爾角看這次的發射任務，還打算晚一點的時候跟格溫・蕭特威爾碰個面一起吃點東西。她傳了訊息給我，告訴我她有事耽擱了，還邀我乾脆直接到他們的操控中心去見面，因為他們那時候還在處理剛發生的狀況。我先去確認了一下，我們邀請來參觀發射實況的貴賓們都已經安全回到巴士上了，然後就開車直奔 SpaceX，在那裡等格溫忙完。

我一進到 SpaceX 的大樓裡，立刻就感受到了這家公司和ＮＡＳＡ之間的文化差異。ＮＡＳＡ的發射控制中心非常氣派，還有大片的玻璃帷幕，相較之下，SpaceX 的操控中心看起來簡直就像是一輛有兩倍寬度的拖車，而且現在每個控制台旁邊都擠滿了人。我跟格溫講了幾句話，但不想打擾她，所以就走到房間後方邊等邊看，在一旁靜靜看著的還有格斯特，以及ＮＡＳＡ的太空站計畫負責人麥克．薩夫瑞迪尼（Mike Suffredini），大家都叫他「薩夫」（Suff）。

當初在我們提議讓民間單位來主導載人太空飛行任務時，格斯特和薩夫都是反對的，ＮＡＳＡ的領導團隊裡有一些人還是希望最好政府可以自己持有和操控像是星座計畫、太空發射系統和獵戶座之類的發射系統，他們兩個人就是如此。讓商業載貨計畫的合作夥伴進一步來負責載人計畫，我們對這件事一直爭論不休，但是我心裡知道，如果他們不肯加入這個計畫一起幫忙，那這個計畫就不會成功，所以我一直沒有鬧得太不愉快，也沒有逼著他們快點加入我們這邊，並且讓彼此的溝通管道保持暢通。其實不難理解他們為什麼就是比較喜歡跟那些傳統的承包商合作，畢竟以前本來一直都是這樣做的。總之，NASA所有的載人太空飛行事務都屬於這兩個人的職責，控制權也都在他們手上。

但也因為如此，所以當我發現他們兩個只是坐在房間後面觀看而沒有上前一起設法解決問題，我感到相當訝異。此時四個推進器裡頭只有一個在正常運作，但是一定要四個推進器都一起運作時飛龍號才能安全靠近太空站，偏偏想要找到解決辦法時又面臨好幾項操作上的限制，而且時間已經所剩無幾。然後我們全都聚到同一個控制台前面跟大家擠在一起看螢幕，此時我聽到格斯特和薩夫兩人在壓低聲音對話，討論有哪些辦法也許可以解決問題。我一邊聽著他們討論可能的解方，一邊看著時鐘一直在倒數，而靠泊太空站的時機就快要過去了，所以就出聲建議，說也許他們可以跟 SpaceX 的人講一下他們的看法。然而格斯特卻用平靜的語氣告訴我，說 SpaceX 必須靠自己解決這個問題，他和薩夫就這樣看著 SpaceX 的人一個個嘗試各種辦法，然後一面品評他們應付這個異常狀況的辦法對不對，好像很樂在其中的樣子。我在一旁急得冒汗，但我的同事卻兀自在觀察這些人的做法，似乎看不出有什麼壓力，直到我終於受不了了，逼著格斯特答應了我，如果情況真的太危險的時候他就會出手幫忙，但即便如此，他還是沒說什麼，讓 SpaceX 先自己繼續嘗試解決看看。

最後雖然格斯特和薩夫都沒有出聲相助，但SpaceX還是靠自己解決了問題，操控室裡頭一片歡呼聲不絕於耳。當天稍晚我把這件事告訴了格溫，還說我認為這其實是一個重要的訊號，代表NASA的領導團隊已經開始轉向了。

我覺得自己看到的那個景象，與其說像是父母親對待自己的小孩，其實更像是祖父母在看孫子。我喜歡把這次的情況用釣魚來理解，如果是爸爸的話，就會試圖幫孩子掛上魚餌、教孩子怎麼拋竿，而且小孩如果釣到大魚拉不上來的話，還可能會把魚竿整個接過來；格斯特和薩夫讓SpaceX自己選哪種魚餌最好，然後自己把魚餌掛到魚鉤上，他們看著眼前的團隊到處在拋釣線，想要找出魚兒到底窩在哪裡，而等到大魚開始上鉤之後，他們也讓SpaceX自己把線給收回來。我沒當過祖母，但是當了祖父母的人跟我說過這個角色多麼有價值，他們說當祖父母就跟當父母一樣，但是只有好的那一面，卻不會有壞的那一面，因為你自己已經成熟，懂得信任、有了耐心，可以讓你的孫子自由發展。如今回想起那一天，當我初次看到NASA對於SpaceX的能力所培養出來的信任與耐心，我依然會覺得很感動，雙方的關係已經成熟到了一定的地步，足以讓我們敢把自己最寶貴的資產——也就是載人太空飛行任務的未來——交到他們手上。

二〇一四年，在要選擇最後的認證合作對象之前，署裡頭又開始有傳言，說格斯特身為這次遴選委員會的主席，其實心中一直只有一個屬意的選擇，那就是波音公司，所以就算SpaceX在多數的評鑑指標來看都大勝波音，但是格斯特等人還是擔心SpaceX的競標金額太低，根本就不切實際。如果此一傳言為真，那他最後要不是接到了上頭的命令，不然就是他改變了心意，因為NASA雖然給了波音四十二億美元，但也給了SpaceX二十六億美元，也就是全額資助這兩家公司的商業載人計畫，而且格斯特後來還去了SpaceX工作，至於薩夫則自己開了一家公司，他也要來建造商用太空站了。

⊙　⊙　⊙

努力把商業載人計畫安排妥當，這固然是NASA的頭號要務，但是要做的事情當然不止這一項。當初歐巴馬總統曾宣布過，要把小行星當成太空人下一個前進的目的地，然而時間都已經過了將近兩年，NASA卻始終沒有搬出一個計畫來，因為這件事就跟第一次提預算案的過程有些相似，查理顯得興趣缺缺，所以才讓NASA可以對於總統的指示置之不理。至於我這邊，在成為太空總署的商業載人計畫負責人之後，我心裡就很清楚自己已經不能故技重施，無法在ＮＡＳＡ不肯接受的情況下又一次強推總統想進行的計畫。我也花了一番功夫，想讓格斯特領導的人類探索辦公室（Human Exploration Office）來研擬一個小行星任務，可是卻收效甚微，無可奈何之際，查爾斯．伊拉奇正好來向我獻策，他提議可以利用一些我們已經展開的技術展示任務，用機器人去跟小行星會合，然後把小行星拖到太空發射系統和獵戶座可以到得了的地方。

我們最初的計畫是讓太空人前往遠方的小行星，進行這種方案可以有助於推動輻射防護這一類的人類永續科技，可是我沒辦法逼ＮＡＳＡ提出這樣的一項任務，而且我也已經精疲力盡，實在推不動那些冥頑不靈的巨石了。查爾斯提議的這種任務雖然有利有弊，不過這次有一個特別好的地方，就是我不用再孤軍奮戰了，他本人的熱忱確實很有感染力，而我也覺得很興奮，總算能有一個計畫的方向是符合總統指示的了。

這個任務需要整個ＮＡＳＡ一起參與，首先是需要小行星探測團隊進行研發，設計出更先進的方法來尋找並追蹤對人類構成較大威脅的小行星。技術團隊要做的事更多：第一，研發出避免小行星撞到地球的方法；第二，研究是否未來有可能利用小行星上的材料來進行加工；第三，測試如何利用太陽能電力技術來執行推進、會合、抓補和拖行的工作。小行星是宇宙中最重要又最神祕的天體之一，不少人認為地球上的生命當初就是由它穿越了銀河系帶過來的，而這次的任務可以讓科學家近距離觀察到一個非常巨大的原始樣本，而且太空發射系統和獵戶座也總算有了派上用場的地方。此外，這項任務還有個最高明、最吸引人的地方，那就是太空發射系統和獵戶座即使沒有研發成功，NASA照樣可以收穫此次大部分的科技成果；或者把話反過來說，就算這些技術有任何一項沒有成功，也就是沒有到達並抓補小行星，並把它拖行到獵戶座可以到得了的地方，這也無損於人類太空飛行計畫，因為情況不會比現在更糟了。

我們開始在NASA裡頭傳播這個點子之後，也逐漸獲得了眾人的支持，就連格斯特和NASA科學局的新局長約翰．薩格倫斯費爾德（John Grunsfeld），他們都至少在表面上支持這個想法。另外，我在二〇一二年初也幫著其他人一起把克里斯．史柯勒塞調去NASA的一個地方中心當負責人，然後再推薦我們各地方中心裡最好的主任之一羅伯特．萊特福特（Robert Lightfoot）來接掌他助理署長的位子。有了羅伯特的支持，署裡頭的雜音就慢慢消失了，等到萬眾一心之後，查理也願意相挺這個方案，甚至還告訴我儘管放手去做，好好去跟政府推銷這個點子。

總算拿到了一個上頭也願意批准的計畫了，我感到很高興，接著就糾集了一個團隊，也擬定了一套對白宮的推銷策略。我們先安排了一次會議，向霍德倫博士說明了這個想法，等到他也開始熱衷了之後，就要我跟總統行政辦公室裡的其他高階主管也做一次簡報，而總統那邊則由他自己去會報。在短短幾個星期之內，各方各派的人都同意了，雖然我所負責簡報的對象不是總統，而是總統的科學顧問，但這對我來說感覺就像是甘迺迪總統接受了NASA的提案，決定要進行登月計畫一樣，只不過規格上比較小一點就是了。

有了白宮的背書在手，我們又反過來對整個NASA的領導團隊說明這次的任務，看到已經有這麼多人表態支持，加上這個想法本身也很得人心，所以大家也都同意了。麥克．科茨在此前不久已經退休，接替其職位的是愛倫．歐喬雅（Ellen Ochoa）博士，她也給了我們熱情的支持，這點要特別感謝。

在同一時間，科技政策辦公室（OSTP）還在整個政府裡頭展開了一項名為「大挑戰」（Grand Challenges）的計畫。這個計畫的內容有點像是X獎，都是設計來發掘有潛力的對象，鼓勵提出眼光長遠而有意義的發展目標，希望吸引到政府、學術界與民間單位的世界頂尖人才來參與。透過跟行政管理暨預算局的合作，我聽說了大挑戰會拿到一筆新的經費，也就是說他們可以再提供額外的獎勵經費給我們手上的計畫案，即使超過了原訂的預算上限也沒關係，而且政府對所有的部門和機構都敞開大門，要大家都去提案，於是我就敦促ＮＡＳＡ響應這次的計畫，雖然查理沒有我那麼熱衷，不過這次還是把事情交給我負責了。我所帶領的團隊在這次的提案中主打兩個觀念：一個是研究地球，一個是研究小行星，我們把這兩種方案都向署裡的高階管理團隊進行了報告，大家一致認為把資金用在小行星的挑戰上會比較符合我們當前的優先需求，地球的挑戰等到下一年再提就好。於是乎我們的小行星挑戰就此立案了，提案簡報的標題是這樣的：「咱們要比恐龍更聰明」。

ＮＡＳＡ提出的這個挑戰方案也很快就被白宮方面所接受了，署裡總算想出了一個方案可以完成總統兩年前所下達的指示。接下來的第一步，就是要先選出一顆合適的小行星，而且要讓我們可以把它拉回到我們能夠到得了的軌道上，我們原本就為小行星和彗星的探測工作編列了四百萬美元的預算，而因為參加了大挑戰計畫，所以我們這次可以把探測計畫設計得更有彈性也更有成效，因此資金一口氣上漲了一個數量級，達到一億四千萬美元。

接下來我們開始考慮要怎麼讓這次的任務能夠獲得一般大眾和政治人物的支持，我提議要挑選一個可以更有效傳達理念的名稱，於是我們就開了一次會來討論各方所中意的選項，我自己推薦的任務名稱是阿提米絲（Artemis），這是太陽神阿波羅的姊姊的名字，剛好獵戶座的名稱俄里翁（Orion）指的就是一位希臘獵戶，同時也是阿提米絲的愛侶，所以阿提米絲特別適合用來當成這次小行星任務的名字。此外為了表示善意，我還建議把太空發射系統取名為宙斯，也就是希臘諸神裡最強大的一位，然後與會者似乎都普遍認可了這些名稱，於是我就準備以此向查理提出建議。

我在念研究所的時候寫過一篇論文報告，探討在月球設置基地會對社會與經濟造成什麼影響，而報告裡就把月球基地取名為阿提米絲，所以我很高興這位阿波羅的姊姊終於能夠在NASA的群星名單裡占有了一席之地。然而我不知道的是，在某些版本的希臘神話裡，阿提米絲因為錯信他人的謊言，以為俄里翁是別人而誤殺了自己的愛人，於是就開始有人在背後說話，認為我推薦阿提米絲這個名字的動機其實是為了要反對獵戶座計畫，還說把太空發射系統取名為宙斯，是因為這個名字的字母順序排在最後一個，這樣這個火箭每次出現時都會敬陪末座。這些顧慮其實都沒什麼道理，然而明知沒有道理卻還是要這樣到處講，此舉應該更像是要打壓這次的任務，不要讓它獲得太多助力，而且還真的達成了這樣的效果，即便署長只有一絲憂慮，但依然擔心缺乏共識，不敢下這個決定，於是乎太空發射系統就一直沒有獲得正式的計畫名稱，而這次的小行星改道任務（Asteroid Redirect Mission）也只能成為縮寫ARM。直到後來，下一任政府把他們所提出的載人太空飛行任務命名為阿提米絲，而且獵戶座太空艙也是該任務計畫中的一部分，我就沒有聽到有哪位NASA的希臘神話專家再提過什麼反對意見了。

雖然有這些紛擾，但是規劃和推動這項小行星任務依然是一個非常正面的合作經驗，大家有一個共同的目標，也有值得信賴的領導團隊，把NASA各方面的能力聚集在一起，嘗試完成一次有意義的任務。然而署長這邊又跟一開始對商業載人計畫的躊躇態度一樣，他這次還是對小行星任務的理據或目標無感，不知道是意願的問題還是能力的問題，總之查理就是不想碰這件事，這讓那些為了自身利益而想進行其他任務的人有了機會，於是就開始詆毀這次的計畫方案。此次任務估計要再多花三十億美元，但是在國會方面卻得不到所需的支持，那些承包商和大學裡的研究人員又跟上次為載人太空飛行任務遊說一樣，再次跟他們的國會代表鼓吹要資助特定計畫。至於查理這邊，他最主要也最熱衷推動的目標就是登陸火星，他最愛講的一句口號就是「我們比過去的任何時候都離登陸火星更近了一步」，這話永遠都會是對的，因為時間還在一直往前走，不管有沒有實質進展都會離登陸火星更近一步。

雖然這個小行星改道任務的計畫宗旨是想為公眾帶來多項不同的利益，但是它的命運卻跟許多其他的創新計畫一樣，都被同樣的一些勢力所阻擋而止步不前，因為它簽的不是成本加成合約，所以不能為業界和國會提供足夠的支持誘因。雖然它對許多不同的選區都有好處，可是不論是對任何一個選區而言，或是對NASA署長來說，它都不是最重要的優先任務。即便這個任務的環節裡會用到太空發射系統和獵戶座，但也只是勉強被送作堆而已，反正不管有沒有送太空人上去，大多數的實質利益都照樣可以拿到手。

研究小行星和彗星的科學家團體很早就已經學會了一件事：管好自己手邊的事、埋頭繼續做事就好，他們並不希望為了更大的計畫而成為別人眼中的目標，所以即使最後「小型天體」界支持了這個計畫，但是力道絕對無法匹敵於那些拿到大筆資金的月球科學家與行星科學家，他們可不想要有人來跟他們搶經費。如果願意好好投入小行星的探測和移位工作，NASA就有機會讓載人太空飛行成為與公眾利益更切身相關的計畫，可是對於那些手握決定權的人來說，這可不是他們的宏願所在。

十、撥亂反正

二〇一〇年夏天，在詹森太空中心舉辦的一場全體員工會議上，查理．博爾登把星座計畫比擬為一個死胎，被美國海軍陸戰隊從駱駝的子宮裡頭取了出來，查理說：「我們有不少死胎，得要找到方法來讓他們彼此相助，一同起死回生。」這段話當時有在NASA的電視上即時播放，後來變成了一個廣泛流傳的迷因，查理之後證實自己當時所指的就是載人太空飛行計畫，還來不及做出成果就被取消了。我不知道為什麼他要講到駱駝和海軍陸戰隊，但不管用在什麼樣的脈絡上，這樣的比喻都很糟糕，而這些話也象徵著我們兩人觀點之間的一個重要區別，查理想要的是讓被取消的計畫能夠重生，而我則是試圖在理解這些計畫的缺失有什麼系統上的原因，然後加以修正，或者說，我在意的是那頭駱駝媽媽的健康。

自從阿波羅計畫以來，NASA提出過十幾個載人太空飛行計畫，但後來只有兩個有實現，那就是太空梭和國際太空站，而且兩者都鬧出了延宕多年、成本超支、人命慘劇的大問題。其實他們都遠遠沒有達到當初設定規劃的期望與目標，不過至少東西都還是有做出來，所以也被當作成功的例子來看待。然而這些設備每年光是持有成本就得花上幾十億美元，所以預算裡幾乎不可能會有剩下足夠的錢來開發新的東西，那些主事者也一樣，光是維持運作就可以每年搬走幾十億美元，這讓他們也不可能會有動力去支持其他有機會成功的替代計畫。業界總是在抱怨說我們沒能延續阿波羅計畫的腳步，以至於後來在載人太空飛行方面顯得沒什麼進展，可是問題的真正癥結明明就擺在他們眼前，卻還是有太多人努力要假裝看不見。

商業載人計畫之所以會成功，是因為這輛「馬車」設計時就是要跟著馬兒走的，我們並不是圍繞著既有的人力和設備來思考要怎麼設計，而是把車子跟國家的利益綁在一起，讓國家可以因為這個計畫的成功而得利。如今我們應該要從這個計畫的例子學到教訓，繼而改變以前的做法，讓以後所開展的計畫不用再苦於沉痾，更何況獎勵民間單位，以此降低太空運輸成本，這只不過是剛起個頭而已，要改的問題還有一大堆。畢竟從最根源的地方來看，我們現行的這套體制就是會產生出各種只想自我滿足的計畫——意思就是只做一些在這個圈子裡工作的人想做的事——而不會推出更合乎廣大公眾共同目標的計畫。根據太空事務方面的民調來看，一直以來大家認為ＮＡＳＡ最應該優先進行的計畫有兩種，一個是研究地球科學，另一個則是探測小行星；至於派出幾個人到月球上和火星上去走路，這種事情的優先排名都是墊底的。

調整ＮＡＳＡ的方向，好好處理當今面臨的挑戰，這樣才能突破原本利益圈子的窠臼，吸引到更多有不同志向的人才，並且鼓勵更多元化的人力運用方式。在自然界裡，物種正是因為有多樣性，所以才能產生出更強大、更靈活且更成功的生命形式，對人類的團體合作而言，其道理又何嘗不是如此，我們不妨聽聽金．羅登貝瑞的話，他每每說得最為佳妙：「我們要學會的不只是接受差異，接受跟我們不同的外在條件與內在思想，更要熱烈地予以歡迎，並且樂在其中。」很多人在替人類太空飛行計畫說話的時候，常常都會提到它有一個很重要的功能，就是可以啟迪人們的心智，所以我們也不該再試著去走冷戰的老路，為了一些太空噱頭而頭腦發熱，我們應該要做的是好好設計不同的任務，讓ＮＡＳＡ能夠啟迪更多跟從前不一樣的人們。

在早年，ＮＡＳＡ並不會去考慮太空人的隊伍中有沒有性別上和族裔上的多樣性，即使大家知道了這件事，通常也就只是把它當成是那個時代的問題而不再多談，可是如果我們願意好好再細想一下那個時代背景，事情就會顯得不一樣了。整個一九六〇年代正是民權運動、女權運動以及反戰示威風起雲湧的時候，這些運動彼此結合、共同前進，然而也是在此時，我們選出了最早的七位太空人，一個個全都是白人男性。其實在一九六〇年代初期有一位之前在NASA工作過的醫生，他想測試看看女性是否可以有成為太空人的資格，於是就自己進行過一次遴選工作，結果發現有一群女性確實符合了資格，但是她們卻沒有機會參加NASA的計畫，這群人後來被大家稱呼為「水星十三」（Mercury 13）。雖然女性們也有遊說白宮和國會，要求讓自己能夠公平競爭，不過NASA依然大動作捍衛自己的決定，約翰·葛倫於一九六二年時在聽證會上說道：「事實就是如此，男人出去打仗、開飛機，成功歸來後又幫忙設計、建造和測試這些東西，事實就是這本來就不干女人的事，我們社會秩序的實情就是這樣。」可見當時在NASA和它培養的英雄們眼裡，並不認為太空總署是個民事機構，所以才用軍方的眼光來看待事情。

一九六八年的時候，NASA還有在舉辦「NASA小姐」（Miss NASA）的選美比賽，從署裡的員工裡選出一位幸運的參賽者成為「外太空女王」。我有一位下屬曾在一九七〇年的檔案中發現了一份備忘錄，上頭寫著：「此致：所有的戈達德女孩們。＊主旨：褲裝。——在一方面來說，我得要正視妳們這些女孩子的心理，妳們確實會渴望『時髦』；可是從另一方面來說，男性群眾依然只會支持妳們穿迷你裙。」該備忘錄上最後雖然認可了新式衣著，認為那是可以接受的，但前提是「妳覺得穿著褲裝不會冒犯到妳的上司，不會讓他難堪」。總結起來就是女孩子必須時時謹記，「如果有人忘了把妳當成淑女來對待——那也是妳造成的，因為妳選擇要穿褲子」。我實在很難想像那些女性，例如當時擔任ＮＡＳＡ首席天文學家的南希．葛莉絲．羅曼（Nancy Grace Roman），到底會怎麼看待這份備忘錄。

我在一九六六年進到公立國小讀書，當時女孩子都一定要穿連身的裙裝，除非那天有體育課，才可以在裡頭加穿短褲。這條政策一直到我讀三年級的時候才改，所以在那之前我都很期待上體育課的日子，同時也就是在這個時候，那些在全世界最有未來前瞻性的公共機關裡上班的女性們，才終於可以穿褲子了。

當電影《關鍵少數》（*Hidden Figures*）剛在二〇一六年上映時，我們大多數人還不

＊ 譯注：此處指ＮＡＳＡ的第一個太空飛行中心戈達德（Goddard）。

知道一九六〇年代有很多黑人女性在ＮＡＳＡ上班，該部電影改編自瑪歌・李・雪德利（Margot Lee Shetterly）不久前出版的著作，她自小生長在維吉尼亞州的沿海地區，所以她原本就認識在自己書中和電影中所描寫的那些女性。這部電影我是在維吉尼亞州郊區的電影院看的，看到女主角們為了去上有色女性專用的廁所而在幾棟建築物之間穿梭奔跑，大家都笑了，然而真實的情況可一點也不好玩，也不會讓人想懷念。電影裡頭那幾位女主角在蘭利（Langley）研究中心擔任所謂的計算員，但是在ＮＡＳＡ早期的成就背後，還有其他不為人知的女性功臣。在一九六〇及七〇年代的太空總署裡，到處都聘雇了像這樣的職業女性團隊，而她們的故事也大多都沒有被人提起，直到後來娜塔莉亞・霍爾特（Nathalia Holt）寫了《火箭女孩的崛起》（*Rise of the Rocket Girls*），這本書也是在二〇一六年出版的，裡頭寫到了一群同一時期在噴射推進實驗室工作的女性火箭科學家，情況才有改觀。

如今大眾對於載人太空飛行的看法，主要是由負責ＮＡＳＡ早期計畫的那些男性們塑造出來的，讓大家都覺得他們本來就很適合幹這些事。歷來雖然有好幾百本書籍在介紹太空飛行計畫的歷史，但都是用這些男性們的視角寫成的，因為那些歷史學者自己也一樣是男性，這對我們的認知產生了巨大的影響，塑造了我們以為自己知道的那段過去。只要了解這點，就會知道為什麼莉莉安．康寧漢的播客節目《月出》要提供一種不同的視角，帶大家看看ＮＡＳＡ的組織背後有哪幾股不同的力量。

在ＮＡＳＡ那些女性的故事裡，有很多相關的重要訊息近來才終於得以讓眾人看見。《關鍵少數》裡的桃樂斯．范恩（Dorothy Vaughan）和計算員們的白人主管米契爾（Mitchell）女士有一段對話，很值得我們大家深思，電影裡米契爾女士管理下屬時很不客氣，為了替自己的做法辯護，米契爾女士告訴桃樂斯：「不管妳相不相信，總之我是真的對妳們沒有偏見。」但此時桃樂斯的回答讓我心裡產生了無比的共鳴；「我也知道妳大概真的相信自己是這樣。」我們所有的人都可能會帶有無意識的性別和種族偏見，只是我們很難承認這件事，也很難加以克服，只要看看哥倫比亞大學在二〇〇三年所進行的「霍華德對海蒂」（Howard vs. Heidi）實驗，就知道實情確是如此。哥大商學院把兩份人事背景資料發給學生，讓他們來評估可以聘雇誰，但其實兩份資料的內容是完全一樣的，只有人名不同而已，這個實驗是讓班上一半的學生來評估霍華德是否符合聘雇資格，另一半則負責評估海蒂。大家講到這個實驗時，通常都會說結果很令人震驚，可是對我而言，這些全都只是再熟悉不過的事情而已。

即便兩個人的背景和履歷都一模一樣，但絕大多數的學生都欣賞霍華德，而且大多數人都選擇要聘用他，遠超要聘用海蒂的人數。在大家的眼裡，海蒂既自私又自以為是，但霍華德就變成是既有自信又有能力；在學生們口中，這兩個人都很果斷，但是海蒂因為這個特質而被拒絕，霍華德卻因此而受到讚賞。在女性身上，大家不會想把權力和成功連結在一起，但是在男性身上卻恰好相反，如此的雙重標準，其實我個人是親身經歷過的——尤其是在我的職涯晚期——只是如今被實驗給證實了而已。

和很多職業女性一樣，我一直在努力尋找合適的方法來讓自己成為一名能把事情辦好的女性主管，但是職場上對性別有既定的看法，如果妳要按照他人的期待來做事，就只能被迫接受自己不同意的觀念、在開會的時候要甘於被人搶話、自己提出的想法被男人給搶功了以後也不可以出聲，而且不論在家或在辦公室裡都要擔負起情緒勞動*的責任，否則就會讓人家覺得妳很自私、不為他人著想。在過去，這種不公平的情況大部分女性都經歷過，只是有大事和小事的區別而已，就像我已經記不清有多少次被男人們要求做一些祕書性質的工作，或是要我幫他們泡咖啡，而且即便我早就已經升職不當行政人員了，還是會被這樣要求。

太空領域一直是個由白人男性主導的世界，以至於他們根本完全不用考慮自己的言行有可能會對女性或少數族群造成什麼傷害。第一版的《星艦迷航記》向來因為選角的多元化而備受讚譽，但這部影集卻恰好成了一個活生生的例子，證明了當時女性在大家眼中就是性慾客體（sex objects）而已，即便劇中的設定背景是在未來三百年後也依然如此。金．羅登貝瑞原本在該劇的試播集數裡有安排一位女性的船長角色，但是並沒有被電視台選中，他們只想由一位男性來指揮企業號，直到影集的第三季，按照劇中的時間線已經過了好幾百年後，才終於有女性可以指揮這艘船艦。從前對女性的刻畫，都只是把她們當成是為了取悅男人而存在的角色，金曾經跟我說過，影集每出一季，高層主管都會要求劇中的女性——不論是人類還是外星人——穿得更露一點。劇中唯一一個可以經常出現在控制台前的女性角色是粉絲們最愛的妮雪兒．尼柯斯，但她被刻畫成了一個死板的電話接線員，幾乎沒有什麼台詞，而且還得一直穿著短裙。

＊譯注：情緒勞動（emotional labor）指的是要管理自己的情緒，以時時帶給他人正面而愉悅的感受，最常見的例子就是服務業，例如空服員、客服人員等。作者這裡指的則是性別上的過分要求，女性如果不顯得溫柔體貼，就會被人家討厭，換言之她們沒有當「霸道總裁」的資格。

前不久有一部記述妮雪兒人生的紀錄片，叫做《一個女人的運動》（*Woman in Motion*），裡頭有一大段情節是講NASA的官員第一次主動聯繫妮雪兒，但其實他只是想要親眼看看妮雪兒的腿是不是真的像電視上那麼令人驚豔，這件事讓妮雪兒決定投身太空事務，在一九七〇年代幫NASA招募女性和少數族群的人一起加入太空人的隊伍，從而讓太空梭的第一批太空人變得更加多元化。在這部二〇二一年上映的電影裡，上面那段軼事被描繪成了一種有趣的巧合，以此迴避了其中的可悲與可笑之處：這位大家的楷模，未來太空中專業女性的代言人，一開始居然是因為外貌所以才有男人找她合作，這件事重重地敲醒了我們，告訴大家時代的改變還沒有足夠到位。

妮雪兒長期都在擔任國家太空協會（NSS）的董事成員，我也很珍惜我們兩人的友誼，畢竟早期在開董事會的時候，我們就是裡頭唯二的女性，可以說我再也找不到比她更好的榜樣與導師了。《一個女人的運動》裡頭有很多內容都是人物訪談，採訪那些妮雪兒曾經啟發過的人，整部紀錄片一共有三十五位受訪者，其中九位是女性，我也是其中之一。妮雪兒當年說過：「像我這樣的人在哪裡？」然而直至現在NASA還是為德不卒，還需要有更多的女性投身於「運動」之中。

在我二、三十歲的時候，在航太界工作的女性都會遭受物化，這已經成了工作中的一部分，所以我也漸漸知道了要躲開業界裡頭的哪些男人，我們有很多人都碰見過不受歡迎的性挑逗和性騷擾等行為，但是卻不敢表現出自己受到了冒犯。在我三十幾歲時，有一次在生日那天聽到我在NASA的上司在辦公室裡告訴我——而且還是當著好幾位其他同事的面——要我去一趟他的辦公室，他要打我的屁股來當生日禮物。在那些特別有名的騷擾慣犯裡有一位教授，他對年輕的女性同事和學生會施展一些很惹人厭的性挑逗，誇張程度堪稱奇葩，有一次還因為被一名學生當面拒絕而大發雷霆，然後當那位女學生去找工作時，他還告訴要進行面試的那位雇主：「如果你想跟她上床的話，就不要雇用她。」幸好那位雇主後來還是雇用了女方，而且還把教授的那番話轉告給對方知道。

被男同事騷擾和猥褻的情況其實並不少見，而且下手的幾乎都是這一行裡頭年紀較大、職位較高的男性。我第一次在NASA工作的期間（當時已婚，三十多歲）就曾經去過莫斯科，當時有一位航太業承包商的高階人員喝得酩酊大醉，然後硬闖進我飯店的房間裡，把我推倒在床上。我成功掙脫他的壓制後跑到了飯店大廳，然後找來一名同事幫忙處理，但我一直沒有將此事向NASA或那人的雇主報告，因為一方面覺得很丟臉，又擔心自己的職業生涯會受到影響，所以我——跟許許多多有同樣遭遇的人一樣——就把這些事情當成沒發生過。然而我感到問心有愧，會有這種感覺的理由很多，但最主要的原因是做出這種事的人很可能會繼續危害他人。

要革新建造火箭的老方法固然艱難，但是比起要大家擁抱多元、平等、包容的價值，其實也還算是容易。每當有一位女性或少數族裔人士加入太空人的行列，就會看到前方已經先排好了七十三名白人男性，就連我在撰寫本書的此刻，NASA六十五年的歷史上也從來沒有出過一位女性的署長，這個機構在選擇領導團隊和太空人的時候，並沒能反映出這個國家大多數人口的組成結構，因而也無法聽到大眾的想法與聲音，長此以往就變成了一個惡性循環。這種事除非有人起心動念，否則就不會有所改變。

NASA每次要招收一批太空人時都會收到幾千份的申請書，然而其資格的要求之嚴、標準之高，並非是所有的申請人都能達到的，但是即使只遴選出前百分之十的一流人才，最後也會有多達將近千位非常符合標準的候選人，而其中又只有最頂尖的百分之十會獲選進行現場面試，然後再選出百分之十的人成為所謂的「ASCANS」，也就是太空人候選人（Astronaut Candidates），這是其他太空人對於新手候選人的親暱稱呼。大多數的太空人都要經歷好幾次的申請流程，之後才有一次成功獲選。

如果ＮＡＳＡ希望自己對外的美好說詞不只是裝裝樣子的話術，那我們就必須在遴選標準裡刻意要求機會的平等，畢竟太空人的隊伍裡頭白人男性占據了絕對多數，所以這個問題特別需要處理。在我看來，除非有一天太空人和機組員能夠反映社會結構的實情，否則我們都還有改進的餘地。

雖然只有萬分之一的候選者可以成為太空人，但裡頭能成為優秀太空人的很可能不止這個數字。如果眼前看到兩個候選人，一位從西點軍校畢業，天體物理學的平均分數拿到三點八分，現在是直升機飛行員；另一位從空軍學院畢業，化學工程的平均分數拿到三點九分，現在是戰鬥機飛行員，此時要決定挑選哪一位，其實在很多方面上來說都是主觀的。但如果現在兩個人裡有一位是白人男性，另一位是黑人女性，選擇後者的話反而會符合一項標準，就是可以激勵許多的公眾族群，過去這些族群的代表人士並沒有在太空人的隊伍裡獲得平等的參與機會，我們應該要讓他們看看新局，證明情況已經有了改變。

在查理和我的提名確定過關之前不到一個月，ＮＡＳＡ宣布了九位太空人的遴選結果，這也是五年來第一批新的太空人，此次的第二十梯隊裡頭有六名白人男性，兩名白人女性，一名黑人女性。然而我並沒有事先收到這個消息，因而覺得有些奇怪，畢竟那時候我們每天晚上都會帶著許多大型的活頁資料夾回家，裡頭放滿了不大重要的資料，有什麼事我們應該都會先看過才對，況且我覺得這一批太空人的多元性依然不夠，所以還是有些失望。我把這件事告訴了查理，但是他似乎並不在意我那兩項顧慮之處，還建議我可以去找麥克．科茨談談此事——因為負責遴選的人就是他。

找麥克提這件事似乎讓他覺得不大舒服，他沒有直接向我說明他的考量，而是從詹森太空中心派了一組人馬來跟我開會，他們的簡報主要在呈現幾項數據：申請者裡頭只有不到三成的人是女性，只有不到一成的人是黑人，並且指出這其中的族群人數已經反映出了美國黑人在人口數中的實際比例。於是我也告訴他們我的觀點，說衡量標準不應該是如此，最終的遴選要反映的不是這次候選人的基數，因為公眾族群裡有一些人原本就處於不利地位，這些人可能根本就沒有提出申請，而我們希望可以吸引到這些人來參與。我認為這次雙方的討論是良性的，而我也很感謝他們願意花時間來告訴我這些數據。

一直以來，新選拔的每一批太空人和機組人選都偏好挑選白人男性。在我們的任期裡太空梭一共進行過六次任務，經過選拔與訓練後，獲選執行這些飛行任務的太空人一共有三十二名，其中有二十八名是男性，更有三十名是白人。此外在歐巴馬總統（以及查理）的任內，還有三十名太空人被指派到俄羅斯搭乘聯盟號上太空，其中有二十五名男性、五名女性，但是有色人種卻只有一名。加總來看，在歐巴馬和博爾登的共同任期內，上到太空的太空人裡只有不到百分之十五是女性，而只有不到百分之五的人是有色人種。

在我們的提名通過參議院的審核後，詹森太空中心就宣布了執行下一次任務的人員名單，也就是STS－134號任務，全部都是白人男性，而且還順便透露了一個消息，說STS－132號任務裡唯一的女性也要改換成男性，等於又是另一組全隊六人都是白人男性的隊伍。我為此深感挫折，因為在丹尼爾．高丁的任期裡共成功進行了六十五次的太空梭飛行任務，其中全部成員都是白人男性的只有五次，而如今已經過了十年，NASA有了第一位黑人署長、第二位女性副署長，卻要眼睜睜看著太空人的多元性反而發生了倒退。

到了太空梭最後一次飛行的時候，也就是STS－135號任務，那次我明確提出了意見，認為不應該指派那四位白人男性來執行。我的呼籲是出於一個這樣的看法：太空梭時代對載人太空飛行的貢獻之一就是轉型，太空梭幫我們走出了早期以男性軍事試飛員為主的計畫窠臼。所以當我聽到桑德拉．馬格納斯（Sandra Magnus）被指派到這次執行任務的機組裡，當時感到很是安慰；可是當我看見我們就要錯失良機，無法讓最後一趟的太空梭任務成為第一趟代表性別平權的任務，此時又讓我充滿了失望之情。

我們第一次有機會可以選拔一批太空人是在二〇一一年，當時所招募的是第二十一梯隊。負責遴選的和上次是同一個團隊，他們特地從休斯頓來為我做了一次簡報，我從他們的口氣裡聽得出來，他們親自在講這個消息時很是興奮，畢竟這可是第一批能夠公平反映男女比例的太空人隊伍，而我對於遴選的結果也跟他們一樣感到振奮，很高興看到他們選出了這十名合格的優秀人才。相較於寫書的此時，最近所遴選出的一批太空人，也就是二〇二一年的這一批，其女性的比例已經占了四成。

另外，我在替本書蒐集資料做研究時，竟發現了為什麼我過去那些主張會被人忽視，麥克．科芬在二〇一四年的一次訪談中是這樣說的：「雖然各地方中心的主任對於機組員的派遣有最終核准權，但大家都知道，只要NASA署長想要的話，還是可以改動中心主任的決定，不過這種事情在什麼麥克或查理身上都沒有發生過。可是洛瑞．加弗來當副署長以後，就冒出一堆問題，每個機組員的派遣她都有意見，為什麼我們不用更多的少數族裔和女性啊？我通常都把這種事交給查理去處理，查理也常跟我說『這種事不用擔心啦』。」

麥克的話解釋了為何我的努力會變成了又一次薛西佛斯式的戰鬥，發現事情的真相，讓我感到驚恐與沮喪。對許多杯子男孩來說，性別平權和種族平權都不是實質性的問題，那只是「政治」上的問題而已，麥可自己就說得很清楚了：

我認為我們在NASA裡頭碰到的問題，就跟我剛剛提過的一樣，是這一個政府上台才造成的，還有那個洛瑞．加弗，在她眼裡什麼事情都要講政治，這對民主黨有什麼好處啊？每個決定都要問這些，這對工會有幫助嗎、這對民主黨有幫助嗎？每次洛瑞又出來質疑為什麼機組員沒有多用女性或少數族裔的時候，查理就會擔任非常好的緩衝角色，我們會解釋為什麼要派這些人，而且有時候隊伍裡頭的女性也比男性更多，有時候少數族裔也比白人更多，只是不是每次都能如此而已。如果每一批機組員妳都要講名額，那妳就直接跟我們說，我們就照妳說的做，可是這樣子這批機組員就不能產生最強的組合了。查理很會講這些東西，至於她呢，眼裡只有政治正確而已。

想也知道，在所有的NASA任務裡頭，從來沒有哪一次是女性機組員多過於男性，或者少數族裔多過於白人的。諷刺的是，自從查理離開ＮＡＳＡ之後，他就開始經常把太空人隊伍裡缺乏多元性的問題掛在嘴邊，問題是在那將近八年的時間裡，他自己明明就是唯一一個真正有能力改變那種情況的人，可是他卻選擇不為自己的信念站出來說話，也不為自己的副手說話，他選擇乖乖做官不鬧事。即便我們兩人的目標是一致的，他依然不肯給我支持。

太空人通常不會在學校外面發表談話，因為怕會被停飛或排擠，但是他們身上有很多跟歧視相關的親身經歷，尤其是在早年的時候，說出來的話可能會讓人冷汗直流。ＮＡＳＡ對待第一批女性太空人的方式很有問題，但講到這些事的時候都常會以笑話的方式來處理，例如說男人們不懂女性實際需求，所以明明只是要進行一個星期的太空梭任務，上頭卻放著超過一個月所需用量的胸罩和女性用品云云，然而在這樣的故事背後，卻隱藏著更加不堪的現實。

就拿第一位上太空的美國女性為例好了，看看ＮＡＳＡ跟她之間的關係發展。莎莉・萊德一開始是因為當上了太空人而成名，但後來的名望成就卻遠不只有如此，她在太空總署裡頭留下了輝煌奪目的紀錄，也是唯一一個兩度加入太空梭事故調查委員會的人，而這樣的經歷讓她深刻觀察到官僚系統的運作方式，以及ＮＡＳＡ與承包商之間的複雜關係。她看著十四位同僚在事故中喪命，其中有好幾位還是她的摯友，所以她非常深切地想知道到底為什麼會鬧出這樣的災難，而探究的結果則讓她對太空總署的領導團隊深感失望，而她也沒有隱藏自己的失望與難過。

挑戰者號事故後，NASA任命莎莉來領導一項工作，請她為太空總署規劃長期發展目標，也就是大家後來所說的「萊德報告」（Ride Report），其內容分成四大方案：地球觀測任務、地球遠航任務、月球前哨站、人類登陸火星。這份報告的草案裡頭建議把重點放在地球觀測任務，但是在正式發表之前，太空總署卻強迫她把這個優先排序給刪掉了。報告在一九八七年正式發布，而幾個月後莎莉就辭去了NASA的職務。當大家都逐漸開始在注意氣候變遷的問題，NASA卻不希望自家公布的資訊裡頭太重視這件事，因為那會讓人覺得載人太空飛行不是它未來最優先要進行的事項。

莎莉餘生的大部分時間都在專心發展推廣與教育活動，希望提高大眾對科學與太空的興趣。莎莉·萊德科學協會（Sally Ride Science）在二〇〇一年成立，早期原本是為女孩子舉辦的研習營，後來逐漸擴展，所有性別的學員都有招收。後來莎莉在二〇一二年去世，她的伴侶塔姆·奧肖內西（Tam O'Shaughnessy）在《紐約時報》撰寫訃聞，公開了她們兩人長達二十七年的伴侶關係。這個消息震撼了許多太空界的人，就連很多跟莎莉很熟的朋友也大感訝異，儘管我很榮幸能夠跟莎莉共事了許多年，不過我們也從未討論過這麼私人的事情，如今看到了我從前所不知道的一面，但其實那並不讓我感到突兀。

莎莉曾和同為太空人的史蒂夫．霍利（Steve Hawley）結婚，但是當大家得知在這兩人離婚之前，莎莉跟塔姆就已經開始了戀人關係，於是就對她跟史蒂夫之間的關係進行了種種臆測，也懷疑當初兩人結婚有沒有受到NASA的鼓吹，因為當初在她被公布獲選成為美國第一位女性太空人之後三個月就結婚了，整場婚禮來得非常突然，進行得也很私密，整個典禮外界只有看到一張照片，這對夫妻穿著POLO衫和牛仔褲並肩而立，而莎莉的牛仔褲是白色的。四年後，也就是她從NASA辭職後的幾個月，莎莉就跟史蒂夫離婚了。後來經由莎莉的家人和好友證實，她早從一九七〇年代初期就讀史丹佛大學時便已經開始在跟女性談戀愛，但這又引出了另一個問題：NASA是什麼時候知道這件事的？在莎莉．萊德的正式傳記裡，作者林恩．雪爾（Lynn Sherr）曾引述了一段史蒂夫．霍利的話，也就是那位當了莎莉四年丈夫的人，他說他相信兩人的這一段婚姻是真心的，不過當他看到訃聞裡公開的消息時其實也不是那麼驚訝。她曾經在一九九二年和二〇〇八年兩度婉拒擔任NASA署長，這有可能跟她私生活不無關係，她是在一九七八年時當上太空人的，然而自那以後，一般大眾對於LGBTQ+群體的觀感已經出現了巨大的變化，所以到了柯林頓和歐巴馬政府的時期，她的同志身分可能已經不算是個問題了。

在莎莉過世的時候，艾米·戴維森·索金（Amy Davidson Sorkin）在《紐約客》雜誌上寫道：「對於過往，我們有理由問一件事：萊德的愛情生活對NASA來說意味的是什麼？妳要想成為第一位上太空的女性，是不是得要嫁給男人才行？眾家媒體都在探討萊德為什麼沉默不言，而許多報導都提到了同一件事，就是NASA絕對不可能讓任何公開出櫃的人繼續參與太空計畫。」很遺憾，我不覺得她說錯了，畢竟一個女性要在NASA擔任高階職務就等於已經踏上了充滿荊棘之路了，更何況如果妳跟署裡頭其他人還有別的不同之處，前路只會更加難行。莎莉的身分是科學家和太空人，這讓她得以融入群體、順利進行自己的工作，所以她當然不想要到處招搖，讓大家注意到自己那並不平常的私生活，這沒什麼好奇怪的；但對於其他的事情，莎莉就變得很有自己的意見，而且直言不諱。如果有人問我，我的職場導師有哪些人的話，莎莉肯定名列前茅。

莎莉是一個極其獨特的太空海盜，當聽到其他人大談載人太空飛行過去的英雄事蹟，或是講到一些性別刻板印象的時候，她都不會理會這種老套的話術，而對於NASA那些導致太空梭發生事故的種種決策，她又敢於提出鞭辟入裡的批評。有她在NASA對我的支持，讓我擔任副署長時有了好好發揮自我的空間，要是沒有她在前面辛苦開路，我有一半的成果都是無法達成的，而從另一方面來說，她也是第一個敢於承認此路難行的人，那些荊棘根本就清除不完啊。

身為 SpaceX 的總裁兼營運長，格溫．蕭特威爾在太空界是一位成就斐然且受人敬重的女性領導者，相較之下，藍色起源最高階的職位裡頭就沒有像她這樣耀眼的女性角色，不過這兩家公司都是出了名地喜歡搞「兄弟」文化，最近一樣都有許多員工公開站出來控訴性騷擾與性別歧視，大家還聽到不少人在抱怨和指控說公司裡有一股惡毒的氣氛，竟然希望大家能容忍這一類的行為，這種惡質言論我們不該視而不見，是時候不要再袒護那種種根深蒂固的不當行為，不要再幫支配這個行業的人（包括那些領導班子在內）說話了，這些人不只外表上看起來相像，連腦子裡的想法也都差不多，我們得要追求多元、平等與包容，這方面的進展實在是太慢了。

如今在太空界，支持女性和少數族裔已經逐漸成為一種例行傳統，因為有越來越多人跟我們一樣，認為一定要看到未來的那些世代們在這個領域裡能夠獲得更平等的代表機會。在我的職涯晚期，收穫最大的成就之一就是可以指導那些剛進職場的女性以及性少數人士，而道恩・布魯克・歐文斯（Dawn Brooke Owens）就是我指導過的其中一位女性。我們剛認識的時候她還在聯邦航空總署（FAA）工作，負責商業太空事務，後來她在歐巴馬總統任內轉職到了白宮，被派到行政管理暨預算局（OMB）去負責NASA的相關事務，我們的聯絡與關係就漸漸密切了起來。

布魯克在三十歲生日的時候被診斷出罹患了乳癌，她勇敢地與病魔奮戰了六年，雖然即使上天給她再多的時間也不足以完成她的所有目標，但這麼年輕就離開了人世，還是令人哀嘆不已。身處在由男性主導的航太界，布魯克和我同為少數的女性人物，關係也逐漸變得緊密，我們都不想要只是融入男性群體，我們希望可以利用自己的不同之處來為這個行業帶來一些變化，那幾年我們常討論要怎麼招募到更多的女性加入航太界，而她跟我都是喜歡行動多過空談的人。在布魯克過世後的隔日，我一股腦兒把心中的思緒寫成了一封內容雜七雜八的電子郵件，裡頭提到了一個想法，希望可以為對航太有興趣的女大學生開設一個實習計畫，然後就把這封信轉發給了十幾位同事。然而我沒有料想到這封信居然會帶來那麼多正面的發展，很多人都回應了我說的話，她們不只提供建議，還願意提供協助，布魯克最好的兩位朋友，威廉・波梅蘭茲（Will Pomerantz）和凱西・李（Cassie Lee）更是立刻就全力參與了這個計畫。計畫展開後的這六年來，共有兩百多位女性和性少數人士成為了「小布」（Brookie）——這是他們為這個群體挑選的名字。我們所提供的帶薪實習職位共有四十個，範圍橫跨航太業的多家公司，至於每年收到的申請書則多達幾百份。我們會為每一位「小布」指派一位導師，而且在這一行也有越來越多的同業和專家願意支持他們，不論我去哪裡都會碰到申請過這個計畫的在學生或畢業生，即便是沒有被錄取的人也會迫不及待地告訴我，說光是這個計畫的存在對他們來說就已經具有多大的意義。

然而不幸的是，二〇一七年時太空界又失去了一名年輕的成員馬修・伊薩科維茨（Matthew Isakowitz）。馬修是一位工程師，也是一位企業家、一位不平凡的人物，對商業太空探索懷抱著巨大的熱情，所以他才會在商業太空飛行聯盟中工作。在商業載人計畫初期的時候，我打了幾場最艱苦的硬仗，當時馬修不僅是我的知音，還給了我很多重要的建議，雖然他當時才只有二十幾歲，但是他的付出還是對我們的成功產生了關鍵的作用。利用我們之前建立的人脈與合作模式，馬修・伊薩科維茨基金會開設了一個計畫，主旨是要培養商業太空飛行的下一代領導者，如今該計畫已經展開五年了，又有一批新成員在二〇二二年成為了馬修‧伊薩科維茨之友，讓這個家族變得越來越壯大，更為這個領域注入了新的能量與思維。

到了最近，我們又創立了一個計畫，讓三根支柱可以共同撐起一片天，而這第三根支柱就是帕蒂‧格蕾斯‧史密斯基金會（Patti Grace Smith Fellowship）。帕蒂是航太界的開路先鋒，是黑人社群的支持者，也是布魯克的事業導師，更是我和其他許多人的朋友。她在南方解除種族隔離的初期進入公立學校就讀，到了職業生涯的後期，她已經成為聯邦航空總署的商業太空辦公室（Office of Commercial Space）主任。帕蒂在六十八歲的時候因為胰腺癌去世，而就在幾個星期前布魯克也離開了人間。帕蒂為我們這個行業留下了輝煌的功績，而我們也是時候該好好紀念她的遺澤了，就像紀念布魯克和馬修一樣。我們的前兩個計畫已經為更多的年輕人、女性及性少數群體打開了機會之門，雖然其中所挑選的黑人學生已經比目前航太產業選用黑人的實際比例要來得更高，但是我們也知道光這樣做並不夠。這次的新計畫又獲得了航太界的響應，讓我們成功迎來了第二批帕蒂‧格蕾斯‧史密斯之友，也讓這些得到補助的成員們可以展開屬於自己的旅程。

這三個不同的獎學金計畫都提供了帶薪實習和導師指導的機會，每年會有一百多名航太領域的學生受益，其中有兩個計畫還是專門為沒有獲得足夠代表權的少數群體服務的。有越來越多的年輕人才加入了這個隊伍，進到了我們這一行裡頭，而且已經開始對這個行業產生正面影響了，加上目前還有更多的計畫正在開展，前景更是可期。

我對自己在職業生涯中取得的成果感到自豪，而本書主要講述的是其中最具意義的幾個項目之一，也就是推動NASA的改革，從而讓我們進行更有價值、更有永續精神的太空活動。不過創設這些基金會也一樣可以帶來進步，而且這比我們靠自己單打獨鬥所帶來的進步更大，對於這點我的心裡毫不懷疑。讓更多下一代形形色色的人能夠接觸到這個領域，就能夠激盪出更多的漣漪，就像現在的太空領域也不斷在擴大原本的發明與創意，從而締造出了更多的機會，這些努力肯定會在日後帶來最了不起的成就。等到這批新的生力軍進入領導階層擔當要職時，我希望他們的想法已經可以獲得公平的看待。

◉　◉　◉

我所推動的計畫並不激進，對NASA、人類太空飛行或我們的子孫後代的未來也沒有構成威脅，但是尤金・賽南等人還是這樣指控我。其實在我之前十年就已經有NASA署長提出了類似的計畫，所以如果我那些計畫改成讓男性來重新推動的話，批評的聲量大概就會變得比較小。在我之前有好幾任的男性副署長都很直言不諱，而大家也因此敬重他們；我是太空總署的第十二任副署長，就任時在太空界已經累積了超過二十年的資歷，但我畢竟是一個沒有工程學背景的女性，所以有些人就不願意跟我進行理性而溫和的論辯，很多不同意我的看法的人會用粗俗、性別化的語言攻擊我，甚至直接訴諸羞辱和人身威脅。我被這些人罵過是醜陋的妓女、該死的婊子，有人對我說我該去找人上個床發洩一下，問我是不是剛好大姨媽來了，還是更年期到了。國會的議員、員工，以及航太界的各單位人士都曾收過一封發送給整個群組的電子郵件，寄件者是一個自稱為「立刻改變NASA」的組織，希望能夠讓我被解職：

・洛瑞・加弗的問題在於她根本沒有資格擔任她現在的職位，可是她所做的建議卻獲得了重視，這對美國的能力會造成極大的破壞，致使我們無法前往近地低軌道乃至於更遠的地方。

• 她只是一名政務官，根本沒有實際的太空經驗，應該要被炒魷魚才對，因為她那些建言就像核彈一樣，把我們NASA未來二十年的載人太空計畫都炸壞了，讓俄羅斯、中國和印度的人得以搶占太空的主導地位。對啦，真感謝你啊歐巴馬，希望和改變是吧，高興了吧。

• 洛瑞·加弗提出的規劃和預算是NASA史上最外行、最不一致的，而她那些誤導人心的計畫一經初步推行，不僅有許多部分在法律上非常有問題，更直接導致了太空總署的士氣跌到史上最低，並且出現了大規模的不必要裁員。

• 洛瑞·加弗顯然知道國會絕不可能接受她那套荒謬絕倫的計畫，所以在規劃的時候就瞞著國會，還瞞著自己的老闆，也就是NASA署長查爾斯·博爾登。可是因為那份計畫上頭處處都可以看到洛瑞·加弗留下的痕跡，所以國會也馬上就能夠斷定誰是幕後的首腦。該是國會展開行動的時候了，必須要求總統丟開這個洛瑞·加弗，以示他對國會、NASA以及廣大太空界的誠意。

既然總統提的那份預算案會讓一些人失去價值數十億美元的合約，那他們會提出反對也算是在情理之中。可是拿性別來做人身攻擊，還到處遊說打宣傳戰，想用散布謠言的方式來除掉我，為的就是我提出了「法律上有問題」和「荒謬絕倫」的政策及計畫，說我存心就是要設計這些東西來傷害NASA，這種種指控和行為就實在太過分了。

NASA的伺服器曾經攔截過幾次針對我發出的死亡威脅，並交給了聯邦調查局進行分析。二〇一二年八月的時候，有一封裝滿白色粉末的信封寄到了NASA總部，還指明是要給我的，雖然我希望這種事情不會再發生了，但卻事與願違，有一陣子我所收到的威脅還變得更加嚴重，所以官方還派了一名保全陪我往返於NASA的車庫。有好幾次跟業界的人有衝突也許可以說是我的問題，我原本做事可以更圓滑一點，可是對我的想法做出的那些負面反應，乃至於人身攻擊，無疑就是因為我的性別才會鬧得那麼嚴重。那我幹嘛非得這樣做不可呢？如果我不要追根究柢，事情確實就會變得比較簡單，我自己也會比較愉快。我本可以不要說出我們發現的實情，像其他人一樣掩蓋問題就好，不管是在過渡團隊的報告裡，或是對總統稟報的時候，我都可以把載人太空飛行的危機給輕描淡寫，這樣就不用進行外部審查了。我當然還可以當那種替自己單位說話的政府高官，為大家手上已經在做的工作辯護，這種女孩都很討人喜歡，而這樣的人也會跟大家相處得很好。

只不過對我而言，這種事情從來都不用考慮，用兔子潔西卡（Jessica Rabbit）的話來說：「我本來就不是那樣的人。」*從一個比較不世俗的層面來說，我認為ＮＡＳＡ的工作——或者說我的工作——有可能會對人類的未來帶來好的結果。當然，我平時工作的動機並沒有那麼了不起，我只是知道自己在做的事是對的，而且這件事很重要，然後我就對這兩點變得很熱衷，想證明這兩點都沒錯。雖然我試著給人一種印象，好像我很喜歡爭鬥，可是遭到那些太空界最受大家敬重的人士給誹謗和譴責，這仍然是很痛苦的一件事，會在心裡留下深深的傷疤。畢竟大部分的人，尤其是女性，都喜歡被人家喜歡，我也不免有這樣的渴望，雖然我並不希望在做事的過程中樹敵，但是衡量過利弊得失之後，這樣做的代價似乎相對還比較小一些。

想要領導一場革新必定會樹立眾多敵人，這樣的戲碼向來是史不絕書，電影《魔球》所描寫的情節就是一種現代的版本，稍早一些的時代也有這樣的動人故事，故事名稱叫做「無敵」（No Enemies），收錄在厄普頓．辛克萊（Upton Sinclair）編纂的社會抗爭文學選集中，原作是蘇格蘭詩人查爾斯．麥凱（Charles Mackay）在一八四六年所寫的：

你說你沒有敵人？唉呀，我的朋友，你的誇耀其實反倒顯得可憐。那些曾經盡責奮戰，勇氣長存的人，都是一定會樹敵的啊。如果你沒有敵人，代表你完成的事根本微不足道，你打不到叛徒的屁股，你打不翻騙徒端到嘴邊的杯子，你從來都無法撥亂反正，你一直都是對戰時的懦夫。

我在NASA推動的那些革新計畫，可絕對不是微不足道的小事。

＊譯注：兔子潔西卡是一個性感的女性，在《威探闖通關》（*Who Framed Roger Rabbit*）的小說和改編電影中都有出現，而且是以卡通人物的方式來呈現。由於她看起來非常性感妖豔，丈夫遇害後就遭人懷疑是兇手，而她的一句回應成了著名的台詞：「我並不壞，我只是被畫成那樣而已。」（I'm not bad, I'm just drawn that way）。作者此處的引用有進行過修改，變成了「I'm just not drawn that way」，意思是她生來就不是那樣的人。

十一、飛龍在天

我在二〇〇八年夏天正式開始為巴拉克．歐巴馬做事，目標是要轉變當時的太空發展方向，改朝一個可以不斷推動社會進步的方向來前進。五年過後，當初為太空總署設定的許多優先目標已經取得了相當大的進展，我在倍感驕傲之餘，也發現自己努力想推上山的那些巨石變得越發沉重了，我遭到署長越來越嚴重的排擠，影響力也隨之逐漸減弱。

當時有人跟我說白宮將會在總統第二個任期時重選一位新的NASA署長，可是到了二〇一三年的春夏之交卻還是沒有任何動靜，於是我回覆了一位獵才顧問的電話，當初對方只是亂槍打鳥找上了我，希望找一位能「開創新局」的人來擔任總部設在華盛頓的一家航太協會的高階職位。在經歷了五輪的面試之後，我拿到了航空公司飛行員協會（Air Line Pilots Association）總經理的職位。

在跟幾位與我最親近的同事聊過之後，我體認到我能幫忙推動的那幾個最大的石頭已經都翻過了山頂，或者說那些任務都已經完滿，我們已經推得夠遠，這些石頭以後也會順著正確的方向繼續滾動。這段日子以來的持續苦撐，讓我覺得自己像是《老人與海》中的老人一樣，離開出發地那麼遙遠，此時一方面不想迷失自我，但又不想放開如今在奮戰之後取得的成果。所以我毅然寫下了一封辭職信給總統，並且接受了新工作的邀請。大家的反應也如我所料，我辭職的消息一經公布，有人對我讚譽有加，其他人則是大肆貶低。有記者來採訪我離職的事情時問了我，太空發射系統（SLS）是否可以如期在二〇一七年發射，我直接承認了可能還得再拖個一、兩年，然後查理就叫NASA發了一份聲明說我弄錯了，一切計畫都在如期進行，預計可以順利在二〇一七年底前進行首次試射。接著波音負責太空發射系統的計畫經理維吉尼亞．巴恩斯（Virginia Barnes）也出面證實NASA的說法，並且表示：「我甚至連太空發射系統的火箭進度發生延誤的謠言都沒有聽過，事實上我們的進度看起來還比原訂計畫超前了五個月，而且是全面超前。」結果後來一直拖到了二〇二二年才執行。

即使離開了NASA，我還是一直在關注商業載人計畫，不僅追蹤他們的測試進度，也為兩支團隊加油打氣。大部分的觀察家都認為波音應該會先進行發射，從飛航表單來看，一開始的飛行次序確實是這樣安排的，更何況波音從NASA拿到的資金幾乎是對手的兩倍之多。然而到了二〇一九年底的時候，波音公司卻在最後一次進行無人飛行測試時遭遇到了重大挫敗，因為一個軟體上的問題致使無法讓太空艙與太空站進行對接，此後這個名叫「星際航線」的太空艙就一直沒有再飛上天空。波音原本認為已經準備妥當，計畫在二〇二一年八月再次試飛（這次要自己出錢），但是在火箭放上發射台後卻發現推進劑的閥門卡住了，因而不得不取消計畫，如今按照波音的規劃，希望可以在二〇二二年中旬順利進行試飛。*

NASA的領導團隊承認，由於他們對波音比對 SpaceX 更加熟悉，所以就比較沒有花心思去監管星際航線太空船，NASA的商業計畫經理史蒂夫・斯蒂奇（Steve Stich）也在二〇二〇年時承認，波音公司在星際航線首次試飛時之所以會出現軟體上的錯誤，其實就是肇因於他們跟波音的團隊合作了幾十年，培養出了對他們的信任，所以才會疏於督導。然而就是波音這次的失誤，剛好為 SpaceX 打開了一扇機會之門，他們在二〇二〇年一月進行了最後一次的無人試飛，這次進行的是飛行中的任務中止測試，飛龍號太空艙必須證明自己在情況緊急的時候可以主動與火箭分離，即便是火箭在發射過程中壓力達到最大的時候發生了爆炸，飛龍號也要能安全脫身。後來這家公司通過了這次的測試，表現相當出色，這也代表他們已經準備好了可以進行完整的測試，也就是大家所說的「Demo-2」任務，終於要首度載送太空人前往太空站。

SpaceX 拿的錢雖然比較少，但是被監管的地方卻比較多，即便如此他們還是克服萬難，成為第一個登上發射台的贏家，這條漫漫長路走了很久，前面幾十年裡有賴於諸位太空海盜開路，包括我在內，而後面則要靠伊隆和他的團隊從二〇〇二年 SpaceX 創立以來的不斷努力，這才終於走到了二〇二〇年五月二十七日，也就是發射的這一天。而早在好幾年前，SpaceX 就和NASA一起宣布了，這次的試飛任務會交給道格．赫爾利（Doug Hurley）和鮑伯．本肯（Bob Behnken）來執行，他們兩位不但是太空人，而且原本還是測試飛行員，這樣的組合會讓人聯想到NASA昔日的那些「飛行男孩」（fly boy）。特別選中這兩位是因為他們接受過多樣化的軍事訓練，而且彼此之間的關係也非常深厚，恰好道格

＊ 譯注：星際航線在二〇二二年五月成功進行試飛，雖然過程中有出了一些狀況，但仍成功與太空站對接。原本預計要在二〇二三年七月進行載人試飛，但是六月時就宣布計畫遭到無限期擱置，直至二〇二四年六月五日才成功發射升空，並與國際太空站完成對接。

之前還擔任過最後一次太空梭任務的飛行員，如今把重返太空的飛行任務交給他來指揮，更是充滿了象徵意義。如果這次飛龍號的發射和對接任務都能成功的話，他們兩人預計會在國際太空站上多留三十到六十天的時間，然後再搭乘同樣的太空艙返航，用降落傘回到海上。

原本我以為天底下沒有任何事可以阻擋我去親自目睹商業載人計畫的第一次發射任務，可是那年五月COVID-19疫情大爆發，我們有很多人都只能心不甘情不願地取消了這次的行程。結果我們幾個過去在NASA和白宮的團隊核心成員都無法前往，當年這個計畫在政策面上的方針就是我們制定的，如今也只能約好一起在Zoom上面開個線上直播會，從遠方觀看這次的發射過程，而且大家都約好了，等到疫情過去後的第一次發射，我們都要親自到卡納維爾角去參與盛事。

NASA在任務的準備階段曾前往著裝室採訪，從報導上可以看到太空人們穿著SpaceX設計的新飛行服，模樣有點像是動畫《傑森一家》（*The Jetsons*）裡的造型，一旁跟他們在談話的除了伊隆．馬斯克之外，還有上任剛滿兩年的吉姆．布里登斯廷（Jim Bridenstine），他是川普總統任命的NASA局長。我之前很常出席參與太空梭的發射活動，現在改成從NASA的電視台裡看實況，也是挺有意思的。當兩位太空人走了出來，他們先按照慣例向自己的家人揮手致意，但到了搭車前往發射塔台這個環節的時候，兩人並沒有按照常例搭乘NASA專門打造的 Astrovan 房車，而是改由駕駛自己的白色特斯拉 Model X 前往。如果有誰不了解太空發展的轉變的話，看看特斯拉汽車出現的這一幕就可以搞清楚了，現在要把太空人發射到軌道上的不只有美國太空總署而已，還有一家民間公司，他們生產的電動車上印著NASA的標誌，這凸顯了太空總署對於載人太空飛行的嶄新時代的許諾與接納。

在發射現場處處都可以看到NASA的標誌，車身上、火箭上、太空艙上，這恰恰正象徵了這個機構的轉變，當初獵鷹九號在二〇一二年首次進行前往國際太空站的商業載貨任務時，SpaceX 就已經希望能夠把NASA的標誌放在火箭上面，可是太空總署拒絕了他們這頭一回的請求，為此格溫．蕭特威爾還打電話給我，問我是否能夠幫得上忙，而我也答應要去了解一下這件事。然後我先打了電話給傳播部門的負責人大衛．韋弗，暗自希望他會告訴我說這只是個低階層級的決策，所以是可以修改的，然而我聽到的回答卻並非如此，他說這是格斯特下達的指示，任何類型的NASA標誌都不得出現在火箭或太空艙上。接著我去找了格斯特本人談這件事，他解釋說那並不是我們的火箭，而且是律師要求這樣做的。我知道這根本就不是什麼法律上的問題，但是查理不想出手干預，所以我只好打電話回覆格溫，告訴她我幫不上忙。

八年後，SpaceX 的火箭和太空艙看起來就像是賽車那樣，上頭印著大大的ＮＡＳＡ標誌。我甚至聽說格溫這次又打了電話，但是目的不一樣，她想找人幫忙讓ＮＡＳＡ採用小一點的標誌圖案，因為太空總署挑的圖形太大了，SpaceX 擔心深色的地方可能會導致太空船在返航進入大氣層的時候變得過熱，這樣會讓一些電子設備受損。這次的情況其實跟二〇一二年時一樣，我知道ＮＡＳＡ要不要在 SpaceX 的載具上放自家的標誌從來都不是因為什麼法律上的理由，而且像這樣的「決策」並非個案，官僚們另外不知道還做過幾百次類似的事，每次都在背後打著自己的小算盤，只是當時的署長根本不願意去處理而已，相較之下，現在的這一位布里登斯廷署長反而沒有這樣的盤算。

⊙　⊙　⊙

二〇二〇年春天的時候，整個國家要忙著處理的不只有 COVID-19 一個問題。就在 SpaceX 預定要進行發射任務的前兩天，也就是五月二十五日，明尼蘇達州明尼亞波利斯市

（Minneapolis）的喬治・佛洛伊德（George Floyd）因為涉嫌在便利商店使用一張二十美元的偽鈔，竟遭到兩位當地警察殺害。有影片拍到警察用膝蓋壓在佛洛伊德先生的脖子上而導致他無法呼吸，這段畫面在幾天內就在網路上瘋傳，由於這種取人性命的方式太過殘忍，而且警察長期以來無端加諸在黑人身上的暴力遠遠不止這一樁，我們有很多人都無法再繼續忍受這種情況，紛紛走上街頭去抗議，於是「黑人的命也是命」（Black Lives Matter）的運動席捲了全國以及國內各大城市，我站在幾千人的隊伍裡一起遊行，大家都戴著口罩、拿著標語，上頭寫著要求改革現狀的各種口號。

抗議種族問題的活動剛好碰上了飛龍號第一次的發射任務，這難免會讓人把局面拿來跟一九六〇年代的情況作比較。在正式發射之前舉辦的記者會上，吉姆・布里登斯廷被記者問到，這樣的任務能為一個已經分裂的國家帶來什麼，他回答說他「希望這個任務能夠讓分歧的兩端有一個共同的連接點，可是如果有人以為這樣就會解決他們的問題的話，那就未免期望太高了」。署長的這番回答等於也承認了NASA另一則神話的實情，那就是阿波羅八號任務。在眾人的記憶裡，美國當時深陷於困境之中，是阿波羅八號任務為這個國家帶來了希望之光，然而即便我們在一九六八年帶領大家首度從月球來觀看地球的模樣，太空人們也在太空中進行了精神講話，短暫地讓我們為之抬頭仰望，但越戰並沒有因此而結束，制度因素所造成的種族主義和貧窮問題也依然沒有終結。那個時代的文化與種族分歧何等明顯，那個情景被藍調大師吉爾・史考特－赫倫（Gil Scott-Heron）記錄在他一九七〇年的音樂詩歌〈月亮上的白人〉（Whitey on the Moon）裡頭，他在歌曲裡寫下了黑人社群的慘況，妹妹被老鼠給咬了，卻無力付錢看病，這跟那些登月的白人們相比，根本是完全不同的生命體驗。歌曲的最後，是這樣的幾句話：「你知道，我已經差不多受夠了月亮上的那些白人，我想我會把這些醫藥費的帳單，用航空專件快遞過去，送到月亮上的白人那裡去。」

大部分的主流媒體都報導了 SpaceX 發射火箭的新聞，而且用分割畫面來同時報導因兩天前喬治・佛洛伊德遇害而引發的示威活動。我看著那個畫面，感覺好像這個國家正在被撕裂，此時實在很難去注意其他的任何事情，大家唯一關注的就是不斷湧現的仇恨與暴力，而這種暴行竟然還出自於我們國家裡原本應該負責保衛我們的價值的那些人。我接著又不禁感到惋惜，我們就要進入大家所說的下一個太空世代了，而首次任務送上太空的還是兩個白人，也因此讓這次的計畫與此刻的社會顯得各不相干。

其實光是讓兩、三個人上太空，不論他們屬於哪一個種族或性別，其成就都無法減輕人們的痛苦，還是有許多人在苦熬度日，只求能得到一點食物、住所、醫療和基本人權。如果真要說有感的話，這種太空任務反倒是凸顯了社會中的分歧正在不斷擴大。社會要想發生有意義的改變，就必須建立起一直暢通的雙向橋梁來連接彼此，來彌合我們深重的分歧；而想要把一直居於社會劣勢的那些人送上太空，則必須刻意為之、因人設事。如果太空人的隊伍可以更加多元化，那不僅可以帶頭為社會作示範，而且也會對社會地位較低的人帶來一股希望，畢竟他們太少看到跟自己一樣的人也能擔任這樣的要職。對ＮＡＳＡ來說，這其實只是他們可以進行實質性改革的項目之一，只要他們願意進行改革，就能在許多層面上提供幫助，建立一個更加公正與包容的社會。

當鮑伯和道格開著經過精心設計的特斯拉汽車前往發射台，ＮＡＳＡ的直升機也正在他們的頭頂上轟隆隆地盤旋，我知道這樣拍出來的視覺效果沒有辦法傳達出這些成果中蘊含的公共價值。要想讓社會知道這次的發射降低了太空運輸的成本，以此來讓大家了解這個任務可以帶來怎樣的實質性好處，恐怕得等下一回再說了。

我在看電視報導的時候，看見了一位之前在ＮＡＳＡ當過太空人的加勒特・雷斯曼（Garrett Reisman），雖然後來他也到了 SpaceX 工作，但是當天要上太空的並不是他。我遠遠望去就看到了加勒特穿著ＮＡＳＡ那套藍色的太空人夾克，當鮑伯和道格開著電動車，一邊大聲播放他們預先選好的曲單一邊呼嘯而過，加勒特也站在路旁幫他們歡呼，因為當初他也幫忙出過力來讓ＮＡＳＡ建立起對 SpaceX 的信任，讓ＮＡＳＡ願意找這家公司成為合作夥伴，儘管雙方依然存在著文化差異，但正是有幾百位像加勒特那樣的人的共同努力，所以雙方才能攜手合作十幾年，而眼前即將發生的事就代表了這些努力的成果。

太空人終於抵達了發射台，這裡也是當年阿波羅任務和太空梭任務的發射地點，兩人搭電梯上到了全新翻修好的黑白色調塔頂，準備登上飛龍號。ＮＡＳＡ宣布這個太空艙有了一個名字，叫做奮進號（Endeavor），跟鮑伯和道格從前上太空時所搭乘的太空梭同名。當 SpaceX 的員工在為兩人綁安全帶時我收到了一則訊息，說負責收尾的這組工作人員裡有一位曾是布魯克．歐文斯獎學金的贊助對象，所以在我看著瑪迪．科西（Maddie Kothe）——編號第十九號的獎助對象——在幫太空人綁安全帶的時候，覺得自己跟這次任務的淵源也被綁得更深了。

幾年前我收過一封電子郵件，寫信的是飛龍號團隊裡的主要工程師之一，標題是「我需要有人幫我招募優秀的女性」，於是雖然瑪迪當時再過幾個星期就要到史丹佛大學開始念工程碩士了，我還是建議她去應徵，而在她收到 SpaceX 的錄取通知後也打了電話來詢問我的意見，經過一番長談後她意識到，其實自己念碩士的目標原本就是希望可以符合 SpaceX 這種公司的求職門檻。兩年後，她在史上第一次商業載人太空飛行任務裡幫太空人進行準備工作，看起來應該完全沒有讓她後悔自己當初的選擇。

為了想見證這個歷史性的時刻，佛羅里達州的公路和海灘上排起了長長的人龍，至於那些特地前來這個陽光之州參加活動的媒體和貴賓們，一個個都載著口罩沒說什麼話，即便是甘迺迪太空中心的媒體中心，平常這裡都熱鬧滾滾，但是這時候卻相當安靜。等到下午鮑伯和道格抵達發射台時，天氣是好是壞的機率各半，而隨著倒數計時器的數字不斷減少，暴風雨的雲朵也漸漸靠了過來，最後計時器的數字就停在了十六分五十三秒，起飛改在三天後再進行。

到了五月三十日，這天的天氣看起來也不大保險，不過 SpaceX 和NASA依然決定要試試看，所以再次展開了準備工作。我們那幾個人聚在 Zoom 的網路會議室裡頭閒聊往事，心裡都覺得這次大概又要延期了，等到我們發現已經開始倒數計時的時候，忽然間天氣的變化就像是在拍電影一樣，暴風圈繞開了發射地點，然後任務控制中心就開始抽問團隊的人現在要不要出發，接著就聽到此起彼落的「出發」聲響起，於是中心這邊把登艙走道收了回來，此時你可以看到平放在火箭頂端的太空船，鮑伯和道格就像攀附在一把薄刃之上，隨時準備好了要劃開天際。接下來又看到他們把經過低溫冷卻的燃劑打進了火箭之中，於是火箭開始不斷冒氣，此時我的緊張程度超過了自己原先的預想，我想這天想了十二年，所以我知道萬一出了什麼差錯的話我肯定會非常自責。雖然硬體方面的事我一件都沒碰過，但畢竟是我幫忙制定這個計畫的，也幫忙一路把計畫推動到了這個地步，所以我多多少少都覺得自己要負點責任。

當獵鷹九號的九個引擎都啟動之後，發射台底部閃耀著明亮的火光，然後火箭就開始移動了，輸電纜也跟火箭斷開，火箭終於升空了，越飛越快，引擎發出轟隆隆的響聲。此時媒體的報導依然採用分割畫面來處理，一半的畫面呈現的是「黑人的命也是命」的示威運動，旁邊的另一半則是飛龍號太空艙的情況，鮑伯和道格坐在裡頭直奔大氣層的上層，一分鐘後太空艙的身影就已經消失在人們的視野中，看著兩個事件一起發生，我的眼中滿是淚水，也分不出到底是為了哪一邊而如此感動。

鮑伯和道格繼續往太空飛去，此時的動力已經改由獵鷹九號的上節火箭來提供。看看太空艙裡，這兩人的安全帶還沒有解開，但是大家看到旁邊有隻鑲滿亮片的紫色恐龍玩偶已經漂浮起來了，也就是說他們成功上太空了！這隻恐龍是鮑伯和道格的孩子們挑選的微重力顯示工具，漂浮起來就代表他們已經到達失重地帶了，此時我們透過網路直播聽到了一陣瘋狂的歡呼，那是SpaceX員工們在洛杉磯總部大肆慶祝的聲音，很多人以前都認為民間企業是不可能辦到這種事的，但是這家公司真的辦到了，他們當然有資格好好慶祝。

我知道如果火箭的上頭有人，那麼發射的成敗還得取決於著陸的結果，所以並沒有馬上顯出大功告成的模樣，不過其他人就不像我這麼小心翼翼了，川普總統、彭斯副總統和NASA署長布里登斯廷都很自然地代表政府出面，除了公開表示SpaceX的示範任務宣告成功，自己也可以順便邀個功。不過我也加入了感謝這些人的行列，不論在媒體的採訪裡或自己的推特發文裡，我都對他們肯用負責任的態度完成了這次任務而致謝。雖然川普一如往常，把自己在其中扮演的角色說得太過誇張，但是他當初確實是可以取消這個計畫的，而我很感謝他沒有那樣做。

布里登斯廷在推特上寫道：「在川普總統的帶領之下，我們終於再次從美國的土地上用美國的火箭把美國的太空人送上太空了。」有人抱怨他講這些話沒有事先問過總統，但是布里登斯廷其實有先報告過總統，而且他說的也是實話，就好像當初第一次登月的時候功勞也一樣有算在尼克森頭上，對這一點大部分的人心裡都還是很清楚的。

布里登斯廷接著又進一步表示：「這個計畫告訴我們，政府在承接上一任政府的工作時如果也能延續原本的目標，事實證明這樣做是可以成功的。」他還說商業載人計畫的成功乃是建立在商業載貨運補計畫的基礎之上，而後者早在將近十五年前就已經由小布希前總統開始推動了。然後他又讚揚了前一任的署長，說「身為NASA的署長，查理・博爾登所辦到的絕對堪稱是了不起的工作」。而這裡頭還包括了他推廣商業載人計畫的功勞，畢竟當時這個計畫「在國會並沒有獲得大力支持，但查理・博爾登卻一肩扛起了所有事，只為了讓這個計畫可以成功啟動，並且順利進行」。

我對於布里登斯廷署長努力在其任內達到的成績感到相當欽佩，也要讚許他的這些言論表現出了兩黨合作的精神，不過也許他並不知道，「延續原本的目標」這種事早在小布希政府之前很久就有了，此外吉姆其實心裡也很清楚，當初真正支持商業載人計畫的是我而不是查理，然而他還是選擇竄改歷史，畢竟宣揚男性英雄人物的豐功偉業感覺起來比較自然，這樣NASA的那一套父權神話也可以延續下去。然而我們今天可以走到這一步，靠的是說真話、做真事，這才是真正的要務。

發射過後兩個月，SpaceX 讓飛龍號太空船安全降落，把鮑伯和道格帶回了墨西哥灣，聽聞此事我兀自開心得樂不可支。

◎ ◎ ◎

下一個登場的任務是「載人飛龍號」的首次運行，任務名稱叫做「SpaceX 載人一號」（SpaceX Crew 1），安排在二〇二〇年的十一月發射，執行任務的太空人分別是麥克．霍普金斯（Mike Hopkins）、維克多．格洛弗（Victor Glover）、野口聰一和香農．沃克（Shannon Walker），他們四位還為這次的飛行載具取了個名字，叫做「堅韌號」（Resilience）。到了十一月的時候，我們已經比較習慣了在疫情時代要怎麼在出門遠行時做好自主管理，而我們也實在不想繼續待在遠方遙望火箭發射了。我先生和我開了十五個小時的車，專程跑到佛羅里達的發射現場，我站在觀眾區的看台上，從前發射太空梭的時候我曾在這裡跟許多人握手打招呼，而如今彭斯副總統和吉姆．布里登斯廷署長也就跟我相隔了三公尺左右，我們大家一起看著堅韌號高升，飛進漆黑的夜空。我很榮幸可以受邀當嘉賓，聽著火箭的轟鳴聲，四名太空人越飛越高，我也感受到了一陣陣的音浪拍打到了身上，此刻的我真是無比激動，同時湧上了喜悅與安慰的情緒。

由於遭到國會刪減資金，加上碰到技術問題，所以商業載人計畫的進展沒有預期那麼快，但仍然是阿波羅計畫後NASA第一個成功的載人太空飛行計畫，而且其預算還控制在預期的數字之內，開發成本更是比以往任何一個計畫都要低上一個數量級。在太空梭退役了八年又十個月之後，那些毛茸茸的哺乳動物總算首次取得了輝煌的成功；同樣地，在大家多年來努力為雙方建立互信之後，NASA和 SpaceX 現在終於成為了一個能夠共事的團隊，而當初我們所說的那個海嘯也開始漸漸退去了。

SpaceX 的成功也開始影響到了以往太空界裡很難被撼動到的其他山頭，甚至就連美國軍方也承認，美軍的太空資產因此大大降低了利用成本，也大幅縮減了反應時間，因而也強化了我們的國家安全。國防部長勞埃德・奧斯丁（Lloyd Austin）在自己就職前的人事提名聽證會上也證實了，太空企業的創新已經是軍方用來加強自己實力的手段，而這種方法也是美軍藉以發展尖端科技的獨特方式。此外其他的國防部高級官員還指出，他們現在的目標是減少依賴聯邦政府本身的技術團隊，改靠科技企業家的團隊來進行研發，因為他們正在快速轉變整個民用市場，而這樣的新目標也確實收到了成效。

根據《紐約時報》於二〇二一年初的報導，NASA現在已經改採新的做法，變成一次投資多家彼此相互競爭的公司，而不是像平常那樣直接把規定條款清楚寫給承包商，這種做法可以讓美國獲得在太空中最佳的軍事戰略優勢。報導中寫道：「對歐巴馬先生來說，美國的太空軍要想在創新方面大幅躍升，就該像史蒂夫．賈伯斯對手機的改造那樣，繞開國家裡頭處處講規矩的僵化的部門限制。」報導裡還稱讚了NASA對SpaceX、藍色起源等企業進行了一些相對較小的投資，結果卻為美國的國家安全創造出跟過往不一樣的新型優勢。此外《紐約時報》也指出，由於發射載具可以重複使用，加上發射的成本與衛星的體積都比以往大幅減少，這讓軍方在規劃戰略時可以大大增加敵方進行反衛星攻擊的困難度——甚至有時候可以讓對方完全不知從何攻擊起。

《紐約時報》登出這篇文章的那個早上，有許多朋友和以前的同事紛紛轉寄給我，他們知道我一定會覺得這篇報導特別有價值。明明是人民選出來的領導人與民代，當初卻發出譴責來指控我們所提的計畫會危害國家安全，這種行為從來都不是真正在為我們共同的未來著想，而只是想要保全自己的美好未來而已。

◎　◎　◎

民間興起了太空競賽的浪潮，眾家企業出資搶攻次軌道上的太空旅遊，此事在二〇二一年夏天引起了全世界的注意，幾十年前說好的那個情景終於要成真了。維珍銀河和藍色起源兩家公司都已經成功把自家的創辦人給送上了太空的邊緣再送回地球，現在也開始要開放旅客們花錢買位子上太空了。

當初藍色起源公開宣布會從競標的眾人裡選出一位優勝者，讓他跟自家的創辦人傑夫・貝佐斯和他弟弟一起參加該公司首次的載人飛行任務，時間排定在七月二十日這天，也就是人類初次登月第五十二週年的日子，光是這波操作就已經讓這家公司贏在了起跑線。而且這次的成員裡頭還有一位是當年「水星十三」裡的女性沃利・馮克（Wally Funk），她從一九六〇年代開始就一直在等待著這樣的機會，此外還有一位荷蘭的億萬富翁的兒子，他以不公開的價格買下了這個機位。

維珍銀河雖然仍處於測試階段，但在藍色起源宣布計畫後兩週，他們也宣布創辦人理查·布蘭森將會親自搭乘下一次的飛行任務，而且時間還排在藍色起源出發之前的那一個星期來進行。布蘭森此次搭乘太空船二號，除了原先必須的兩名飛行員外，另外還有三名維珍銀河團隊的成員一同前往，這些被他選中的員工裡頭有一位是我的朋友兼前同事，現在負責管理該公司的華盛頓特區辦公室，所以她把我也列入了嘉賓清單裡頭，而我也去了新墨西哥州的美國太空港參加這場火箭發射盛會。

藍色起源先宣布了發射日期，結果卻被人給超車搶先，心中自然感到不痛快，於是就公布了一份資料，比較一下自家的載具新雪帕德和維珍銀河的太空船二號，並指出新雪帕德不僅可以像火箭那樣升空，而且比對手飛得更高，還配有逃生系統以及更大的觀景窗戶。藍色起源的這些話有些陰狠，就連支持者也覺得似乎是說過頭了，於是網路上馬上就開始流傳各種比較其他方面的哏圖，例如哪一家的火箭看起來比較像是陰莖之類的。不過在布蘭森他們要發射的前一天，貝佐斯還是發了一條「謹祝一切順利」的推文給布蘭森，然後又在發射成功之後祝賀了對方。

伊隆·馬斯克這回倒跟以往不大一樣，他沒有在社交媒體上蹚這次的渾水，只是宣布他會參加維珍銀河的發射活動而已。伊隆到達貴賓觀景區時距離發射已經沒有多久，他帶著一歲大的兒子 X Æ A-12，手上還有個塞得有點亂的尿布包。此前幾個小時布蘭森才剛發一條推文，上頭有張照片是他跟打赤腳的馬斯克手挽著手，內文則寫道：「大日子就在眼前，跟朋友一起迎接這個早晨真是太棒了。覺得很是快意，覺得很是興奮，覺得萬事齊備。」後來我才聽說，伊隆前一晚就先跑到了理查在新墨西哥的住所，然後在他的沙發上過了一夜。

布蘭森一直說他的發射時間超前貝佐斯真的只是巧合，但這實在很難讓人相信，要是他們真的可以在這麼短的時間內就把所有的準備工作都完成得如此到位，那就真的是太出乎我意料了。這次的活動安排得非常完美，太空港的建物本身就是一項奇觀，用來當成這場表演的背景真是再好也不過了，加上起飛和降落時會利用跑道進行，這讓觀眾們可以比垂直火箭發射時更近距離看到實景。

在場的嘉賓們目睹巨大的「白色騎士二號」飛機升空，機翼下方掛著太空飛船二號火箭，在爬升到四萬英尺之後，火箭與飛機分離，引擎點起了火，大約一分鐘後，這些剛當上太空人的乘客們看出窗外，眼前已是地球的曲線，而自己在艙內也已經失重漂浮了起來。我欣喜若狂地看著大屏幕，我的朋友西莉莎・班德拉（Sirisha Bandla）開始進行科學實驗的測試程序，然後又翻身一滾，直接飛到艙中的另一端。大約五分鐘後，火箭成功落地，此時我們大家終於都鬆了一口氣，而太空船二號則被拖到了舞台這邊，台上的歌手凱利德（Khalid）正在演唱一首他為這次盛會寫的單曲，歌名叫做〈新常態〉（New Normal）。

十天後，輪到藍色起源要點燃火炬了。這趟要去的是德州的范霍恩（Van Horn），行程可一點都不比去新墨西哥州的「真相或後果市」（Truth or Consequences，美國太空港就在這裡）來得輕鬆，不過到了七月二十日早上，同樣的那一大批媒體，加上傑夫・貝佐斯的圈內賓客都還是共聚一堂。傑夫沒有像布蘭森那麼愛現，所以這場活動上安排的劇碼也沒有前一場那麼多，觀眾們必須距離發射地點五英里以上，不過現場有安裝大螢幕可以提供即時影像。當傑夫和其他成員登上太空船的時候，現場群眾的興奮之情頓時澎湃洶湧起來，接著垂直火箭的第一級推進器（first stage）從發射台上飛射而起，所噴發的火焰燃燒了大約兩分鐘後，就把新雪帕德太空艙拋入了太空中。在體驗了幾分鐘的無重力狀態後，機上的四位乘客又繫上了安全帶，不久之後就用降落傘回到了地面，其地點恰好就落在第一級火箭的不遠處，這個推進裝置在稍早前也已經靠尾端的火焰成功落地。

藍色起源的第二次觀光載客是在二〇二一年十月飛行的，此行還創下了一個紀錄，就是載送世界上最年長的太空旅行者，高齡九十歲的演員威廉・薛特納（William Shatner），他演過最有名的角色就是《星艦迷航記》裡的寇克艦長（Captain James Kirk），而此次除了他以外還有另外三名乘客。等到機組人員從太空中返回，傑夫・貝佐斯立刻前去歡迎他們，而此時薛特納對他說了一句：「你剛剛送給我的，是我所能想到的最深刻的一種體驗。」顯然這位大牌演員受到了感動，「我們賴以維生的空氣，變得比你的皮膚還要更薄」，他接著又說，「每個人都應該要有過這樣的體驗才對，不論是用這個火箭或其他方式，這真的很重要」。然而，次軌道觀光飛行也只是剛開始上桌的前菜而已。

二〇二一年秋天，SpaceX 在沒有ＮＡＳＡ幫助的情況下首度完成了全程的商業軌道任務，有四位乘客在三天的航程後成為了新一批的太空人，所有費用均由三十八歲的億萬富豪企業家賈里德・艾薩克曼（Jared Isaacman）來買單。艾薩克曼把自己以外的其他座位都捐出來，送給幾位分別因不同原因而獲選的乘客，且所有收益都會捐贈給慈善機構。此次太空任務命名為「靈感四號」（Inspiration4），獲贈座位的三人裡有一位是靠抽獎選中的，一位是兒時罹患過癌症、現在裝著義肢的生命鬥士，還有一位是教育藝術方面的企業家，負責擔任指揮官的賈里德本人捐出一億美元給聖裘德兒童醫院（St. Jude Children's Hospital），這個數字超過這次活動中所有其他人的捐贈金額。這也是首次完全由非政府人員所進行的太空任務，更是第一次讓男性與女性的成員達到了相同數字，網飛（Netflix）有一部迷你影集記錄了這一趟飛行，不禁讓我想起了二十年前探索頻道也曾經計畫要幫「太空媽媽」拍的那部紀錄片。

到了這時候，NASA終於開始推動前往國際太空站的旅遊航班，有一位前NASA員工成立了一家名為公理太空（Axiom Space）的公司，負責幫政府擔任仲介工作，還聘請退役的太空人來擔任導遊，帶大家搭乘飛龍號去國際太空站。二〇二二年的航班中已經有兩批各三位旅客預約了座位，* 公告的收費價格為每個座位五千五百萬美元。

⊙ ⊙ ⊙

有人抨擊所謂的「太空旅遊」不過是有錢人的遊樂園而已，這種批評看起來似乎不無道

* 譯注：後來兩個航班都有順利成行，但第二次是在二〇二三年五月才完成的。

理，但是值得再進一步細思。旅遊業是一個規模將近兩兆美元的產業，哪個國家只要能搶占到一大塊市場大餅，就能帶來巨大的經濟收益，雖然太空旅遊大概還需要很多年才能在這塊市場裡占據相當的分量，但美國確實有機會主導這一個產業，我們切不可忽視這點，而次軌道太空船未來有機會可以在九十分鐘內把地球上某處的人員或貨物送到地球上的任何其他地方，可以說是一個最被看好的市場。

這個旅遊市場逐漸興起，而此時面臨老化問題的國際太空站也冒出了越來越多的狀況，其每年多達大約三十億美元的營運成本也亟待減低，這些都在催促著NASA想快點把地球軌道實驗室（Earth-orbiting laboratories）交給民間來持有與營運，於是NASA在二〇二一年時宣布了商業近地低軌道太空站（Commercial LEO Destinations，CLD）計畫，要以合資的方式來開發商業太空站，如今NASA想要仿效商業載人和載貨計畫的成功範例，提供《太空法案協議》規定的合作夥伴模式，並計畫在二〇二九年以前簽訂服務合約。計畫一出，第一次招標就吸引了十二家競標商響應，大家看中的就是將來會有越來越多人們（不管是觀光客、科學家或太空人）可以造訪的地方，如此的可能性不但持續在增加，而且也許要不了太久就會發生。

很多人都在猜測伊隆・馬斯克和傑夫・貝佐斯這兩個太空競爭對手到最後究竟會由誰勝出，儘管現在談論這個問題依然為時過早，但畢竟他們在二〇二〇年和二〇二一年輪流當了一遍世界上最富有和第二富有的人，所以不免會被人們拿來比較。歷史上曾有許多偉大的競爭故事，這些競爭推動了藝術與技術的進步，使其進展遠超單獨一方所能達到的成就，這種「雙方的力量」可以用來解釋很多對象的同時進步，包括達文西和米開朗基羅、愛迪生與特斯拉、萊特兄弟和柯蒂斯（Curtis）、比爾・蓋茲和賈伯斯等。馬斯克和貝佐斯兩人都在同一個時期投資了以永續為目標的太空發展計畫，光這件事本身就已經改變了太空發展的方向與格局。

傑夫・貝佐斯對於太空開發在心中有其長遠的願景，例如要把破壞環境的產業移出地球，以確保地球上的生命可以一直存活下去；相較之下，伊隆・馬斯克則把焦點放在移居火星上，以此來達成人類的永續大計。即便這些願景都並非短短幾代人就能夠付諸實現，但兩人自己投入的資金和努力都已經大幅降低了其所需的成本，同時還增加了衛星與太空運輸的能力，為美國帶來數十億美元的經濟效益。如今，有好幾百家商業太空公司正在想盡各種辦法推動科技的進展，這是十年前根本無法想像的。

截至我撰寫本書的此刻，伊隆・馬斯克以三千三百六十億美元的淨資產而位居全球首富，傑夫則落居第二，由於不久前因離婚而出讓了部分財產，目前其淨資產為一千九百六十億美元。亞馬遜的公司規模比特斯拉更大，而且對於地方的企業與環境都會帶來巨大的衝擊，因此也比特斯拉更具爭議，不過社會上抵制億萬富翁的風潮倒是對他們公平看待，一併予以狠狠地攻擊。伊隆的追隨者比較多，他們有點像狂熱的教徒，可是一旦離開了太空圈子，很多人就覺得他們這兩人都是貪婪、逃稅、一切只為自己的大男孩，整天想著打造火箭，實則是在較量誰的老二比較大而已。毫無疑問的是，目前伊隆在太空這方面確實比較「強大」，除非伊隆他出了什麼大錯，否則傑夫不大可能有辦法在十年內趕上他的腳步。

SpaceX 不僅擁有巨大的領先優勢，而且目前其進步的速度也不是任何其他對手比得上的，包括所有的大型航太公司，這讓我一方面感到神奇，同時也覺得害怕，畢竟挑戰引力可不是件簡單的事，在往後的日子裡是不可能每次都安全得分的，一旦發生了不好的結果，民間單位就必須回答客戶到底是哪裡出了錯。至於他們是否能跟NASA一樣獲得大家所給予的機會，讓他們能修正錯誤、繼續前進，這也只能留待時間來證明了。

伊隆到他位於博卡奇卡（Boca Chica）的火箭場時，常會住在當地的一般住宅裡頭，可是他又買下了附近大部分的土地，包括城鎮裡的許多地區，這讓一些當地居民相當不滿；貝佐斯一面在打造一艘價值五億美元的遊艇，一面又承諾要捐出一百億美元給一個新的地球基金會，希望助其對抗氣候變遷所造成的分配不公問題，並且促進無碳經濟。從這兩個人跟前妻或員工的相處方式上來看，他們的紀錄都算不上極好，不過兩人也才五十多歲，如果真的有心的話，還是有足夠的時間來進一步造福世人、改善聲譽的。

這兩位億萬富翁都把對太空的興趣歸功於童年時閱讀的科幻小說，他們對海萊恩（Heinlein）和艾西莫夫有一樣的崇敬之情，而這多少也解釋了為什麼他們會一面高舉著自由主義，一面又抱持著男性中心的世界觀。《紐約時報》在二〇二一年底曾刊登了哈佛大學歷史教授吉兒．萊波爾（Jill Lepore）的一篇觀點投書，文中把這兩個人的信念拿來跟一九三〇年代初期的技術官僚運動（technocracy movement）相比較，發現了其中的相似性，這個運動也是受到了科幻小說的啟發而開始宣揚理念，相信科技和工程可以解決所有的政治、社會及經濟問題。萊波爾並且指出，那些科技官僚其實既不相信民主制度，也不相信政治人物；既不相信資本主義，也不相信貨幣，他們甚至還反對每個人有自己的名字。

伊隆．馬斯克曾在二〇二一年上《週六夜現場》（*Saturday Night Live*）的時候說：「對於所有被我冒犯到的人，我只想說：我重新發明了電動車，我還在努力把人用火箭飛船送到火星上，這樣你還覺得我會是個冷靜而正常的傢伙嗎？」這個嘛，雖然他還沒真的把任何人給送上火星，不過這番話說得倒也在理。我們大多數的人都無法想像自己能累積這麼龐大的權力與財富，所以很容易就會斷定他們有問題，反正我們與生俱來的本性就不一樣，自然難以理解對方。不過我發現一件有意思的事，就是目前為止我們還找不到本性跟他們一樣的女人，也許這可以歸因於女性天生就是比較善於合作、不愛競爭，不過我難免還是覺得這種現象至少有一部分是受到了環境的影響。泰勒絲（Taylor Swift）有一首歌叫〈男人〉（The Man），裡頭的歌詞讓我聽來覺得非常真實：「我會是無畏的領袖，我會是帶頭的那種人，如果每個人都相信你，那又會是什麼感覺？」如果有女太空人要開自己的特斯拉前往火箭發射台，我希望能在她播放的歌單裡聽到這首歌——如果是我的話，肯定會放這首。

十二、價值主張

大家喜歡把所謂的「億萬富豪間的太空競賽」拿來當成笑料，甚至已經演變成了一種藝術表演的形式，連我都不得不承認，有些人對我那些富豪朋友的惡搞模仿真的讓我大笑不止。拿這票人來對照攀比一番，這樣做確實可以吸引大家的注意力，然而真正最該拿來比的並不是這個，重點在於我們國家的載人太空飛行活動真正的價值主張＊是什麼，我們應該看看ＮＡＳＡ從內部到外部在進行的各種計畫，然後好好進行一番分析才對，可是兩黨的政治人物現在卻都只見樹不見林。

＊ 譯注：價值主張（value proposition）一詞是商管用語，指企業對於顧客傳達的承諾，告訴他們為什麼選擇這個產品或服務會對他們有益，類似於精神理念一類的宣言。

現在大家很流行抨擊那些億萬富豪的太空冒險會造成各種損害，但同時卻又無視於國家花數十億美元的稅金來讓NASA進行一些發展牛步、效率低下的計畫，而且這種計畫還損害了我們的國際競爭力。這種看待事情的角度就像是有人在抱怨萊特兄弟，說他們當初在基蒂霍克（Kitty Hawk）的試飛行為太過魯莽，應該要用大家的錢來發展政府的航空事業才對，可是到頭來，政府的這些研發成果其實都打了水漂了。

政府推出了可以讓特定人士獲取巨大財富的政策，而且太空活動的增加也會對（地球和太空的）環境造成負面影響，這絕對是我們應該要關注和憂心的事情。人民選出了政府和國會，他們有責任要保護公眾福祉、制定更多有效的環保和稅務政策，還要確保政府的太空計畫必須追求更普世的目標，而這件事直接屬於我們國家領導人的職責範圍。我在此以個人的角度跟大家分享我所提倡的價值，以及我所注意的問題，我相信我們在制定政策和法規時一定要做得比現在更好才行，要能夠獎勵大家去保護我們所有人的未來。今天應該受到譴責的其實是我們，或者說我們的政府，如果只是一味怪罪民間的太空企業，而不願承認我們缺乏政治決心，這根本就是混淆與誤導了雙方的角色。

早從尼克森政府的時代開始，NASA就已經奉命要降低太空運輸的成本，而此後政府每一次在制定太空政策時又都會不斷更加強調這點，例如柯林頓政府在一九九四年頒布的「國家太空運輸政策」（National Space Transportation Policy）就又明確重申了這項目標，要求「NASA應該承擔研發下一代可複用系統的主要責任」，然而政府在這方面依然幾乎毫無建樹，因為如果真的要貫徹這項政策的話，就必須先放棄目前手上那些昂貴的操作系統，改掉舊日那些光顧著圖利自己的做事手法。可是直到現在我們還是沒有學到教訓，NASA現在依然還是在用傳統的簽約方式來開發載人太空飛行計畫，也就是太空發射系統（SLS）和獵戶座計畫，卻不在意其成本已然超支了數百億美元，其進度也延誤了五年之久。

我們很多人所害怕的事還是發生了，幾千個人花了十幾年的時間來打造這套系統，而其設計架構上並不具備任何的可複用性，也完全無意於追求永續性，然而這並不是負責製作的這些人的錯。NASA的監察長在二〇二一年十一月曾在一份報告中指出，規劃好的前四次發射每次都要花掉政府四十億美元，而且這還不包括研發上花掉的沉沒成本，約計四百億美元。不久前美國政府問責署（GAO）也提出了一份報告，點出多項既不合理又無根據的獎勵費用，而且還發現NASA對國會隱匿了數十億美元的開支。相較之下，SpaceX 和藍色起源都是用民間自己的資金在開發可複用大型火箭，而其研發的載具不但很可能會具備更加優越的性能，成本還比ＮＡＳＡ低了很多。面對如此的實情，拜登政府現在依然選擇繼續裝作沒看到，這已經是第三個這樣做的政府了，所以荒謬的情況也會繼續發生下去。

彭斯副總統在二〇一九年曾宣布ＮＡＳＡ會在二〇二四年以前再讓太空人登陸月球，此舉或多或少都是為了讓太空發射系統和獵戶座能有個任務可以做。政府把這個計畫命名為阿提米絲，還宣傳說打算要第一次讓女性登月，只不過這個計畫的目的地有點搞不定，因為川普總統曾數次違背了自己和彭斯副總統的說法，改口說我們應該去火星才對，登月這件事我們早就做過了。至於太空產業複合體這邊，他們選擇無視於總統的改口，反正不管目的地設在哪裡，他們所希望的只有一件事，就是能把合約搶到手。

ＮＡＳＡ目前的計畫是要在月球的南極建立一座基地，由此一方面可以探勘月球的資源，也可以為前往火星的載人任務做準備。雖然這套說法的背後並沒有得到預算的支持，不過阿提米絲計畫的宣傳手法本來就是要盡量博得眾人關注，而且也確實在太空界獲得了很大的迴響。問題是要想執行這個計畫，ＮＡＳＡ的預算估計要比原本再多花個三百億美元，而川普政府的預算書裡卻只增加了每年幾十億美元的資金，這數目明顯不夠，更何況這個提案的預算後來還被國會給大砍了一半以上。其實這件事也沒什麼好奇怪的，畢竟現在是要老調重彈，再次把十三個人送上月球，就算最後裡頭真的有一位是女性，一般大眾和部分的國會議員還是沒有那麼容易買單的。

想重返月球的話就必須先找到這樣做的正當性，其中一個理由是當今的世界又出現了冷戰那樣的競爭局勢，不過這次的主要對手變成了中國；其二則是要啟迪後人，開創嶄新的「阿提米絲世代」。NASA目前在推廣一套不具約束力的原則，叫做《阿提米絲協定》(Artemis Accords)，截至我寫書的此刻已有其他十二個國家的太空機構共同簽署，對比於過去三十年裡，NASA一直以國際合作的理由來證明應該繼續進行載人太空飛行任務，可是這次的阿提米絲計畫在大家眼裡就是純粹由美國主導的活動而已，只有幾個國家同意要提供硬體方面的協助，另外還有一名加拿大的太空人也會參與第一次的軌道飛行。但真正最讓人不安的地方是，俄羅斯不斷地在暗中放話，說等到國際太空站退役之後，他們在太空這方面可能就不會那麼配合美國了，他們會改成跟中國多多合作。

阿提米絲計畫的內容和時間表都在計畫還沒有好好展開之前就已經倉促宣布，於是NASA只好事後趕工，想要亡羊補牢，如今太空發射系統的火箭和獵戶座太空艙都已經排定要在二〇二二年首度試飛，*而這兩個項目也只是打頭陣，要想達成阿提米絲計畫的艱鉅任務還得克服許多關卡。我們當初曾為小行星任務提出一款太空梭的設計方案，如今太空總署正在著手將之修改為一種由人類來操縱的太空站，還取了一個新名字叫「月球門戶」（Lunar Gateway）。然而根據NASA監察長的報告，月球門戶的成本大幅超出了原先的估計，而且也無法及時完工，所以NASA正在對前幾項任務進行調整，不過根據監察長在二〇二一年夏天所提出的另一份報告來看，光是這項任務所需的太空衣，就至少得要拖到二〇二五年才能完成，而且這兩套太空衣估計就要花掉十幾億美元的稅金。此外，雖然計畫所用的零件一共由二十七家不同的承包商來提供，但NASA最近還是決定要把它算成是「內部」計畫，希望能設法讓作業狀況重回正軌。

除了月球門戶設站和太空衣的問題之外，登月艇、月球探測車、地面勤務設備，以及多項實驗項目也都還處在不同的開發階段。雖然NASA在地球上要用來支持阿提米絲計畫的基礎設施都已經準備得差不多了，但其成本也都是天價，NASA還花了十億美元來為太空發射系統安排好發射場地，相較之下 SpaceX 和藍色起源的火箭大小雖然跟NASA的差不多，但也只是把原有的發射場翻修一下而已，還完全沒有花到社會大眾的錢。

這兩種文化之間的巨大差異，甚至還體現在載送太空人的不同方式上。NASA前陣子鄭重其事地針對電動的「載人運輸載具」發布了一份資訊請求書（RFI），也就是說太空總署想要替換掉之前的Astrovan房車，改用其他車輛來載送四名太空人從著裝室前往發射台，全程大約只有四英里的距離，預計每兩年會開一次（外加實地演練）。NASA這份資訊請求書裡要求這輛車必須要能夠載運一位駕駛、四位著裝完畢的飛行機組員、三位其他的工作人員，還要有空間放得下六件裝備包及冷卻設備，而且每名乘客都要有兩立方英尺的空間可以放置其他物品；資訊請求書裡還要求車輛必須有兩大扇進出專用的門，外加一個緊急出口。然而看看SpaceX這邊，他們也要把四位穿著太空衣的太空人載到發射台，雖然他們的太空衣沒有像獵戶座飛行時所用的太空衣那麼厚重，但是大家要行駛的路線是完全一樣的，然後SpaceX直接派出兩輛特斯拉的Model X就解決了。

⊙ ⊙ ⊙

＊譯注：自本書出版後，太空發射系統又多次延後發射時程，最終才在二〇二二年十一月十六日成功發射。

當前副總統拜登獲得民主黨二〇二〇年大選的總統提名時，我也出面支持了他，再次以顧問志工的身分幫他起草太空政策白皮書；此外在 SpaceX 的商業載人任務成功之後，我也幫忙寫了一份候選人要發表的道賀聲明；然後我又幫候選人草擬了談話要點，並同意在五月飛龍號發射之前接受媒體的專題訪問。原本我是要跟前參議員比爾．尼爾遜一起受訪的，但在正式採訪幾天前我接到競選團隊一名助理的電話，對方有點尷尬地告訴我，這次的媒體採訪會改由查理．博爾登陪同比爾．尼爾遜一同前往，所以不用我幫忙了。之後又有另一位競選團隊的工作人員向我證實，這個變動是比爾那邊要求的。

我之後還是盡力在幫拜登競選，也在整個選戰過程裡繼續支持他的太空與氣候政策。有幾個人從早期就在幫拜登安排過渡團隊的事宜，那年夏天的時候我接過其中一個人的電話，要我推薦ＮＡＳＡ審查團隊的人選。後來喬．拜登贏得了大選，我一方面為他的勝選高興不已，而且後來也很高興得知我推薦的一些人選真的上了過渡團隊的名單。只要他們需要幫忙，我都很樂意提供協助。由於我本身一直都支持白宮要有國家太空委員會，*所以當我聽到新政府確定會保留這個機構，並由副總統賀錦麗來擔任主席時，更是感到格外高興。至於ＮＡＳＡ的署長，還是老樣子，一直到就職日那天都還沒有人獲得提名，只能先由過渡團隊指定一位經驗豐富且受人敬重的事務官來擔任代理署長。

由於之前發生了一系列的「宇宙大事」，讓這一屆的新總統有了更強的誘因，使他比前人更早就開始制定自己的載人太空飛行計畫藍圖。新政府剛上任兩週時，福斯新聞台的記者克莉絲汀・費雪（Kristin Fisher）在白宮的每日例行簡報會上問了一個問題，詢問拜登政府是否還會支持川普總統不久前剛建立的「太空軍」（Space Force），白宮發言人珍・莎琪（Jen Psaki）先是輕笑了一聲，擺出一副輕鬆的態度說她不清楚，得要先去看看狀況再說，然後軍事及太空產業複合體就抓住了這個機會開始大做文章，批評總統和白宮發言人沒有用更認真的態度對待這個重要問題，然後再使盡渾身解數來羞辱白宮，逼其宣布願意支持這個新的軍種，而這套方法還真有神效。到了第二天的記者會上，當白宮發言人證實會繼續保留太空軍之後，同一名記者又追問了另一個問題，問總統是否支持阿提米絲計畫。這一回珍・莎琪還是不清楚記者指的到底是什麼，不過她知道不可以再擺出輕視的態度了，然後就承諾之後會再給記者一個答覆。到了隔天，在記者會將要結束時，珍從講台上望向昨天提問的那

＊ 譯注：太空委員會原本已經於一九九三年解散，川普又在二〇一七年重新建立。

位記者，然後拿出了筆記本來朗讀自己聽到的答案：阿提米絲是NASA所提出要帶我們重返月球的計畫，而且這次還會帶一名女性一起上去。然後又補充說這個計畫聽起來很讓人興奮，她自己也很想告訴女兒這個消息，接著又回答了一輪關於要不要保留國家太空委員會的問題，此時太空界已經贏了，他們玩了一套帽子戲法，得到了自己想要的東西。

記者團利用提問的機會來推動政策方面的決策，這本來就是一套由來已久的常見做法，而福斯新聞台的記者又挑了一個再恰當也不過的提問時機。在這次的事件過後，有些人似乎開始覺得太空事務已經有了重要地位，成了政府早早就想要優先關注的政策議題，等到後來大家發現這位記者的父母都是太空人的時候，才出現了批評太空界一直都在徇私的聲音，不過為時已晚，人家已經贏下這局了，而克莉絲汀·費雪也獲得了她想要的成績。

近來有不少記者喜歡標榜自己支持太空活動，現在這種操作手法已經算是很常見的了，有些推文和宣傳影片還會偽裝成「紀錄片」，講述一些太空任務和火箭發射所帶來的興奮讚嘆之情，相較之下，現在就很少會見到從前那種調查報導，探究政府到底是怎麼花民眾的錢。其實太空議題就跟其他專門的小眾領域一樣，會被吸引來就業、報導這些特定主題的人，往往本身就是該領域的愛好者，而如果真有記者試圖在報導時用更嚴格的角度來進行分析，那就會有招致報復的風險。如果是純粹由民間自己出錢的太空活動，或者是像娛樂、體育這方面的領域，發生上述那種現象倒也還比較說得過去，畢竟人家沒有花到納稅人的錢，只是所造成的負面影響其實也差不多。不管記者寫的是運動明星、名人還是NASA署長，如果下筆時不寫些人家愛聽的好話，那之後有可能就無法繼續採訪到他們負責要報導的人物了。網路和社群媒體已然讓原本獨立的媒體第四權產生了一種悖論：媒體平台雖然讓資訊更加容易被人取得，但是它所追求的只是衝瀏覽人數而不是增加知識，與這個問題相關的還有一種情況，就是一則新聞如果不夠極端的話，已經很難出現在主流媒體上了。

到了三月，拜登總統居然選中了他的老朋友，同時也是之前在參議院裡共事的前議員比爾·尼爾遜來擔任NASA署長，而尼爾遜的提名也普遍獲得了各界的肯定，這現象多少跟我在上一段提到的那種現象有關，至於我的意見，則成了少數例外情況。我應《科學美國人》（*Scientific American*）雜誌的要求寫了一篇專欄投書文章，在文中我承認這位參議員確實有資格擔任署長，不過我也說明了自己的憂慮，擔心提名他的話會對外界釋出一種不好的信號，讓人覺得政府的目標可能太過時了。看到尼爾遜就要成為領導太空總署的第十四位男性，我跟很多人一樣，都感到滿滿的失望之情。

拜登政府的NASA過渡團隊裡有一位女性叫潘蜜拉．梅洛伊（Pamela Melroy），她據傳也是角逐署長職位的人選之一。潘蜜拉當過太空人和空軍飛行員，也是太空梭任務歷史上僅有的兩名女性指揮官之一，她還從衛斯理學院（Wellesley College）和麻省理工學院取得了物理學、天文學、地球和行星科學的學位，並曾於洛克希德．馬丁公司、聯邦航空總署（FAA）、國防高等研究計畫署（DARPA）擔任過高階職位，在太空界享譽盛名，我們有很多人都盼望她能獲得拜登總統青睞，成為NASA署長。但後來被提名為署長的是尼爾遜參議員，而且過了一個月潘蜜拉才被提名擔任副署長的職位。有了解這些人事任命內情的人透露，比爾要求把提名潘蜜拉的提案暫時擱置，要先公布他自己的提名，這樣大家才不會搞錯到底以後是誰在當家。在審核他提名資格的聽證會上，有人問起他要怎麼確保NASA會優先考慮多樣性方面的問題，尼爾遜回答說他的副署長和財務長已經都是女性了，講得好像這個機構已經有第四位女性副署長、第三位女性財務長，所以已經算是足夠進步了一樣。

我在專欄文章裡寫到了尼爾遜參議員曾經在二〇一〇年的預算案帶頭跟總統及副總統作對的事，並表示我擔心這段往事可能代表他跟太空總署最為創新及成功的計畫並不合拍。想當然耳，這位新的NASA署長對自己過去的這段紀錄有著很不一樣的印象，畢竟如今七十九歲的他正在拚命包裝自己，改揮起了商業載人計畫的大旗。他的前同事凱．貝莉．哈奇森參議員雖然已經離開了參議院，但還是以特別嘉賓的身分出席了他的資格審核聽證會，大肆吹噓說他們兩人長期以來都在鼓吹商業載人的理念，也很早就開始支持這個計畫。他們的演出很適合做成深夜時段的喜劇，用那種「前後比一比」的對照手法來呈現他們的面目，可是跟往常一樣，只有對此事特別有興趣的人才知道這些，而大部分的記者雖然也覺得他們很搞笑，但大家都沒有多說什麼，畢竟他們可不想冒這種風險，害自己以後採訪不到NASA的新署長。

正所謂成功有一千個父親，而失敗卻只能是個孤兒，看到現在有這麼多人支持商業載人這個改革方案，我感到相當高興，哪怕他們之前差一點就要害它胎死腹中了。至於國會這邊，他們完全有權對這項新觀念提出質疑，可是他們明明就不肯贊成歐巴馬總統的預算提案，一心只想簽更多大型的航太工程合約，這也是有據可考的公開事實。如今看到從前反對商業載人計畫的那些人，一個個都放棄了自己原本買票搭乘的車子，趕著跳上從對向高速行駛過來的列車，這實在是既好笑又大快人心。反觀當年的拜登副總統，雖然他當時對

ＮＡＳＡ的事務參與不深，不過倒是一直都在我們這邊的列車上，而且也始終支持歐巴馬政府最看重的那些政策。

拜登總統上任後，第一次編列的ＮＡＳＡ預算案裡選擇了繼續提供資金，以研發商業載人計畫、太空發射系統、獵戶座和阿提米絲計畫，預算總額較前一年增加了百分之六。後來剛好國家又花了幾兆美元來刺激國內經濟，於是尼爾遜署長就向國會遊說，希望能增列一百一十億美元的預算，但是直到本文撰寫時ＮＡＳＡ只拿到了一億美元，而且大部分都指定用於改善基礎設施。此外，按照尼爾遜署長現在的說法，阿提米絲計畫將會在二〇二五年首度把女性和有色人種送上月球，而「川普政府的原訂目標，在二〇二四年就派人登月，其實在技術上並不具備可行的基礎」。雖然這跟他之前所說的話有所矛盾，但一如往常，媒體還是看不到其中的不一致之處，反正大家都知道，想延期永遠都不怕找不到藉口的。

根據監察長在二〇二一年提出的一份報告，預計到二〇二五年時阿提米絲計畫將會花掉美國人九百六十億美元的稅金，而且屆時也根本就不可能真的可以登月，如果把通貨膨脹的數字算進去的話，ＮＡＳＡ花掉的這些錢會是整個阿波羅計畫的兩倍之多。當年ＮＡＳＡ的農神五號登月火箭在五年裡就執行了十二次的發射任務，其中還有十次是載人的；至於太空發射系統，則預計頂多只會在五年裡發射兩到三次。太空總署十多年來一直在下單訂製這些裝置，花了至少幾十億美元來進行各種升級，希望在二〇三〇年代時可以用這些東西來送太空人到火星去。唯一值得慶幸的是，當這些大恐龍吃掉樹頂上高掛的幾片最後的葉子時，毛茸茸的哺乳類小動物還是繼續一直在進化。

◉ ◉ ◉

在尼爾遜參議員確定要擔任署長之前的幾個星期，NASA選擇了讓SpaceX來幫阿提米絲計畫打造登月裝置，簽訂了二十九億美元的統包定價合約，然後SpaceX就利用這筆資金來加速開發多年來一直在自費打造的太空載具「星艦」。這次選中SpaceX也可以說是開啟了一個機會，以往政府總是堅持要自己來掌握整個系統，他們現在幫阿提米絲計畫打造的系統就是這樣，這種做法非常昂貴，也許之後終於可以成功轉型了。如果順利的話，光是用星艦就已經可以執行所有阿提米絲計畫的任務，根本不需要用到什麼太空發射系統、獵戶座或月球門戶，這不僅會大大降低成本，而且可以進行的工作也會大幅增加。人類的太空探索似乎又來到了一次發生大轉變的當口，建立更具永續性的未來就在眼前了。

在公布這項消息的那一天，一位還在ＮＡＳＡ工作的前同事私下傳了一條訊息給我，提醒我在過去十年裡所有載人太空飛行計畫的大型合約中，只有一份是跟傳統的國防承包商用聯邦採購規則（ＦＡＲ）那種成本加成的方式簽的，訊息裡還說他們「從前在ＮＡＳＡ裡頭講到『按照《太空法案協議》來資助』這些字眼的時候都要低聲說話，現在呢，大家變成了講『成本加成』時才要輕聲細語，好像那是什麼癌症一樣，妳說這轉變有多大！」

ＮＡＳＡ原本希望自己的預算足夠支付給兩家獲選的公司，讓他們都去開發登月裝置，可是國會那邊撥付的預算勉強只夠提供給一家公司。由於沒有辦法同時提供資金讓兩家公司競爭，太空總署只能讓 SpaceX 獨自挑起重擔，至於另一個競標團隊，雖然他們提案裡所寫的成本是 SpaceX 的兩倍之多，但是在輸掉以後還是提出了正式抗議，藍色起源公司甚至在第一次抗議失敗之後還一狀把ＮＡＳＡ給告上了法院，只是後來依舊輸了官司。最後ＮＡＳＡ決定直接拿其他要招標的服務給藍色起源來承包，算是幫他們開個方便法門，如此一來應該就可以讓他們和其他想參一腳的公司有更多的機會，一起參與登月大計。有趣的是，當初ＮＡＳＡ的商業載人計畫想選兩家公司分頭執行並相互競爭，有很多參議員和眾議員都出手阻擋，但是現在同一批人卻又反過來力主登月裝置的招標一定要這樣做，參議院還通過了立法，要求NASA要找人簽第二份合約，卻又不給錢讓人家拿去簽約。像是這種只下命令卻不給錢的老把戲，一般來說其實都不是黨派之爭，而毋寧是因為地方利益的分配問題。

這套載人登陸系統（Human Landing System，HLS）所簽的合約，並不符合一般簽訂統包定價合約的標準，因為這種系統的最佳用途是用於一些技術已經發展得相當成熟的計畫，建造上有什麼條件大家都已經很清楚了。然而諷刺的是，載人登陸系統之所以可以採用統包定價合約，原因之一竟是SpaceX和藍色起源兩家公司自己願意幫忙政府分擔成本與風險，如果當初這個計畫在採購時簽的是比較傳統的成本加成合約，那就沒有人覺得只選一家得標公司有什麼好奇怪的。今天之所以會鬧出這些爭議，並不是因為沒有讓兩家公司一起得標，而是因為得標的贏家是SpaceX，所以別家公司不甘心而已。

看到這家公司的CP值居然這麼高，國會原本應該要樂壞了才對，然而看到該公司現在的能力如此亮眼，已經到了打遍天下無敵手的程度，各種反對勢力還是在暗中繼續施力打壓。問題在於如果SpaceX沒有出力來開發星艦的話，政府實際上根本就連打造好一艘登月艙的錢都拿不出來，如此一來「阿提米絲」也不過只是個好聽的名字而已，只能淪為載人太空飛行計畫裡的一次空談。

人們往往會有一種傾向，對於檯面上那些跟推動太空發展有關的指標人物，大家總喜歡把自己對他們的看法投射到他們所從事的活動上面，然而不論我們自己到底是否喜歡這些太空巨頭的為人，其實這都與他們的志業無關。說到底，他們也有乖乖在遵守各國制定的法律，而且如果不去投資太空公司的話，他們也大可以把錢花在物質享受上頭，這反而對我們的國計民生沒什麼幫助。問題是現在不只一般人，連以往堅守理念的太空海盜們如今也出現了分歧，當前大家已經變得沒有像以前那麼強調整體一定要朝著進步的方向前進，不覺得一定要把球一直往前傳，所以現在就想宣布我們已經勝利的話，實在是為時尚早，因為球才剛傳進紅區（red zone）而已，還沒到得分區。美國人向來就喜歡看精彩的對抗賽，而我們這場比賽吸引到的關注比超級盃還多，所以觀眾們也自動開始選邊站。問題是那些傳統組的球員還沒退休，他們不僅在規劃新的戰術，而且還樂於看到我們自相殘殺，甚至會幫忙**搧風點火**。我認為我們還是應該要一心向前，繼續把球往前傳過去，以確保一直能夠有所進展。

當歐巴馬政府屈從於排山倒海的壓力，任由那些謀求己方利益的人士打造他們想要的大型運載火箭，我卻因為反對這種方案而飽受非議，我覺得自己的人格和愛國情操都受到了質疑，只因為我指出了這種做法一定會使成本大增且進度延誤，還說政府根本就不應該自己來打造火箭，因為這樣做是與民爭利。當時太空海盜們同意了我的說法，而且有很多人站出來發聲，更重要的是，他們並沒有就此放棄。

我估計在太空發射系統啟航之前，SpaceX 就已經可以只花百分之十的成本就把太空人送上國際太空站了，甚至還可能會成功開發出獵鷹重型火箭。雖然我沒辦法像正規的賭場那樣算出輸贏的機率，不過有很多人（大部分是私底下）都已經跟著我下注，並且在很早之前就贏了這個賭注，而這還只是故事的起點而已。

藍色起源和 SpaceX 都一直用自己的錢在打造大型的可複用火箭，其表現已然不遜於政府那種只能用一次的火箭，而且後者還花了我們幾十億美元的稅金，雙方的情勢發展至今，已經到了我以前根本不敢奢望的地步，更別說是預測會變成這樣的局面了。雖然藍色起源把新葛倫火箭的預計發射時間延後了幾年，不過反正那是自費開發的東西，沒能在自己設定的期限內完工也是他們自己的問題。SpaceX 的星港現在也還在努力趕工，而且目前也拿了 NASA 提供的登月裝置費用來加速開發自己的星艦，表面上來看似乎進展神速，但是這種事情可不能光看外表。總之只要 SpaceX 這次真的能在未來幾年內實現這個計畫，那麼太空產業就又會再出現一次大變局，因為星艦跟之前所有的太空船都太不一樣了。星艦的體積比太空發射系統更大，不過大小還不是真正最重要的不同之處，這款火箭在設計之初就規劃要一次載運一百個人，而且隨時都可以補充燃料、再次發射，不管要去降落的地點是地球、月球或火星都不在話下，而其火箭和太空船的每個部分都已經在德州的天空進行過飛行測試，軟硬體的表現有時確實符合預期，但也不是次次都能如此，總之不論是成是敗，每一次學到的經驗都會化入研發出的下一代載具之中。要是星艦系統真的開始運作的話，目前還很難想像會對太空產業造成多大的衝擊，但其影響一定會是革命性的，甚至現在就已經開始傷害到某些人的利益了。

我們被逼著幫太空發射系統和獵戶座買了單，獲利的那些人現在也不遺餘力地在保護這些既得利益。他們批評星艦的標準說詞就是「大部分的試飛都沒辦法一直保持火箭的完整性」，然而這種批評根本就是無視於過往的事實，因為從來就沒有任何的軌道火箭能夠在發射後一直保持完整，畢竟從前這種火箭根本就沒有試過用動力來進行垂直降落，都到這個時候了，太空界裡頭有些人還是搞不清楚「可複用」的概念到底是什麼意思。

不久前查理．博爾登曾說：「如果我們照著伊隆．馬斯克損失他們那些大型星艦的方式來損失火箭的話，ＮＡＳＡ早就倒了，國會會讓我們關門大吉的。」然而 SpaceX 並沒有「損失」火箭，那些都只是測試用的原型而已，就是查理這種思維方式束縛住了ＮＡＳＡ，逼得這個機構只能困守於一些老式而昂貴的計畫，面對風險也只敢採取比較審慎小心、因循舊例的應對態度。查理在二〇二一年底所接受的一次採訪中表示自己是「SpaceX 的超級粉絲，但是也超級懷疑星艦是否可行」，他說星艦實在是太巨大了，讓他覺得很難接受，還說「如果尼爾．阿姆斯壯依然在世，而且今天就在這裡跟我們說話，那他大概會說『這是我聽過最蠢的東西了』」。只不過，即使當年在制定政策與計畫時會去問問那些退休的太空人，看他們是否贊同這些想法，但那個時代大概也早就一去不復返了。

想像一下，如果輪船、火車、汽車和飛機一開始設計時都只能使用一次，然後這些交通工具一直都是交給政府來掌控的話會怎麼樣？這麼一來這些工具的運輸方式根本就不會產生多大的進展，除非有人站出來，找到一種可以重複使用這些交通工具的方式。這就好比我們來到了一個新的環境，一開始並不會知道要為自己的價值主張選擇怎麼樣的手段，但是到最後我們一定會找出正確的方向，太空活動也一樣，想知道大勢之所趨，看看那些玩金融投資的人就行了，大家爭著要買的都是未來有前景的投資標的，都想用自己的錢來幫它一飛衝天。

要想挑戰太空產業複合體，就必須要那些手上有資源卻沒有直接利害關係的人站出來，如此才能讓太空產業飛躍進入新的時代，多虧有那些願意挺身對抗特權體制的太空海盜、億萬富豪及公務人員，如今我們總算看到事情往進步的方向在前進了。當初在引進這套計畫的時候，那些頑固派還曾大加奚落，但如今這個計畫已經成了太空運輸的好方法，採用的乃是創新、可複用的民間單位自主研發科技，其成本更遠遠低於以往政府自有自營的那些計畫——想想看，再發展下去的話，我們還能締造多少新的可能？

⊙　⊙　⊙

人類第一次跳出地球，是從一場跟蘇聯的競爭而開始的，當時大家拚的是誰的速度快，沒有計較誰能一直進行下去，結果早期推動發展的力量反而可能阻礙了我們在太空持續有所進展，然而即便如此，我們從來就不會說什麼「到此為止就好了」。歷史上曾有多少船隻沉沒，多少飛機墜落，又有多少國家因放棄發展而沉淪，但人類的文明始終在繼續向前。說到底，支持我們不斷探索的，其實就是我們自己的求生使命，而國家也得要學會怎麼為了民眾的福祉來好好利用海洋與天際，不論背後的動力是恐懼、貪婪還是榮耀，這都是國家真正的發達之道。

探索太空讓我們開始了解到宇宙的奧祕，包括生命當初是怎麼在地球上出現的，如今又是否會以其他任何形式存在於地球之外。NASA所執行的那些任務打開了我們的眼界，讓我們看到了大氣層以外的世界，也讓我們知道了地球裡頭的模樣。然而NASA也必須進行改革，這樣才能拉高整個太空事業的水平，讓大家都能跟著水漲船高。

講到潮水上漲，從演化的意義來講的話我們確實正在面臨漲潮，但是漲的速度比大自然原本能夠適應的程度還要快上很多。演化史告訴我們，動物在將近四億年前爬出了海洋，而在此之前，生命可能是從太空來到地球上的。金·羅登貝瑞曾經跟我說過，如果我們是在更加晚近的時候才離開海洋的話，他認為我們受到太空的吸引反而會變得更加強烈，因為我們最終還是得要重返太空，這樣人類才能永續生存下去。我不時會想起金的這番話，為之深感共鳴。

NASA是國家的資產，只要能進行適當的改革，就可以繼續做出有意義的貢獻，幫助人類在地球乃至最後在地球以外長久生活下去。這些年來人類的所作所為正在改變我們的地球家園，只不過我們自己身在此山中而看不到實情，所以要想知道廬山真面目，我們就得要換個新的角度來看看自己，用新的角度來看在我們銀河系裡，或是說在我們所知的宇宙範圍裡，有這麼多的生命——包括七十七億的人口和八百七十萬個物種——都聚集在這唯一一個有生命的星球上彼此相依。只有這樣看，我們才能充分理解自己該要做些什麼，讓地球家園交到未來子孫的手上時還依然生機勃勃。另一方面，工業時代的到來加速了全球人口的擴張，也帶我們跨出了向外探索的第一步；到了如今的數位時代，我們已經可以從太空中收集大量的資料並隨時進行存取，以此來提供地球各種系統模型的所需資訊，並由此得知排放到大氣中的溫室氣體數量已經多到了史無前例的地步，以及為什麼這會引發氣候危機，威脅到人類的生存。

不論是大氣、陸地或海洋，其溫度現在都在上升，冰川也逐漸在融化，海平面跟著越來越高。這種種變化助長了極端天氣事件、致災性暴雨、洪水和乾旱，影響到了我們環境中的每個層面，包括空氣品質、水源的取得、食物的供應、生物多樣性與疾病等等。我們所知的所有生命都被籠罩在不可測的變局之下，從數據來看，在未來的幾十年內——而這對地球的歷史來說等於只是一眨眼的時間——我們所造成的破壞將會以失控的速度飆增，一直破壞到了我們很難加以補救的地步，甚或根本已經無力回天。我們眼前的此刻就是關鍵的時刻，這將會決定人類這個物種要如何在地球家園上生存，我們現在的所作所為，將會決定人類未來的故事走向。而多虧了太空發展的進步，我們得以身處在一個新的歷史時刻，科技的進步讓我們可以認識到自己之前的那些發明造成了什麼負面影響，這給了我們一個無比難得、轉瞬即逝的良機來補救過錯。我們這次有了知識的輔助，可以了解目前正在發生什麼事以及為何會發生這些事，而我們的新視角還能為我們提供解決辦法，因為現在的衛星遍布全球，提供我們許多高度可靠、能夠驗證的資料來好好利用，讓我們有合理的憑據來制定及推行各種減少溫室氣體排放的政策與條約。此外，隨著感測技術、資料存取、衛星分布等條件的不斷改良，我們將可以獲得更重要、更即時的資料，讓我們在針對氣候危機進行測量、建模、預測和適應的時候都可以更加精準，以此來控制人類受害的嚴重程度。要想做到這些，ＮＡＳＡ擁有豐富的經驗、良好的組織信譽以及精良的專業技術，可以為此做出更大的貢獻。

ＮＡＳＡ可以在自己既有的任務範圍裡設定新的計畫方案來應對這些挑戰，畢竟當初創立這個機構的目的可不是為了炒冷飯，而是為了要拓展人類對宇宙的理解範圍，並且還要從地球外頭來幫助國家解決一些事關重大卻原本無解的問題，並從這些天外解方中獲得科技上的進展。在六十一年前的NASA不但接下了挑戰，而且還邁向了更遠的目標，並在成功達成目標的過程中讓我們獲得了一個嶄新的視角，使我們從此可以用新的角度來看看自己，看看這個脆弱的地球家園。阿波羅八號的太空人比爾・安德斯（Bill Anders）拍下了那張叫「地出」的照片，捕捉到了地球從月球背後升起的美景，當時他見狀說道：「我們大老遠跑來這裡探索月球，不過最重要的其實是我們發現了地球。」

甘迺迪總統曾為阿波羅計畫發表過一場演講，他不僅說明了這項計畫的目標，更用詩意的手法詮釋了這項任務的挑戰：「我們揚帆駛向這片嶄新的海域，為的是求取到其中的新知識，獲取到裡頭蘊含的新權利，這兩者必將為我們所得，亦必用於為全人類求取進步。」未來的太空之旅亦復如是，將再次提供我們新的知識和資源，還可以讓我們更全面利用在大氣層上方和太空中的各項科技來應對社會當下所面臨的種種挑戰，我們所有人都會因此受益。

人們之前對於太空活動的投資已經產生了重大的進展，如今我們得以結合全人類的共同智慧來為我們今日所面對的問題尋找在過去無法求得的解方。把我們的生存範圍擴張到原本的星球之外，這並不只是因為我們想要挑戰引力、高飛遠去而已，其背後還有更大的戰略目的，可以帶我們跳出原本深陷的泥淖。這次的危局之大是人類從來都不曾遇過的，雖然就算沒能安然度過也未必就會覆滅，但是我們實在冒不起這個險，我們的領導者們必須提出有效的政策和計畫來應對當前社會所面臨的威脅，還要願意站出來對抗那些根深蒂固、勢力強大的特殊利益集團。雖然對於最直接受到影響的機構和人士們來說，政府若是廢止原本推行的政策、革除頑固無用的官僚、放棄幫不上忙的企業，他們絕不會樂見這樣的事發生，但我們的未來全憑於此，要靠大家體認到政府真正該扮演的是什麼角色，讓政府支持全人類更大的共同利益。

在我這一代長大的人，大家都把美國視為世界的領導者，這或多或少有一部分是因為我們擁有探索太空的能力，所以此時NASA的革新腳步也顯得特別是時候，近來NASA幫助推動了一些創新且有實效的計畫，這對現在政府裡頭其他停滯許久的行動計畫起了很好的引路示範作用。如果我們再繼續緊抓著過去的老法子不放，就等於是在剝奪下一代的機會，讓他們再也無法擁有健康而繁榮的未來。

早從我們初次跳出那個薄薄的太氣層開始，我們就已經在這場冒險裡頭學到了最重要的一課：我們都是大氣層裡的共同體。我們當初為了共同的目標齊心協力，這才克服了引力；如今我們還得再攜手產生同樣的力量，這樣才能克服各種政治和政策上的分歧，不要再被那些東西背後的成見所分化，諸如我們的樣貌如何、住在哪裡、喜歡什麼人等等，此時都並不重要。

我們要牢記大家共同的最終出路，這會讓我們可以把知識用來追求最有意義的目標：這個生機勃勃的地球家園是我們的搖籃，雖然我們為了生存最終必須離開這裡，但是在那之前我們要先跨出很大的一步，讓自己可以繼續在地球上延續下去，而這需要我們一起下定決心、共同努力，正如卡爾·薩根在將近三十年前的心得所言：「要想拯救我們，讓我們不要毀掉自己，我看不出除了自己以外還有誰可以依靠。」

後記

由於聯邦的政策決定要繼續採用既昂貴又不必要的計畫，還連帶犧牲了推動進步的機會，這樣做造成的不利結果之一就是讓太空發展出現停滯。艾森豪總統當年憂心軍工複合體的勢力會大到失控，繼而帶來負面影響，如今他的擔憂成真了，不過這種負面影響卻未必一定會延續下去，因為之前NASA花了一點小錢來投資民間單位的開發工作，而如今看到這些公司的成果我們就會發現，即使是在競爭最殘酷的角力場上，也就是在載人太空飛行這方面，其他公司依然可以擊敗那些傳統的國防企業。這件事真正重要的地方並不是說要打敗原本的那些公司，而是我們應該要透過真正的競爭，用獎勵的方式來讓這些公司變得更好，就像微軟出現之後IBM並沒有就此消失，而是雙方都被迫要努力改進自己才行。

如果某個國會議員的選區裡有聯邦政府或企業提供的大量工作職位，在這種情況他就會支持花錢來開發大型計畫，而不會去管這樣做到底有沒有效率，NASA就是這樣乖乖照辦的。為了要維持目前的軍事開支和基礎設施不會被縮減，政府一直把一些過時的計畫拿來冷飯熱炒，心裡只想著要贏得上一場戰爭，卻不顧下一場戰爭的結果會如何，看到我們國家對於COVID-19疫情如此缺乏準備，這應該對我們所有人都是一記警鐘才對。有個無黨派的政府監督機構叫做「政府監察計畫」（Project on GGovernment Oversight），他們總結出了我們現在很多人心中的想法：

> 有件事真的算是我們這時代的其中一種怪象：這場永無休止之日的仗我們打了二十年，*還花了幾兆美元，雙方死了數十萬人，但美軍卻連一點取勝的跡象都看不到，五角大廈的預算數字依然高得嚇人，可是我們花了多少錢來應對我們國家安全所面臨的最大威脅呢？不論是COVID-19大流行、氣候變遷，還是白人至上主義，處理這些問題的資金都嚴重不足。美國的軍方外頭環繞著一群「工業複合體」，這一點德懷特・艾森豪總統早在一九六一年就已經警告過大家了，在那之後不論美國的景況是好是壞，軍工複合體都一直是華盛頓的領導中樞，可笑的是即使我們的民主明明面臨了最為重大的各

種挑戰，但他們卻都根本不當一回事。

不論是美國公民還是全人類，大家都面臨著許多安全風險，雖然我們也設置了各種體系來因應這些風險，然而計畫就是趕不上變化，我們的軍用太空計畫就是如此，必須效法民用太空計畫的例子來進行改革與整頓，這樣才能應對當前的種種威脅，以確保國家的和平與繁榮。當年艾森豪總統自己就當過五星上將，卻在總統任內大砍了百分之二十七的國防預算，他告訴我們「想要武裝我們的世界，這損耗掉的可不只是錢而已，還要損耗勞工的汗水，損耗科學家的才智，損耗孩子們的希望」。

過去這十幾年曾經有多次進行了無黨派或跨黨派的審查，例如鮑爾斯－辛普森（Bowles-Simpson）財政委員會的審查報告，這些報告一再建議國防部要改採效益更高的公共計畫來提升自己的效率。只要國防部願意應用一下「反推思維」，就知道應該要大幅修改

＊譯注：作者引用的這段文字是二〇二一年初時發布的，原本談的是阿富汗戰爭，幾個月後美軍也果真撤出了阿富汗。

自己花錢的方向，改把錢花在改善公共衛生、提升公共安全上，還要好好經營我們的全球國防安全戰略。有一個推動政府改革的組織「公民大眾」（Public Citizen）曾在二〇二〇年時發過一則推文寫道，「如果你每年要花七千四百億美元在『防禦』這件事上，可是一群打扮得像是在逛文藝復興博覽會的法西斯分子卻還是可以隨心所欲地衝進國會大廈，也許你這時候該要好好重新思考一下什麼是國家安全了。」如果不能轉移這樣的範式，我們的制度就會陷入循環，不斷養出大型自舔式冰淇淋甜筒，不斷花大錢進行一些跟現代社會脫節的計畫。

之前為了開發 COVID-19 疫苗，我們國家曾重新調整政策與開支，這件事讓我們看到了政府擁有一股潛藏的力量，可以將民間單位的能力引為己用，可以提供資金來加速推動科技進展，再將之整合來解決全球共同面臨的問題。不過這次的經驗裡頭也有錯誤的示範，政府政策要鼓勵的對象應該是個人、非營利組織，以及各種大大小小規模的企業，讓他們去推動創新，這樣才能因應我們現今遇到的挑戰，而不是花費大量公共資源來撐持那些過時的基礎設施和武器系統，那些東西都是用來對付以前的威脅和敵人的，不是現在。

不論是我們政府現在政策所推動的方向，或是這些政策所取得的成果，這些全部都沒有達到當年國父們所希望的標準，沒有成功為我們社會帶來安全與福祉。另一方面，我們的公民也有偏聽的問題，只挑自己喜歡的資訊和新聞來看，這種現象減損了大家自主思考的能力，也傷害了一個健康的民主社會必須具備的根本條件——公民必須有知。有很多人對這些問題提出了形形色色的解方，像是修改任期限制、規定只能向大眾募集競選資金、加強對假新聞的監管、限制富人、以貨幣化方式來計算二氧化碳等溫室氣體的排放，或是修改稅法條文等等，我不知道這些做法到底有沒有效，但至少看起來都值得大家認真考慮。我不是這方面的專家，但是在我看來問題就出在我們並不關注大局，也許我們應該多多起用一些跟我已故的祖父和叔叔一樣的政治人物，他們本身也是密西根州中部的農民，從政的抱負很簡單，就是要幫助自己的鄰里鄉親。

在兩百五十年前，我們憲法的起草者們苦惱要怎麼找出大家共同的基本目標，包括政府成立的目的、為什麼要制定這一些政策、設立那一些機關，又要怎麼用聯邦預算來解決國家當前面對的實際情況。我們今天的任務比當時更加艱鉅，而且修繕房屋跟建造新房所需要的技術也很不一樣，我們有時一定要忍痛實施斷捨離，把堵塞的管路和腐壞的木料換掉，改用現代的工具和材料，這樣才能讓房子有穩固的基礎，可以再繼續用上個幾百年。要想成功，我們缺的不是經驗或知識，而是必須要跨越過去的分歧，改用新的視角來接納彼此才行。

作者的話

在我們國人的心目中，ＮＡＳＡ占據著相當崇高的地位，所以常有人會紀念ＮＡＳＡ的過往事蹟。這是一個結合了政治跟太空飛行兩種不同事務的機構，這一點不只好萊塢深有著墨，學術圈也常會深入剖析，然而這兩者之間到底是什麼樣的關係，卻依舊一直籠罩著神祕的色彩，剛好過去十幾年裡載人太空飛行任務又出現了重大的變革，於是就吸引了許多記者和史學家開始關注這個題目，繼而發表了各式各樣的意見。然後大家注意到，從ＮＡＳＡ卸任的政治高層居然沒什麼人撰寫過回憶錄，他們對此提出了相當多的猜測，然後又引起其他人再間接加以解讀。我寫這本《挑戰引力》是為了要提供我的一家之言，其本意不僅是想揭開箇中的迷霧，也希望能提升載人太空飛行在美國的政治地位，並以此為例來告訴大家，政府的其他計畫也可以效法這種方式來加以改進。

我在二〇一三年離開NASA，不久後就開始思考是否要寫一本書來講述這件事。我構思了很多份大綱，有時也會做成一些筆記，但是書還是一樣寫不大出來。我的職涯裡最核心的要務就是與人合作，而我也開始意識到這次的寫書計畫所欠缺的就是這個，於是我開始尋找記者來合作，想以此填補我對這個領域目前發展情況的知識缺口，然後在二〇一九年春天的時候，我因為一次亂槍打鳥的機會而直接發送了一則私人訊息給 @thesheetztweetz，也就是CNBC的記者麥可・希茲（Michael Sheetz）的帳號。雖然我們之前從來沒有講過話，但麥可很快就回覆了我的訊息，並表示自己對這件事有興趣，於是我們在接下來這一年就不時會在紐約市和華盛頓特區碰面，雙方便開始了合作。後來我受到了 SpaceX 的 Demo-2 發射任務的鼓舞，就公開了我們的寫書計畫，然後CNBC就在二〇二〇年五月發表了本書第一章的部分內容。可是接下來因為疫情的阻礙，讓我們要碰面討論變得非常困難，而隨著內容越寫越多，這本書也逐漸變成了完全由我自己來講這個故事，儘管如此，麥可對本書還是提供了很多有用的意見，而且在初期也幫了很多的忙，他的參與讓《挑戰引力》這本書獲益匪淺，我也要對麥可的指導與友誼表示深深的感謝。

此外，我也要感謝許多過去和現在的同事，他們慷慨地犧牲了自己的時間來接受我的採訪，還時不時要回答我提出的問題，又幫我校閱了本書的初稿，這些人分別是 Royce Dalby、Rebecca Spyke Keiser、George Whiteside、Beth Robinson、Casey Handmer、Phil McAlister、Rich Leshner、Dan Hammer、Will Pomerantz、James Muncy、David Weaver、Laurie Leshin、Phil Larson、Jeff Manber、Mark Albrecht、Courtney Stadd、Elise Nelson、Dan Goldin 和 Alan Ladwig。我還要感謝我的出版商 Diversion Books 的老闆 Scott Waxman，以及我的編輯 Keith Wallman，謝謝你們願意給我機會，出版我的故事。我還要感謝 Diversion Books 的 Evan Phail，謝謝他願意給我指導，引領我進入出版的神祕世界。

作者一定要感謝家人，這已經成了一個悠久的傳統，不過我如今當了作者以後才知道他們有多麼值得感謝。我們家裡的戴夫、衛斯里、米奇這三位布蘭特先生，他們不只讀了本書的各種修訂版本，也幫忙進行修訂工作，並且提供了寶貴的意見。他們還想辦法學會了沒有我在身邊的日子要怎麼過，同時更得忍受我兩年來一直反反覆覆在談論本書的主題。我先生布蘭特在幫我忙之餘還得要父代母職，包括出席社交活動、照顧孩子、遛狗等等都得交給他來做（不過這種現象現在也許已經不算少見了）。此外我的母親、姊姊、姊夫和許多友人也都讀過本書的初稿，也提供了不少建設性的批評與鼓勵，我永遠要感激我這些家人和朋友，謝謝他們給我的愛與支持。

寫書對任何人來說都是一項艱鉅的任務，對我們這些非專業的作家來說更是一項特別重大的挑戰，既得要寫政策細節，又想要多寫些個人經歷，有時在兩者的拿捏與平衡之間就得要犧牲掉某些問題的細節，或是要少寫一些我身邊親近的人的事情，在如此的權衡之下，那些值得記上一筆的幕後功臣就只剩寥寥幾位能夠寫進本書裡，對技術細節的著墨也會變得比較少，希望這種寫法能夠讓本書讀起來更加平易近人吧。

手上握有權力的人通常都比較希望能夠不要讓人知道他是如何行事的，不過既然身為公僕，一舉一動還是應該要能夠禁得起公眾的檢視。本書中有許多人不認可我想推動的改革，還故意跟我作對，但他們並不是什麼壞人，在我看來他們只不過是特定制度的產物，在這套制度裡頭他們的專業地位會讓他們覺得自己應該要有特權，而當他們躋身在權力的殿堂裡，因為到處都可以看到跟他們同一個模樣、同一套做法的人，所以也反過來強化了他們的信念和行為模式。以個人的身分而言，他們的職涯裡其實為這個國家以及整個太空計畫做出了許多貢獻，我之所以要把我們互動的經歷寫出來，並不是為了要從負面的角度來審查他們的意圖，或是抹煞他們在其他方面的成就，這些同事們的聲譽相當良好，也做了很多好心的事，但這些事情與我個人跟他們來往的經歷並不相關，如果全部寫在一起會讓讀者覺得很是困惑，所以我就只說出我所看到的不當行為，這並非是出於怨恨，而是因為我始終相信要開誠布公，陽光才是最好的消毒劑。

在本書中提到的事我都盡量要有所本，所以使用了多方的資料來源，然而有時不同的人對同一件事、同一段話的回憶或詮釋也會有所不同，若我的說法中有任何疏漏之處，在此謹表示我的歉意。本書中的很多事情都不是我一個人的故事，有很多人跟我一起經歷過這些事，我有詢問他們是否願意讓我把這些事寫出來，也獲得了他們的同意，這些人有的已經列在上面提到的感謝名單裡，其他還有一些沒提到的，包括史蒂夫．伊薩科維茨、費斯克．強森、彼得．迪亞曼迪斯和瑪麗．艾倫．韋伯；另外還有一些人雖曾為本書提供背景資料，但是要求不要寫出他們姓名，在此謹一併致謝。此外，我也試圖跟蘭斯．貝斯取得聯繫，但是並未成功，如果他讀到了這本書的話，我希望書中講到「太空媽媽」和「貝斯太空人」（Basstronaut）的那些地方會讓他跟我一樣，在想起這些事的時候莞爾一笑。

本書中有寫到我跟一些超級大名人們的對話內容，像是歐巴馬總統、湯姆．漢克斯、伊隆．馬斯克、傑夫．貝佐斯、理查．布蘭森等，這些都是出自於我個人的記憶，雖然我近期內並沒有跟這些人說過話，不過因為他們的身分地位相當高，所以對話的內容也特別讓我印象深刻，儘管他們的情況很可能跟我不一樣，不過我還是希望如果他們讀到這本書的話，會覺得我對他們的描寫並沒有失真。

NASA的太空人都是非常勇敢、有行動力、聰明、技術嫻熟且體能條件出眾的人，他們做這份工作的薪水並不差，但是也稱不上有多豐厚，所以不算是在亂花民眾的錢，而且其實他們的工作內容絕大多數都跟上太空沒什麼關係，甚至他們根本就未必是同一種類型的人，不過為了簡單起見，在本書中還是一概用太空人這個稱謂來稱呼他們。

我跟許多有名的太空人都是相當親近的同事或朋友，但是我並沒有因此就免於對他們懷抱著英雄崇拜的情結。當我發現自己成了這些公眾偶像們的眼中釘時，那種感覺是很嚇人的，畢竟我們的社會授予了這些太空人某種的超能力，所以要跟他們站在相反的立場是一件很辛苦的事。我在本書中寫到了一些跟這些太空英雄們**不算是太愉快**的經歷，就連要思考該怎麼解釋這些遭遇對我都是一種折磨，所以如果我不用講出這些內容或提起我們之間的齟齬，然後我想說明的意思照樣可以傳達給讀者的話，那我會非常樂意這樣做。拿別的行業作比喻的話，就像不是每一位專業的棒球選手都有辦法成為一位好的球團總經理，也不是所有的醫生都適合經營醫院，所以也不是所有太空人從事每個行業都會稱職。NASA的太空人所接受的訓練，是要在窄小封閉的環境裡、在極度高壓緊張的情況下，跟幾個人一起進行複雜且精密的物理性或技術性任務，這才是他們的超能力。即使這個國家還能被當成英雄的人物已經不多了，但NASA的太空人始終榜上有名，而且獨樹一幟。

然而隨著有越來越多人上過太空，太空人給人的神祕感終究會消失，就像商船的船長和民間航空公司的機長，他們也已經不再享有當年大航海時期或噴射時代（Jet Age）時大眾對他們的崇拜，歷史對太空人也會這樣，只有那幾個為我們開疆拓土、展現出英雄氣概的名字會被記錄下來，所以我們也不難理解，為什麼有些太空人希望自己這個圈子不要搞得太大，想要護著自己的頭銜不被外人搶走。然而在我所採用的稱謂裡，只要是敢於冒著生命危險跑出地球五十英里以外的人都算是太空人，因為這就是聯邦航空總署（FAA）對於「太空」的定義。更何況這個詞彙原本是科幻小說創造出來的，而且早在NASA成立之前很久就已經出現了，當初最早被寫進書裡的時候是一九二〇年代，該字結合了希臘文裡的「astron」（星星）和「nautes」（水手），讀來讓人浮想聯翩，會把太空人想像成是在星星之間來來去去的水手。當然，頭銜裡頭有同一個字眼未必就是在表達同一個意思，穿越浩瀚的海洋的人叫做水手，只是在小湖之間往返的人也一樣是水手，就像醫生也不是全部都會動手術一樣，即便是在NASA太空人的隊伍裡頭，大家各自所受的訓練和所擁有的經驗也有很大的差別，只不過如果你曾經在月球上行走的話，地位就會特別高。在太空梭時代的初期，有些擔任飛行工作的太空人就會看不起那些負責特定任務或處理載運物品的專家，覺得他們不能算是真正的太空人。

巴克敏斯特．富勒（Buckminster Fuller）曾說過：「我們都是太空人，而我們這艘小小的太空船叫做地球。」這也正是《挑戰引力》這本書想要傳遞的訊息，我們不要只是緊盯著彼此的差異，而應該要關注彼此之間的相似。我們就像是同在一艘大船上的船員，大家唯有通力合作，才能讓這顆星球運行如常。

我在使用「太空海盜」這個稱號時並不嚴謹，如果有人不喜歡跟這個標籤有所牽扯，或是覺得我對他們所扮演的角色的刻畫有誤，在此謹向各位表示歉意。其實出版社方面原本考慮過把本書的書名取為「太空海盜」，而我講這些往事的用意也是想頌揚他們的使命。所有有價值的奮鬥都需要能得道多助，我在《挑戰引力》一書中所記述的改革歷程也一樣，要不是有許許多多的人士和組織鼎力相助，我們根本沒有成功的可能。然而值得記上功勞的對象實在太多，一一列舉恐怕不切實際，我們只需謹記，如今的太空新時代之所以能夠開啟，他們才是真正的幕後推手。

本書並沒有想要寫成一本學術論文，或是拿來當成太空時代的歷史研究報告，這只是一本回憶錄。我們今日所得到的進展乃是得益於許多有意義的環節和事件，我當然不可能在本書中全部一網打盡，若有任何疏漏，皆是我自己的責任，但我並無意看輕那些事情的重要性。NASA依然是我們國家皇冠上的明珠，而我個人也無比希望本書的觀點能夠略盡棉薄之力，讓這個機構繼續不斷進步，嘉惠全體人類的未來。

資料出處

一、變局驟起

"President Nixon's 1972 Announcement on the Space Shuttle." The Statement by President Nixon, 5 January 1972. history.nasa.gov (https://history.nasa.gov/stsnixon.htm)

Space News Staff. "Obama Adds Three More to NASA Transition Team." Space.com. November 25, 2008. (https://www.space.com/6161-obama-adds-nasa-transition-team.html)

Columbia Accident Investigation Board Final Report. "On Feb. 1, 2003, Shuttle Columbia Was Lost During Its Return to Earth. Investigators Have Found the Cause." (https://govinfo.library.unt.edu/caib/default.html)

"Overview: Ares I Crew Launch Vehicle." NASA. (https://www.nasa.gov/mission_pages/constellation/ares/aresI_old.html)

Atkinson, Nancy. "Obama to Re-examine Constellation Program." Universe Today. May 5, 2009. (https://www.universetoday.com/30384/obama-to-re-examineconstellation-program/)

"U.S. Announces Review of Human Space Flight Plans." The White House Archives. May 7, 2009.

Obamawhitehouse.archives.gov (https://obamawhitehouse.archives.gov/the-press-office/2015/11/16/us-announces-review-human-space-flight-plans)

Review of U.S. Human Spaceflight Plans Committee. “Seeking a Human Spaceflight Program Worth of a Great Nation.” October 2009. NASA. (https://www.nasa.gov/pdf/396093main_HSF_Cmte_FinalReport.pdf)

NASA Fiscal Year 2011 Budget Estimate. NASA. (https://www.nasa.gov/news/budget/2011.html)

Messier, Doug. “Attacks on Lori Garver Backfiring.” Parabolic Arc. February 25, 2010. (http://www.parabolicarc.com/2010/02/25/attacks-lori-garver-backfiring/comment-page-1/)

News Release from US Senator Richard Shelby (R-Ala.). “Shelby: NASA Budget Begins Death March for U.S. Human Space Flight.” February 1, 2010. (https://www.shelby.senate.gov/public/index.cfm/newsreleases?ID=8A4B0876-802A-23AD-43F9-B1A7757AD978)

Jones, Richard M. “Senator Nelson on NASA’s FY 2011 Budget Request.” FYI: Science Policy News from AIP. American Institute of Physics. February 18, 2010. (https://www.aip.org/fyi/2010/senator-nelson-nasa’s-fy-2011-budget-request)

Pasztor, Andy. “Senators Vow to Fight NASA Outsource Plan.” *The Wall Street Journal*. February 24, 2010. (https://www.wsj.com/articles/SB10001424052748704240004575085900217022956)

U.S. Senate Committee on Commerce, Science, & Transportation Hearings. “Challenges and Opportunities in the NASA FY 2011 Budget Proposal.” Webcast. February 24, 2010. (https://www.commerce.senate.gov/2010/2/challenges-and-opportunities-in-the-nasa-fy-2011-budget-proposal)

Klamper, Amy. “Sen. Nelson Floats Alternate Use for NASA Commercial Crew Money.” *SpaceNews*. March 19, 2010. (https://spacenews.com/sen-nelson-floats-alternate-use-nasa-commercial-crew-money/)

Klamper, Amy. “Obama’s NASA Overhaul Encounters Continued Congressional Resistance.” *SpaceNews*. April 23, 2010. (https://spacenews.com/obamas-nasa%E2%80%82overhaul-encounters-continued-congressional-resistance/)

Sutter, John D. “Obama Budget Would Cut Moon Exploration Program.” CNN. March 15, 2010. (http://www.cnn.com/2010/TECH/space/02/01/nasa.budget.moon/index.html)

Maliq, Tarik. “Neil Armstrong Blasts Obama’s Plan for NASA.” *The Christian Science Monitor*. May 14, 2010. (https://www.csmonitor.com/Science/2010/0514/Neil-Armstrong-blasts-Obama-s-plan-for-NASA)

O’Keefe, Ed and Marc Kaufman. “Astronauts Neil Armstrong, Eugene Cernan Oppose

Obama’s Spaceflight Plans.” *The Washington Post*. May 12, 2010. (https://www.washingtonpost.com/wpdyn/content/article/2010/05/12/AR2010051204404.html)

Armstrong, Neil. “Future Space Opportunities Are the President’s Call.” *Wall Street Journal*. December 27, 2008. (https://www.wsj.com/articles/SB123033959209636593)

NASA. “Report of the Space Task Group, 1969.” (https://history.nasa.gov/taskgrp.html)

Space Foundation Research & Analysis. “Space Data Insights: NASA Budget, 1959-2020.” The Space Report Online. (https://www.thespacereport.org/uncategorized/space-data-insights-nasa-budget-1959-2020/)

Editors. “President Nixon Launches Space Shuttle Program.” HISTORY. November16, 2009. (https://www.history.

com/this-day-in-history/nixon-launches-the-space-shuttle-program History.com)

H.R. 3942 (98th): Commercial Space Launch Act. "Commercial Space Launch Act of 1984." October 30, 1984. (https://www.govtrack.us/congress/bills/98/hr3942/text)

President Reagan's Statement on the International Space Station. "Excerpts of President Reagan's State of the Union Address, 25 January 1984." NASA. (https://history.nasa.gov/reagan84.htm)

White, Frank. *The Overview Effect: Space Exploration and Human Evolution*. Multiverse Publishing LLC. 1987.

11、追星逐夢

Krauss, Clifford. "House Retains Space Station in a Close Vote." *The New York Times*. June 24, 1993. (https://www.nytimes.com/1993/06/24/us/house-retains-space-station-in-a-close-vote.html)

Myers, Laura. "Lovell Gets Medal of Honor, Confesses Costner His First Pick to Play Him." Associated Press. July 26, 1995. (https://apnews.com/article/ea59ee78e4591ef1917ea1afa780dba6)

Daalder, Ivo H. "Decision to Intervene: How the War in Bosnia Ended." Brookings. December 1, 1998. (https://www.brookings.edu/articles/decision-to-intervene-how-the-war-in-bosnia-ended/)

Dick, Steven (editor). *NASA 50th Anniversary Proceedings: NASA's First 50 Years: Historical Perspectives*. NASA. p. 166.

Cowen, Robert C. "Bush, Dukakis on Space." *The Christian Science Monitor*. September 23, 1998. (https://www.csmonitor.com/1988/0923/a1spac5.html)

Anderson, Gregory. "A Few Words with Newt Gingrich." The Space Review. May 15, 2006. (https://www.thespacereview.com/article/623/1)

Foust, Jeff. "Gingrich Ends His Campaign, But Not His Interest in Space." Space Politics. May 3, 2012. (http://www.spacepolitics.com/2012/05/03/gingrich-ends-his-campaign-but-not-his-interest-in-space/)

Quayle, Dan. *Standing Firm*. Harper Collins Zondervan. 1994. pp. 179–181.

Broad, William J. "Lab Offers to Develop an Inflatable Space Base." *The New York Times*. November 14, 1989. (https://www.nytimes.com/1989/11/14/science/lab-offers-to-develop-an-inflatable-space-base.html)

NASA Internal Report. "Report of the 90-Day Study of Human Exploration of the Moon and Mars." NASA. November 1989.(https://history.nasa.gov/90_day_study.pdf)

Lori Garver, Executive Director, National Space Society, October 26, 1990 testimony to the Advisory Committee on the Future of the U.S. Space Program. NASA History Division. December 1990. (https://space.nss.org/wp-content/uploads/Advisory-Committee-On-the-Future-of-the-US-Space-Program-Augustine-Report-1990.pdf)

Albrecht, Mark J. *Falling Back to Earth: A First Hand Account of the Great Space Race and The End of the Cold War.* New Media Books. 2011. p. xv.

Gerstenzang, James. "Bush Denounces NASA Fund Cuts : Space: The President Says Exploration Programs Cannot Wait Until All of the Nation's Social Ills Are Solved. He Also Stumps for Helms in North Carolina." *Los Angeles Times*. June 21, 1990. (https://www.latimes.com/archives/la-xpm-1990-06-21-mn-156-story.html)

Sawyer, Kathy. "Truly Fired as NASA Chief, Apparently at Quayle Behest." *The Washington Post*. February 13,

1992. (https://www.washingtonpost.com/archive/politics/1992/02/13/truly-fired-as-nasa-chief-apparently-at-quayle-behest/bc7cc6cc-1799-4435-8550-e879d81dcff1/)

Pasternak, Judy. "Bush Nominates TRW Executive to Head NASA." *Los Angeles Times*. March 12, 1992. (https://www.latimes.com/archives/la-xpm-1992-03-12-mn-5289-story.html)

Telephone interview with Dan Goldin, June 20, 2020.

Dunn, Sarah (editor). "U.S.-Soviet Cooperation in Outer Space, Part 2: From Shuttle-Mir to the International Space Station." National Security Archive. The George Washington University. May 7, 2021. (https://nsarchive.gwu.edu/briefing-book/russia-programs/2021-05-07/us-soviet-cooperation-outer-space-part-2)

Oberg, James. *Star-Crossed Orbits: Inside the U.S.-Russian Space Alliance*. McGraw-Hill. 2001.

Wilford, John Noble. "NASA Loses Communication With Mars Observer." *The New York Times*. August 23, 1993. (https://www.nytimes.com/1993/08/23/us/nasa-loses-communication-with-mars-observer.html)

Cappiello, Janet L. "Hubble Error Due to Upside-down Measuring Rod." Associated Press. September 14, 1990. (https://apnews.com/article/a080cf57761942b3a6837eb87b088bc5)

Leary, Warren E. "NASA Is Urged to Push Space Commercialization." *The New York Times*. February 8, 1997. (https://www.nytimes.com/1997/02/08/us/nasa-is-urged-to-push-space-commercialization.html)

Bell, Julie. "NASA to License Its Space Simulator Today." *The Baltimore Sun*. September 14, 2000. (https://www.baltimoresun.com/news/bs-xpm-2000-09-14-0009140148-story.html)

Burke, Michael. "Medical Research Investment Takes Off for Fisk Johnson." *Journal Times*. January 23, 2002.

(https://journaltimes.com/medical-research-investmenttakes-off-for-fisk-johnson/article_09bdfb27-1093-5b2b-8f22-60090a6899f5.html)

Money, Stewart. "Competition and the Future of the EELV program." The Space Review. December 12, 2011. (https://www.thespacereview.com/article/1990/1)

Money, Stewart. "Competition and the Future of the EELV program (Part 2)." The Space Review. December 12, 2011. (https://www.thespacereview.com/article/2042/2)

"Reusable Launch Vehicle Program Fact Sheet." NASA. September 1997. (https://www.hq.nasa.gov/office/pao/History/x-33/rlv_facts.htm)

Bergin, Chris. "X-33/VentureStar–What Really Happened." NASASpace-Flight.com. January 4, 2006. (https://www.nasaspaceflight.com/2006/01/x-33venturestar-what-really-happened/)

Marshall Space Flight Center Press Release. "Small Companies to Study Potential Use of Emerging Launch Systems for Alternative Access to Space Station." SpaceRef. August 24, 2000. (http://www.spaceref.com/news/viewpr.html?pid=2467)

NASA. "Launch Services Program: Earth's Bridge to Space" Brochure. 2012. (https://www.nasa.gov/sites/default/files/files/LSP_Brochure_508.pdf)

Dick, Steven J. and Roger D. Launius. *Critical Issues in the History of Spaceflight*. NASA Publication SP-2006-4702. Government Printing Office. 2006.

三、現代神話

NASA Historical Data Book: Volume IV NASA Resources 1969-1978, SP-4012. (https://history.nasa.gov/SP-4012/vol4/contents.html)

Day, Dwayne A., PhD. "A Historic Meeting on Spaceflight ... Background and Analysis." NASA. (https://history.nasa.gov/JFK-Webbconv/pages/backgnd.html)

John F. Kennedy Presidential Library and Museum Press Release. "JFK Library Releases Recording of President Kennedy Discussing Race to the Moon." May 25, 2011. (https://www.jfklibrary.org/about-us/news-and-press/press-releases/jfk-library-releases-recording-of-president-kennedy-discussing-race-to-the-moon)

Kennedy, President John F. "Address Before the 18th General Assembly of the United Nations, September 20, 1963." John F. Kennedy Presidential Library and Museum. jfklibrary.org. (https://www.jfklibrary.org/archives/other-resources/john-f-kennedy-speeches/united-nations-19630920)

"The Moon Decision." Apollo to the Moon Exhibition, Online Text. Smithsonian National Air and Space Museum. (https://airandspace.si.edu/exhibitions/apollo-to-the-moon/online/racing-to-space/moon-decision.cfm)

Moonrise Podcast. Hosted by Lillian Cunningham. *The Washington Post*. 2019. (https://www.washingtonpost.com/graphics/2019/national/podcasts/moonrise-the-origins-of-apollo-11-mission/)

Straus, Lawrence Guy (editor). "Projecting Favorable Perceptions of Space." *Journal of Anthropological Research. The University of Chicago Press Journals*. (https://www.journals.uchicago.edu/journals/jar/pr/201020)

"Margaret Mead: Human Nature and the Power of Culture" Exhibition, Online Text. Library of Congress. (https://

www.loc.gov/exhibits/mead/oneworld-learn.html)

Dickson, Paul. "A Blow to the Nation." NOVA. (https://www.pbs.org/wgbh/nova/sputnik/nation.html)

"Declassified CIA Papers Show U.S. Aware in Advance of Sputnik Possibilities." RadioFreeEurope, RadioLiberty. October 5, 2017. (https://www.rferl.org/a/sputnik-cia-papers-anniversary/28774855.html)

Fortin, Jacey. "When Soviets Launched Sputnik, C.I.A. Was Not Surprised." *The New York Times*. October 6, 2017. (https://www.nytimes.com/2017/10/06/science/sputnik-launch-cia.html)

"Inquiry into Satellite and Missile Programs: Hearing Before the Preparedness Investigating Subcommittee of the Committee on Armed Services." United States Senate, Eighty-fifth Congress, first and second sessions. Government Printing Office. 1958.

Fishman, Charles. "How the First U.S. Satellite Launch Became Something of an International Joke." *Fast Company*. June 4, 2019. (https://www.fastcompany.com/90358292/how-the-first-u-s-satellite-launch-became-something-of-an-international-joke)

"Editorial Comment on the Nation's Failure to Launch a Test Satellite." *The New York Times*. December 8, 1957. (https://timesmachine.nytimes.com/timesmachine/1957/12/08/113410150.html?pageNumber=36)

Cordiner, Ralph J. "Competitive Private Enterprise in Space." In *Peacetime Uses of Outer Space*, edited by Simon Ramo. McGraw-Hill Book Company, Inc. 1961. (https://rjacobson.files.wordpress.com/2011/02/cordiner-article-1961.pdf)

Transcript of President Dwight D. Eisenhower's Farewell Address. 1961. (https://www.ourdocuments.gov/doc.php

?flash=false&doc=90&page=transcript)

Brown, Archie. *The Human Factor: Gorbachev, Reagan, and Thatcher and the End of the Cold War*. Oxford University Press. 2020.

Oreskes, Naomi and Erick M. Conway. *Merchants of Doubt: How a Handful of Scientists Obscured the Truth on Issues from Tobacco Smoke to Global Warming*. Bloomsbury Press. 2010.

Tedeschi, Diane. "How Much Did Wernher von Braun Know, and When Did He Know It?" *Air & Space Magazine*. January 1, 2008. (https://www.airspacemag.com/space/a-amp-s-interview-michael-j-neufeld-23236520/)

Lehrer, Tom. Lyrics to "Wernher von Braun." Video of song performance: youtube.com/watch?v=QEJ9HrZq7Ro

四、運途多舛

Wilson, Jim (editor). "Shuttle-Mir." NASA. (https://www.nasa.gov/mission_pages/shuttle-mir/)

Smith, Marcia S. "Space Stations." Congressional Research Brief for Congress. November 17, 2005. (https://sgp.fas.org/crs/space/IB93017.pdf)

Boudette, Neal E. "Space Buffs Attempt to Make Their Mir Tourist Venture Fly." *The Wall Street Journal*. June 16, 2000. (https://www.wsj.com/articles/SB961108659834371139)

Foust, Jeff. "AstroMom and Basstronaut, revisited." The Space Review. November 19, 2007. (https://www.thespacereview.com/article/1003/1)

Potter, Ned. "Boy Band, Astro Mom Battle for Space Tourist Spot." ABC News. January 7, 2006. (https://abcnews.

go.com/WNT/story?id=130417&page=1)

Columbia Accident Investigation Board. "Report of Columbia Accident Investigation Board, Volume I." NASA. August 6, 2003. (https://www.nasa.gov/columbia/home/CAIB_Vol1.html)

Sunseri, Gina. "Columbia Shuttle Crew Not Told of Possible Problem With Reentry." ABC News. January 31, 2013. (https://abcnews.go.com/Technology/columbia-shuttle-crew-told-problem-reentry/story?id=18366185)

Pianin, Eric and Kathy Sawyer. "Denial of Shuttle Image Requests Questioned." *The Washington Post*. April 9, 2003. (https://www.washingtonpost.com/archive/politics/2003/04/09/denial-of-shuttle-image-requests-questioned/80957e7c-92f1-48ae-8272-0dcfbcb57b9d/)

Rensberger, Boyce and Kathy Sawyer. "Challenger Disaster Blamed on O-Rings, Pressure to Launch." *The Washington Post*. June 10, 1986. (https://www.washingtonpost.com/archive/politics/1986/06/10/challenger-disaster-blamed-on-o-rings-pressure-to-launch/6b331ca1-f544-4147-8e4e-941b7a7e47ae/)

Kay, W.D. "Democracy and Super Technologies: The Politics of the Space Shuttle and Space Station *Freedom*." *Science, Technology, and Human Values,* Volume 19, No. 2. Sage Publications Inc. 1994.

Airlines for America. "Safety Record of U.S. Air Carriers." Data & Statistics. November 11, 2021. (https://www.airlines.org/dataset/safety-record-of-u-s-air-carriers/)

"Annual Passengers on All U.S. Scheduled Airline Flights (Domestic & International) and Foreign Airline Flights to and from the United States, 2003-2018." Bureau of Transportation Statistics. (https://www.bts.dot.gov/annual-passengers-all-us-scheduled-airline-flights-domestic-international-and-foreign-airline)

"Active Duty Military Deaths by Year and Manner, 1980–2010 (As of November 2011)." Defense Casualty Analysis System. Defense Data Manpower Center. (https://dcas.dmdc.osd.mil/dcas/pages/report_by_year_manner.xhtml)

Ritchie, Erika I. "More US Service Members Die Training Than at War. Can the Pentagon Change That?" Task & Purpose. May 13, 2018. (https://taskandpurpose.com/analysis/military-training-accidents-aviation/)

U.S. House of Representatives Committee on Science, Space, & Technology Press Release. "GAO Report Finds Failure of Oversight by NASA IG." January 9, 2009. (https://science.house.gov/news/press-releases/gao-report-finds-failure-of-oversight-by-nasa-ig)

Brinkerhoff, Noel. "Failed NASA Inspector General Finally Resigns." AllGov. April 4, 2009. (http://www.allgov.com/news/appointments-and-resignations/failed-nasa-inspector-general-finally-resigns?news=838529)

五、追根究柢

SpaceNews editor. "Clinton Team Stresses Balance for NASA During Fundraising Event." *SpaceNews*. June 29, 2004. (https://spacenews.com/clinton-team-stresses-balance-nasa-during-fundraising-event/)

Foust, Jeff. "The So-so Space Debate." The Space Review. June 2, 2008. (https://www.thespacereview.com/article/1142/1)

United States Government Accountability Office. "NASA: Agency Has Taken Steps Toward Making Sound Investment Decisions for Ares I But Still Faces Challenging Knowledge Gaps." October 2007. (https://www.

gao.gov/assets/gao-08-51.pdf)

Committee to Review NASA's Exploration Technology Development Program; Aeronautics and Space Engineering Board; Diversion on Engineering and Physical Sciences; National Research Council of the National Academies. *A Constrained Space Exploration Technology Program: A Review of NASA's Exploration Technology Development Program*. National Academies Press. 2008.

Jones, Richard M. "GAO Questions NASA's Management of Constellation Program." FYI: Science Policy News from AIP. American Institute of Physics. October 16, 2009. (https://www.aip.org/fyi/2009/gao-questions-nasa's-management-constellation-program)

NASA. "Challenges in Completing and Sustaining the International Space Station." Report Number GAO-08-581T. April 24, 2008. (https://www.govinfo.gov/content/pkg/GAOREPORTS-GAO-08581T/html/GAOREPORTS-GAO-08-581T.htm)

NASA. "NASA: Constellation Program Cost and Schedule Will Remain Uncertain Until a Sound Business Case Is Established." Report Number GAO-09-844. August 2009. (https://www.gao.gov/assets/a294329.html)

Davis, Jason. "'Apollo on Steroids': The Rise and Fall of NASA's Constellation Moon Program." The Planetary Society. August 1, 2016. (https://www.planetary.org/articles/20160801-horizon-goal-part-2)

House Committee on Science, Space, and Technology: Status Report. "Testimony by Norman Augustine Hearing on 'Options and Issues for NASA's Human Space Flight Program: Report of the Review of U.S. Human Space Flight Program.'" SpaceRef. September 15, 2009. (http://www.spaceref.com/news/viewsr.html?pid=32379)

Rutherford, Emelie. "Dim Outlook for Constellation Program in Augustine Panel's Report." Defense Daily. August 13, 2009. (https://www.defensedaily.com/dim-outlook-for-constellation-program-in-augustine-panels-report/congress/)

Messier, Doug. "A Look at Cost Overuns and Schedule Delays in Major Space Programs." Parabolic Arc. May 4, 2011. (http://www.parabolicarc.com/2011/05/04/cost-overruns/)

Klamper, Amy. "Ares 1 Advocates Take on Commercialization Proponents." *SpaceNews*. November 9, 2009. (https://spacenews.com/ares-1-advocates-take-commercialization-proponents/)

"NASA Chief Questions Urgency of Global Warming." *Morning Edition*. NPR. May 31, 2007. (https://www.npr.org/templates/story/story.php?storyId=10571499)

Block, Robert and Mark K. Matthews and *Sentinel* Staff Writers. "NASA Chief Griffin Bucks Obama's Transition Team." *Orlando Sentinel*. December 11, 2008. (https://www.orlandosentinel.com/news/os-xpm-2008-12-11-nasa11-story.html)

Stover, Dawn. "Obama Clashes with NASA Moon Program." *Popular Science*. December 12, 2008. (https://www.popsci.com/military-aviation-amp-space/article/2008-12/chicago-we-have-problem/)

Kluger, Jeffrey. "Does Obama Want to Ground NASA's Next Moon Mission?" *Time*. December 11, 2008. (http://content.time.com/time/nation/article/0,8599,1866045,00.html)

Benen, Steve. "Transition Trouble at NASA." *Washington Monthly*. December 11, 2008. (https://washingtonmonthly.com/2008/12/11/transition-trouble-at-nasa/)

Borenstein, Seth. "NASA Chief's Wife: Don't Fire My Husband." NBC News. December 31, 2008. (https://www.nbcnews.com/id/wbna28451925)

Cowing, Keith. "Major General Jonathan Scott Gration Emerges as Possible Obama Choice for NASA Administrator." SpaceRef. January 13, 2009. (http://www.spaceref.com/news/viewnews.html?id=1316)

Iannotta, Becky. "Key U.S. Senator Cautions Obama on NASA Pick." Space.com. January 14, 2009. (https://www.space.com/6313-key-senator-cautions-obama-nasa-pick.html)

U.S. Department of Transportation. "Worldwide Commercial Space Launches." Bureau of Transportation Statistics. (https://www.bts.gov/content/worldwide-commercial-space-launches)

National Aeronautics and Space Administration. "The Vision for Space Exploration." February 2004. (https://www.nasa.gov/pdf/55583main_vision_space_exploration2.pdf)

"The Air Mail Act of 1925 (Kelly Act)." Aviation Online Magazine. (http://avstop.com/history/needregulations/act1925.htm)

Berger, Brian. "SpaceX, Rocketplane Kistler Win NASA COTS Competition." Space.com. August 18, 2006. (https://www.space.com/2768-spacex-rocketplane-kistler-win-nasa-cots-competition.html)

Whitesides, Loretta Hildago. "NASA Terminates COTS Funds for Rocketplane Kistler." *Wired*. September 18, 2007. (https://www.wired.com/2007/09/nasa-terminates/)

SpaceX Press Release. "SpaceX: Support NASA Exploration and COTS Capability D." SpaceRef. February 11, 2009. (http://www.spaceref.com/news/viewpr.html?pid=27552)

"Commercial Crew & Cargo." NASA. (https://www.nasa.gov/offices/c3po/about/c3po.html)

Sargent Jr., John F., Coordinator. "Federal Research and Development Funding: FY2010." CRS Report for Congress. Congressional Research Service. January 12, 2010. (https://sgp.fas.org/crs/misc/R40710.pdf)

Ionnotta, Becky. "Multiple Options Available with Stimulus Money for NASA." *SpaceNews*. March 6, 2009. (https://spacenews.com/multiple-options-available-stimulus-money-nasa/)

Sausser, Brittany. "NASA Uses Stimulus Funding for Commercial Crew Concepts." *MIT Technology Review*. August 6, 2009. (https://www.technologyreview.com/2009/08/06/211114/nasa-uses-stimulus-funding-for-commercial-crew-concepts/)

Bolden, Charles F., Interviewed by Sandra Johnson. "NASA Johnson Space Center Oral History Project, Edited Oral History Transcript." January 15, 2004. (https://historycollection.jsc.nasa.gov/JSCHistoryPortal/history/oral_histories/BoldenCF/BoldenCF_1-15-04.htm)

Review of U.S. Human Spaceflight Plans Committee. "Seeking a Human Spaceflight Program Worth of a Great Nation." October 2009. NASA. (https://www.nasa.gov/pdf/396093main_HSF_Cmte_FinalReport.pdf)

Bettex, Morgan. "Reporter's Notebook: Where Do We Go from Here?" MIT News. December 16, 2009. (https://news.mit.edu/2009/notebook-augustine-1216)

NASA Fiscal Year 2011 Budget Estimates. NASA. (https://www.nasa.gov/pdf/420990main_FY_201_%20Budget_Overview_1_Feb_2010.pdf)

Malik, Tariq. "Obama Budget Scraps NASA Moon Plan for '21st Century Space Program.'" Space.com. February 1,

2010. (https://www.space.com/7849-obama-budget-scraps-nasa-moon-plan-21st-century-space-program.html)

Sacks, Ethan. "Lost in Space: President Obama's Proposed Budget Scraps NASA's Planned Manned Missions to the Moon." *New York Daily News*. February 1, 2010. (https://www.nydailynews.com/news/politics/lost-space-president-obama-proposed-budget-scraps-nasa-planned-manned-missions-moon-article-1.196064)

Jones, Richard M. "Senator Nelson on NASA's FY 2011 Budget Request." FYI: Science Policy News from AIP. American Institute of Physics. February 18, 2010. (https://www.aip.org/fyi/2010/senator-nelson-nasa's-fy-2011-budget-request)

Maliq, Tarik. "NASA Grieves Over Canceled Program." NBC News. February 2, 2010. (https://www.nbcnews.com/id/wbna35209628)

"Florida Congressional Delegation Letter to President Obama Regarding NASA FY 2011 Budget." US House of Representatives. SpaceRef. March 4, 2010. (http://www.spaceref.com/news/viewsr.html?pid=33634)

Werner, Debra. "Senators Decry NASA's Change of Plans." *SpaceNews*. February 25, 2010. (https://spacenews.com/senators-decry-nasas-change-plans/)

Klamper, Amy. "Garver: Battle Over Obama Plan Imperils NASA Budget Growth." *SpaceNews*. March 5, 2010. (https://spacenews.com/garver-battle-over-obama-plan-imperils-nasa%E2%80%82budget-growth/)

Klamper, Amy. "NASA Prepares 'Plan B' for New Space Plan." Space.com. March 4, 2010. (https://www.space.com/8002-nasa-prepares-plan-space-plan.html)

Chang, Kenneth. "NASA Chief Denies Talk of Averting Obama Plan." *The New York Times*. March 4, 2010. (https://

www.nytimes.com/2010/03/05/science/space/05nasa.html)

Coats, Michael L., Interviewed by Jennifer Ross-Nazzal. "NASA Johnson Space Center Oral History Project, Edited Oral History Transcript." August 5, 2015. (https://historycollection.jsc.nasa.gov/JSCHistoryPortal/history/oral_histories/CoatsML/CoatsML_8-5-15.htm)

Lambwright, W. Henry. "Reflections on Leadership and Its Politics: Charles Bolden, NASA Administrator, 2009–2017." *Public Administration Review*. Syracuse University. July/August 2017.

六、負重而升

Yeomans, Donald K. "Why Study Asteroids." Solar System Dynamics. April 1998. (https://ssd.jpl.nasa.gov/?why_asteroids)

Klamper, Amy. "Obama's NASA Overhaul Encounters Continued Congressional Resistance." *SpaceNews*. April 23, 2010. (https://spacenews.com/obamas-nasa%E2%80%82overhaul-encounters-continued-congressional-resistance/)

CNN Wire Staff. "Obama Outlines New NASA Strategy for Deep Space Exploration." CNN Politics. April 15, 2010. (http://www.cnn.com/2010/POLITICS/04/15/obama.space/index.html)

The White House, Office of the Press Secretary. "Remarks by the President on Space Exploration in the 21st Century." John F. Kennedy Space Center, Merritt Island, Florida. April 15, 2010. (https://www.nasa.gov/news/media/trans/obama_ksc_trans.html)

Chang, Kenneth. "Obama Vows Renewed Space Program." *The New York Times*. April 15, 2010. (https://www.nytimes.com/2010/04/16/science/space/16nasa.html)

Malik, Tariq. "Obama Aims to Send Astronauts to an Asteroid, Then to Mars." Space.com. April 15, 2010. (https://www.space.com/8222-obama-aims-send-astronauts-asteroid-mars.html)

President Barack Obama tours SpaceX with CEO Elon Musk. Photograph and Caption. The White House Archives. (https://obamawhitehouse.archives.gov/photos-and-video/photos/president-barack-obama-tours-spacex-with-ceo-elon-musk)

Matthews, Mark K. and Robert Block and *Orlando Sentinel*. "Obama Unveils NASA 'Vision' in Kennedy Space Center Speech." *Orlando Sentinel*. April 16, 2010. (https://www.orlandosentinel.com/news/os-xpm-2010-04-16-os-obama-speech-kennedy-space-center-20100415-story.html)

Moskowitz, Clara. "NASA Should Use Private Spaceships, Say Astronauts." *The Christian Science Monitor*. July 16, 2010. (https://www.csmonitor.com/Science/2010/0716/NASA-should-use-private-spaceships-say-astronauts)

Public Law 111–267. 111th Congress. "National Aeronautics and Space Administration Authorization Act of 2010." October 11, 2010. (https://www.congress.gov/111/plaws/publ267/PLAW-111publ267.pdf)

The National Aeronautics and Space Administration. "National Aeronautics and Space Act of 1958, As Amended." August 25, 2008. (https://history.nasa.gov/spaceact-legishistory.pdf)

Foust, Jeff. "Utah Members Concerned NASA 'Circumventing the Law' on Heavy Lift." Space Politics. November

19, 2010. (http://www.spacepolitics.com/2010/11/19/utah-members-concerned-nasa-circumventing-the-law-on-heavy-lift/)

Foust, Jeff. "Senate Carries Out Its Subpoena Threat." Space Politics. July 28, 2011. (http://www.spacepolitics.com/2011/07/28/senate-carries-out-its-subpoena-threat/)

Klotz, Irene. "NASA Sending Retired Space Shuttles to US Museums." Reuters. April 13, 2011. (https://www.reuters.com/article/uk-space-shuttles/nasa-sending-retired-space-shuttles-to-us-museums-idUSLNE73C02H20110413)

NASA Content Administrator. "NASA Transfers Enterprise Title to Intrepid Sea, Air & Space Museum in New York City." December 11, 2011. (https://www.nasa.gov/mission_pages/transition/placement/enterprise_transfer.html)

"Retired Space Shuttle Makes Final Voyage." VOA News. April 16, 2012. (https://www.voanews.com/a/retired-space-shuttle-makes-final-voyage-to-washington-area-museum-147761985/180532.html)

NASA Content Administrator. "Endeavour's Final Flight Ends." September 21, 2012. (https://www.nasa.gov/multimedia/imagegallery/endeavour_garver.html)

Achenbach, Joel. "Final NASA Shuttle Mission Clouded by Rancor." *The Washington Post*. July 2, 2011. (https://www.washingtonpost.com/national/health-science/us-space-program-approaches-end-of-an-era-whatnext/2011/06/29/AGeBAWtH_story.html)

Booze, Allen, and Hamilton. Executive Summary of Final Report. "Independent Cost Assessment of the Space

Launch System, Multi-Purpose Crew Vehicle and 21st Century Ground Systems Programs." (https://www.nasa.gov/pdf/581582main_BAH_Executive_Summary.pdf)

US Senate Live Webcast. "Space Launch System Design Announced." September 14, 2011. (https://www.youtube.com/watch?v=TVp6uKfR5qE)

Leone, Dan. "Obama Administration Accused of Sabotaging Space Launch System." Space.com. September 12, 2011. (https://www.space.com/12916-obama-nasa-space-launch-system-budget.html)

Luscombe, Richard. "Nasa Shows Off 'Most Powerful Space Rocket in History.'" The Guardian. September 14, 2011. (https://www.theguardian.com/science/2011/sep/14/nasa-space-launch-system)

Space.com Staff. "Voices: Industry & Analysts Weigh In on NASA's New Rocket." Space.com. September 15, 2011. (https://www.space.com/12959-nasa-space-launch-system-rocket-reactions.html)

Foust, Jeff. "A Monster Rocket, or Just a Monster?" The Space Review. September 19, 2011. (https://www.thespacereview.com/article/1932/1)

NASA Press Release. "NASA to Brief Industry on Space Launch System Procurement." September 23, 2011. (https://www.nasa.gov/home/hqnews/2011/sep/HQ_M11-204_MSFC_Indust_Day.html)

Plait, Phil. "Why NASA Still Can't Put Humans in Space: Congress Is Starving It of Needed Funds." Slate. August 24, 2015. (https://slate.com/technology/2015/08/congress-and-nasa-commercial-crew-program-is-underfunded.html)

Obama, Barack. *A Promised Land*. Crown. 2020.

七、黑暗物質

Kelly, Emre. "GAO Takes Aim at NASA's James Webb Space Telescope, Notes Delays and Cost Overruns." *Florida Today*. January 31, 2020. (https://www.floridatoday.com/story/tech/science/space/2020/01/31/gao-takes-aim-nasa-james-webb-space-telescope-delays-cost-overruns/4624433002/)

Moskowitz, Clara. "NASA's Next Mars Rover Still Faces Big Challenges, Audit Reveals." Space.com. June 8, 2011. (https://www.space.com/11903-mars-rover-curiosity-budget-delay-report.html)

Weiler, Edward J., Interviewed by Sandra Johnson. "NASA Science Mission Directorate Oral History Project, Edited Oral History Transcript." April 4, 2017. (https://historycollection.jsc.nasa.gov/JSCHistoryPortal/history/oral_histories/NASA_HQ/SMD/WeilerEJ/WeilerEJ_4-4-17.htm)

United States Government Accountability Office. "NASA Needs to Better Assess Contract Termination Liability Risks and Ensure Consistency in Its Practices." Report. July 12, 2011. (https://www.gao.gov/products/gao-11-609r)

Klamper, Amy. "Obama's NASA Overhaul Encounters Continued Congressional Resistance." *SpaceNews*. April 23, 2010. (https://spacenews.com/obamas-nasa%E2%80%82overhaul-encounters-continued-congressional-resistance/)

NASA Advisory Council Recommendation. Industrial Base 2011-02-04 (EC-03). Attached: June 2011 NASA report to Congress, "Effects of the Transition to the Space Launch System on the Solid and Liquid Rocket Motor Industrial Bases." (https://www.nasa.gov/sites/default/files/atoms/files/may2011_industrialbase.pdf)

Lambwright, W. Henry. "Reflections on Leadership and Its Politics: Charles Bolden, NASA Administrator, 2009–2017." *Public Administration Review*. Syracuse University. July/August 2017.

"Charles Bolden, the NASA Administrator and Astronaut in Conversation with Al Jazeera's Imran Garda." Talk to Al Jazeera. Al Jazeera. July 1, 2010. (https://www.aljazeera.com/program/talk-to-al-jazeera/2010/7/1/charles-bolden)

Moskowitz, Clara. "NASA Chief Says Agency's Goal Is Muslim Outreach, Forgets to Mention Space." *The Christian Science Monitor*. July 14, 2010. (https://www.csmonitor.com/Science/2010/0714/NASA-chief-says-agency-s-goal-is-Muslim-outreach-forgets-to-mention-space)

Reuters Staff. "White House Corrects NASA Chief on Muslim Comment." Reuters. July 12, 2010. (https://www.reuters.com/article/us-obama-nasa/white-house-corrects-nasa-chief-on-muslim-comment-idUSTRE66B6MQ20100712)

Foust, Jeff. "Suborbital Research Enters a Time of Transition." The Space Review. June 10, 2013. (https://www.thespacereview.com/article/2311/1)

NASA. "OMEGA Project 2009–2012." (https://www.nasa.gov/centers/ames/research/OMEGA/index.html)

Foust, Jeff. "Former NASA Administrator Reprimanded for Use of Agency Personnel After Departure." *SpaceNews*. June 12, 2020. (https://spacenews.com/former-nasa-administrator-reprimanded-for-use-of-agency-personnel-after-departure/)

八、火箭新貴

"Card, Club, Pan Am 'First Moon Flights.'" Pan Am's Club Card for "First Moon Flights." Number 1043, issued by the airline to Jeffrey Gates. Smithsonian National Air and Space Museum. (https://airandspace.si.edu/collection-objects/card-club-pan-am-first-moon-flights/nasm_A20180010000)

Borcover, Alfred and Travel Editor. "161 Hopefuls Put Up $5,000 Each to Experience an Outof-this-World Trip." *Chicago Tribune*. January 12, 1986. (https://www.chicagotribune.com/news/ct-xpm-1986-01-12-8601040135-story.html)

McCray, W. Patrick. *The Visioneers: How a Group of Elite Scientists Pursued Space Colonies, Nanotechnologies, and a Limitless Future*. Princeton University Press. 2017. (http://assets.press.princeton.edu/chapters/i9822.pdf)

Fowler, Glenn. "George Koopman Dies in Wreck; Technologist for Space Was 44." *The New York Times*. July 21, 1989. (https://www.nytimes.com/1989/07/21/obituaries/george-koopman-dies-in-wreck-technologist-for-space-was-44.html)

Boyle, Alan. "Space Racers Unite in Federation." NBC News. February 8, 2005. (https://www.nbcnews.com/id/wbna6936543)

Boyle, Alan. "Private-Spaceflight Bill Signed into Law." NBC News. December 8, 2004. (https://www.nbcnews.com/id/wbna6682611)

"Rocket Man." *Forbes*. April 17, 2000. (https://www.forbes.com/forbes/2000/0417/6509398a.html?sh=3fe63e906d4b)

Clark, Stephen. "Beal Aerospace Ceases Work to Build Commercial Rocket." Spaceflight Now. October 24, 2000. (https://spaceflightnow.com/news/n0010/24beal/)

Chang, Kenneth. "For Space Station, a Pod That Folds Like a Shirt and Inflates Like a Balloon." *The New York Times*. January 16, 2013. (https://www.nytimes.com/2013/01/17/science/space/for-nasa-bigelow-aerospaces-balloonlike-module-is-innovative-and-a-bargain-too.html)

Foust, Jeff. "Bigelow Aerospace Lays Off Entire Workforce." *SpaceNews*. March 23, 2020. (https://spacenews.com/bigelow-aerospace-lays-off-entire-workforce/)

Foust, Jeff. "Stratolaunch Founder Paul Allen Dies." *SpaceNews*. October 15, 2018. (https://spacenews.com/stratolaunch-founder-paul-allen-dies/)

Abdollah, Tami and Stuart Silverstein. "Test Site Explosion Kills Three." *Los Angeles Times*. July 27, 2007. (https://www.latimes.com/archives/la-xpm-2007-jul-27-me-explode27-story.html)

Malik, Tariq. "Deadly SpaceShipTwo Crash Caused by Co-Pilot Error: NTSB." Space. com. July 28, 2015. (https://www.space.com/30073-virgin-galacticspaceshiptwo-crash-pilot-error.html)

Malik, Tariq. "Virgin Galactic Goes Public on New York Stock Exchange After Completing Merger." Space.com. October 28, 2019. (https://www.space.com/virgin-galactic-goes-public-nyse-stock-exchange.html)

Weitering, Hanneke. "Blue Moon: Here's How Blue Origin's New Lunar Lander Works." Space.com. May 10, 2019. (https://www.space.com/blue-origin-blue-moon-lander-explained.html)

Thomas, Candrea. "Blue Origin Tests Rocket Engine Thrust Chamber." Commercial Space Transportation. NASA.

October 15, 2012. (https://www.nasa.gov/exploration/commercial/crew/blue-origin-be3.html)

Berger, Brian. "SpaceX, Rocketplane Kistler Win NASA COTS Competition." Space.com. August 18, 2006. (https://www.space.com/2768-spacex-rocketplane-kistler-win-nasa-cots-competition.html)

Chang, Kenneth. "First Private Craft Docks with Space Station." *The New York Times*. May 25, 2012. (https://www.nytimes.com/2012/05/26/science/space/space-x-capsule-docks-at-space-station.html)

Killian, Mike. "Government Requests Court Dismiss SpaceX Lawsuit Over Air Force's 36-Rocket Block-Buy Deal With ULA." AmericaSpace. 2014. (https://www.americaspace.com/2014/07/03/government-requests-court-dismiss-spacex-lawsuit-over-air-forces-36-rocket-block-buy-deal-with-ula/)

Gruss, Mike. "SpaceX, Air Force Settle Lawsuit over ULA Blockbuy." *SpaceNews*. January 23, 2015. (https://spacenews.com/spacex-air-force-reach-agreement/)

Berger, Eric. "This Is Probably Why Blue Origin Keeps Protesting NASA's Lunar Lander Award." Ars Technica. August 11, 2021. (https://arstechnica.com/science/2021/08/this-is-probably-why-blue-origin-keeps-protesting-nasas-lunar-lander-award/)

"TODAY: SpaceX to Make First Launch Attempt for COTS Demo 1." SpaceRef. December 8, 2010. (http://www.spaceref.com/news/viewpr.html?pid=32213)

Junod, Tom. "Elon Musk: Triumph of His Will." *Esquire*. November 15, 2012. (https://www.esquire.com/news-politics/a16681/elon-musk-interview-1212/)

Sauser, Brittany. "SpaceX Sets Launch for Heavy-Lift Rocket." *Technology Review*. April 5, 2011. (https://www.

technologyreview.com/2011/04/05/195936/spacex-sets-launch-date-for-heavy-lift-rocket/)
Garver, Lori. "SpaceX Could Save NASA and the Future of Space Exploration." Op-ed. *The Hill*. February 8, 2018. (https://thehill.com/opinion/technology/372994-spacex-could-save-nasa-and-the-future-of-space-exploration)
Mwaniki, Andrew. "Countries with the Most Commercial Space Launches." World Atlas. May 16, 2018. (https://www.worldatlas.com/articles/countries-with-the-most-commercial-space-launches.html)

九、火箭何止是科學

"The Dawn of the Space Shuttle." Richard Nixon Foundation. January 5, 2017. (https://www.nixonfoundation.org/2017/01/dawn-space-shuttle/)
Noe, Alva. "Soaking Up Wisdom from Neil DeGrasse Tyson." NPR. January 22, 2016. (https://www.npr.org/sections/13.7/2016/01/22/463855900/soaking-up-wisdom-from-neil-degrasse-tyson)
Tyson, Neil deGrasse. "Neil deGrasse Tyson: The 3 Fears That Drive Us to Accomplish Extraordinary Things." Big Think. July 19, 2013. (https://youtu.be/0CJ8g8w1huc)
NASA. "Our Missions and Values." (https://www.nasa.gov/careers/our-mission-and-values)
Coats, Michael L., Interviewed by Jennifer Ross-Nazzal. "NASA Johnson Space Center Oral History Project, Edited Oral History Transcript." August 5, 2015. (https://historycollection.jsc.nasa.gov/JSCHistoryPortal/history/oral_histories/CoatsML/CoatsML_8-5-15.htm)

"Model, X-33 VentureStar Reusable Launch Vehicle." Transferred from NASA Langley Research Center. Smithsonian National Air & Space Museum. (https://airandspace.si.edu/collection-objects/model-x-33-venturestar-reusable-launch-vehicle/nasm_A20060581000)

Luypaert, Joris. "The Man Who Killed The X-33 Venturestar." One Stage to Space. June 23, 2018. (https://onestagetospace.com/2018/06/23/the-man-that-killed-the-x-33-venturestar/)

Oliva, Leandro. "Goodnight Moon: Michael Griffin on the future of NASA." Ars Technica. April 1, 2010. (https://arstechnica.com/science/2010/04/goodnight-moon-michael-griffin-on-the-future-of-nasa/)

Lambwright, W. Henry. "Reflections on Leadership and Its Politics: Charles Bolden, NASA Administrator, 2009–2017." *Public Administration Review*. Syracuse University. July/August 2017.

Ferguson, Sarah. "Launching Starship: Inside Elon Musk's Plan to Perfect the Rocket to Take Humanity to Mars." *Foreign Correspondent*. ABC (Australian Broadcasting Corporation) News. September 29, 2021. (https://www.abc.net.au/news/2021-09-30/elon-musk-starship-to-get-back-to-the-moon-and-on-to-mars/100498076)

Ferguson, Sarah. "Destination Mars." *Foreign Correspondent*. ABC (Australian Broadcasting Corporation) News. September 30, 2021. Updated November 1, 2021. (https://www.abc.net.au/foreign/destination-mars/13565384)

Statement of VADM Joseph W. Dyer, USN (Retired) Chairman National Aeronautics and Space Administration's Aerospace Safety Advisory Panel before the Committee on Science, Space, and Technology Subcommittee on Space and Aeronautics. U.S. House of Representatives. September 14, 2012. (https://www.hq.nasa.gov/legislative/hearings/2012%20hearings/9-14-2012%20DYER.pdf)

Regan, Rebecca. "NASA's Commercial Crew Program Refines Its Course." Commercial Space Transportation. NASA. December 21, 2011. (https://www.nasa.gov/exploration/commercial/crew/CCP_strategy.html)

Plait, Phil. "BREAKING: After Initial Problems, SpaceX Dragon Now Looking Good On Orbit." Slate. March 1, 2013. (https://slate.com/technology/2013/03/spacex-dragon-initial-problems-with-thrusters-now-under-control-mission-to-proceed-soon.html)

Gustetic, Jennifer L., Victoria Friedensen, Jason L. Kessler, Shanessa Jackson, and James Parr. "NASA's Asteroid Grand Challenge: Strategy, Results, and Lessons Learned." *Space Policy*. Volumes 44–45. August 2018. (https://www.sciencedirect.com/science/article/pii/S0265964617300838)

NASA. "Asteroid Redirect Mission Crewed Mission (ARCM) Concept Study." Mission Formulation Review. (https://www.nasa.gov/sites/default/files/files/Asteroid-Crewed-Mission-Stich-TAGGED2.pdf)

NASA Content Administrator. "Asteroid Mission Targeted." April 29, 2013. (https://www.nasa.gov/centers/dryden/news/X-Press/dfrc_budget_2013.html)

Berger, Eric. "NASA's Asteroid Mission Isn't Dead—Yet." Ars Technica. February 10, 2016. (https://arstechnica.com/science/2016/02/nasas-asteroid-mission-isnt-deadyet/)

十、撥亂反正

SpaceNews Staff. "Bolden Urges Work Force to Back NASA's New Direction." *SpaceNews*. May 3, 2010. (https://spacenews.com/bolden-urges-work-force-back-nasas-new-direction/)

Straus, Mark. "Majority of Americans Believe It Is Essential That the U.S. Remain a Global Leader in Space." Pew Research Center. June 6, 2018. (https://www.pewresearch.org/science/2018/06/06/majority-of-americans-believe-it-is-essential-that-the-u-s-remain-a-global-leader-in-space/)

Johnson, Courtney. "How Americans See the Future of Space Exploration, 50 Years After the First Moon Landing." Pew Research Center. July 17, 2019. (https://www.pewresearch.org/fact-tank/2019/07/17/how-americans-see-the-future-of-space-exploration-50-years-after-the-first-moon-landing/)

Sabin, Sam. "Nearly Half the Public Wants the U.S. to Maintain Its Space Dominance. Appetite for Space Exploration Is a Different Story." Morning Consult. February 25, 2021. (https://morningconsult.com/2021/02/25/space-force-travel-exploration-poll/)

Chase, Patrick. "NASA, Space Exploration, and American Public Opinion." WestEastSpace. Medium.com. July 14, 2020. (https://medium.com/westeastspace/nasa-space-exploration-and-american-public-opinion-139cbc1c6cce)

Treat, Jason, Jay Bennett, and Christopher Turner. "How 'The Right Stuff' Has Changed." *National Geographic*. November 6, 2020. (https://www.nationalgeographic.com/science/graphics/charting-how-nasa-astronaut-demographics-have-changed-over-time)

Krishna, Swapna. "The Mercury 13: The women who could have been NASA's first female astronauts." Space.com. July 24, 2020. (https://www.space.com/mercury-13.html)

Sylvester, Roshanna. "John Glenn and the Sexism of the Early Space Program." *Smithsonian Magazine*. December

14, 2016. (https://www.smithsonianmag.com/history/even-though-i-am-girl-john-glenns-fan-mail-and-sexism-early-space-program-180961443/)

Teitel, Amy Shira. "NASA Once Made an Official Ruling on Women and Pantsuits." *Discover*. February 12, 2019. (https://www.discovermagazine.com/the-sciences/nasa-once-made-an-official-ruling-on-women-and-pantsuits)

Shetterly, Margot Lee. *Hidden Figures: The American Dream and the Untold Story of the Black Women Mathematicians Who Helped Win the Space Race*. William Morrow. 2016.

Holt, Nathalia. *Rise of the Rocket Girls: The Women Who Propelled Us, from Missiles to the Moon to Mars*. Little, Brown and Company. 2016.

Katsarou, Maria. "Women & the Leadership Labyrinth Howard vs Heidi." Leadership Psychology Institute. (https://www.leadershippsychologyinstitute.com/women-the-leadership-labyrinth-howard-vs-heidi/)

Ottens, Nick. "Sexism in *Star Trek*." Forgotten Trek. October 16, 2019. (https://forgottentrek.com/sexism-in-star-trek/)

Ulster, Laurie. "15 Really Terrible Moments for Women in *Star Trek*." *Screen Rant*. August 1, 2016. (https://screenrant.com/terrible-moments-for-women-in-star-trek/)

Woman in Motion. Internet Movie Database. imdb.com/title/tt4512946/. (https://www.imdb.com/title/tt4512946/)

Coats, Michael L., Interviewed by Jennifer Ross-Nazzal. "NASA Johnson Space Center Oral History Project, Edited Oral History Transcript." August 5, 2015. (https://historycollection.jsc.nasa.gov/JSCHistoryPortal/history/oral_histories/CoatsML/CoatsML_8-5-15.htm)

Ride, Dr. Sally K. "Leadership and America's Future in Space: A Report to the Administrator." NASA. August 1987. (https://history.nasa.gov/riderep/main.PDF)

Discussion with Alan Ladwig. August 23, 2021.

Grady, Denise. "American Woman Who Shattered Space Ceiling: Sally Ride, 1951–2012." *The New York Times*. July 23, 2012. (https://www.nytimes.com/2012/07/24/science/space/sally-ride-trailblazing-astronaut-dies-at-61.html)

Sherr, Lynn. *Sally Ride: America's First Woman in Space*. Simon & Schuster. June 3, 2014.

Sorkin, Amy Davidson. "The Astronaut Bride." *The New Yorker*. July 25, 2012. (https://www.newyorker.com/news/daily-comment/the-astronaut-bride)

Davenport, Christian, and Rachel Lerman. "Inside Blue Origin: Employees Say Toxic, Dysfunctional 'Bro Culture' Led to Mistrust, Low Morale, and Delays at Jeff Bezos's Space Venture." *The Washington Post*. October 11, 2021. (https://www.washingtonpost.com/technology/2021/10/11/blue-origin-jeff-bezos-delays-toxic-workplace/)

Kolhatkar, Sheelah. "The Tech Industry's Gender-Discrimination Problem." *The New Yorker*. November 13, 2017. (https://www.newyorker.com/magazine/2017/11/20/the-tech-industrys-gender-discrimination-problem)

Tayeb, Zahra, and Kevin Shalvey. "Former SpaceX Engineer Accuses Company of Racial Discrimination, Denying Its Claims that He Was Fired for Making Inappropriate Facial Expressions." *Business Insider*. November 14, 2021. (https://www.businessinsider.com/spacex-engineer-alleges-racial-discriminationharassment-lawsuit-2021-11)

Ivey, Glen E. "Lori Garver: Not Every Hero at NASA Is an Astronaut." gleneivey.wordpress.com. March 24, 2010. (https://gleneivey.wordpress.com/2010/03/24/lori-garver-not-every-hero-at-nasa-is-an-astronaut/)

Mackay, Charles. "No Enemies." 1846.

Sinclair, Upton. *Anthology*. Murray & Gee. 1947.

十一、飛龍在天

Berger, Brian. "Outgoing NASA Deputy Reflects on High-profile, Big-money Programs." *SpaceNews*. September 9, 2013. (https://spacenews.com/37126outgoing-nasa-deputy-reflects-on-high-profile-big-money-programs/)

Chang, Kenneth. "Scrutinizing SpaceX, NASA Overlooked Some Boeing Software Problems." *The New York Times*. July 7, 2020. (https://www.nytimes.com/2020/07/07/science/boeing-starliner-nasa.html)

Davenport, Christian. "No One Thought SpaceX Would Beat Boeing. Elon Musk Proved Them Wrong." *The Washington Post*. May 21, 2020. (https://www.washingtonpost.com/technology/2020/05/21/spacex-boeing-rivalry-launch/)

Gohd, Chelsea. "NASA's SpaceX Launch Is Not the Cure for Racial Injustice." Space.com. June 3, 2020. (https://www.space.com/spacex-launch-not-cure-for-racial-injustice.html)

Heron, Gil Scott. "Whitey on the Moon." Spoken word poem. 1970.

Email from Kiko Dontchev, SpaceX. July 26, 2018.

"The Crew Dragon Mission Is a Success for SpaceX and for NASA." *The Economist*. June 6, 2020. (https://www.economist.com/science-and-technology/2020/06/04/the-crew-dragon-mission-is-a-success-for-spacex-and-for-nasa)

Wall, Mike. "Trump Hails SpaceX's 1st Astronaut Launch Success for NASA." Space.com.May 30, 2020. (https://www.space.com/trump-hails-spacex-astronaut-launch-demo-2.html)

Foust, Jeff. "Current and Former NASA Leadership Share Credit for Commercial Crew." *SpaceNews*. May 26, 2020. (https://spacenews.com/current-and-former-nasa-leadership-share-credit-for-commercial-crew/)

Erwin, Sandra. "Biden's Defense Nominee Embraces View of Space As a Domain of War." *SpaceNews*. January 19, 2021. (https://spacenews.com/bidens-defense-nominee-embraces-view-of-space-as-a-domain-of-war/)

Broad, William J. "How Space Became the Next 'Great Power' Contest Between the U.S. and China." *The New York Times*. January 24, 2021. Updated May 6, 2021. (https://www.nytimes.com/2021/01/24/us/politics/trump-biden-pentagon-space-missiles-satellite.html)

Howell, Elizabeth. "Jeff Bezos' Blue Origin Throws Shade at Virgin Galactic Ahead of Richard Branson's Launch." Space.com. July 9, 2021. (https://www.space.com/blue-origin-throws-shade-at-virgin-galactic-ahead-of-launch)

Hussain, Noor Zainab. "Branson's Virgin Galactic to Sell Space Tickets Starting at $450,000." Reuters. August 5, 2021. (https://www.reuters.com/lifestyle/science/bransons-virgin-galactic-sell-space-flight-tickets-starting-450000-2021-08-05/)

McFall-Johnsen, Morgan. "Elon Musk Showed Up in Richard Branson's Kitchen at 3 a.m. to Wish Him Luck Flying to the Edge of Space." *Business Insider*. July 11, 2021. (https://www.businessinsider.com/elon-musk-visited-richard-branson-kitchen-early-launch-day-2021-7)

Neuman, Scott. "Jeff Bezos and Blue Origin Travel Deeper into Space Than Richard Branson." NPR. July 20, 2021. (https://www.npr.org/2021/07/20/1017945718/jeff-bezos-and-blue-origin-will-try-to-travel-deeper-into-space-than-richard-bra)

Chang, Kenneth. "SpaceX Inspiration4 Mission: Highlights From Day 2 in Orbit." *The New York Times*. September 17, 2021. Updated November 9, 2021. (https://www.nytimes.com/live/2021/09/17/science/spacex-inspiration4-tracker)

Wall, Mike. "SpaceX to Fly 3 More Private Astronaut Missions to Space Station for Axiom Space." Space.com. June 2, 2021. (https://www.space.com/spacex-axiom-deal-more-private-astronaut-missions)

Johnson Space Center, Status Report. "NASA Commercial LEO Destinations Announcement 80JSC021CLD FINAL." NASA. SpaceRef. July 12, 2021. (http://www.spaceref.com/news/viewsr.html?pid=54956)

Powell, Corey S. "Jeff Bezos Foresees a Trillion People Living in Millions of Space Colonies. Here's What He's Doing to Get the Ball Rolling." NBC News. May 15, 2019. (https://www.nbcnews.com/mach/science/jeff-bezos-foresees-trillion-people-living-millions-space-colonies-here-ncna1006036)

Mosher, Dave. "Elon Musk Says SpaceX Is on Track to Launch People to Mars Within 6 Years. Here's the Full Timeline of His Plans to Populate the Red Planet." *Business Insider*. November 2, 2018. (https://www.

businessinsider.com/elon-musk-spacex-mars-plan-timeline-2018-10)

Papadopoulos, Anna. "The World's Richest People (Top Billionaires, 2021)." *CEOWorld Magazine*. November 4, 2021. (https://ceoworld.biz/2021/11/04/the-worlds-richest-people-2021/)

Silverman, Jacob. "The Billionaire Space Race Is a Tragically Wasteful Ego Contest." *New Republic*. July 9, 2021. (https://newrepublic.com/article/162928/richard-branson-jeff-bezos-space-blue-origin)

Lepore, Jill. "Elon Musk Is Building a Sci-Fi World, and the Rest of Us Are Trapped in It." Guest Essay, Opinion. *The New York Times*. November 4, 2021. (https://www.nytimes.com/2021/11/04/opinion/elon-musk-capitalism.html)

Deggans, Eric. "Elon Musk Takes An Awkward Turn As 'Saturday Night Live' Host." *All Things Considered*. NPR. May 9, 2021. (https://www.npr.org/2021/05/09/994620764/elon-musk-hosts-snl)

Swift, Taylor Alison, and Jack Antonoff. "The Man." Lyrics. AZLyrics.com. (https://www.azlyrics.com/lyrics/taylorswift/theman.html)

十二、價值主張

Noble, Alex. "Jon Stewart Sends Up Billionaire Space Race in Starry Promo for New Apple Show." The Wrap. July 20, 2021. (https://www.thewrap.com/jon-stewart-jeff-bezos-space-race-apple-tv-show-promo-video/)

Baxter, William E. "Introduction—Samuel P. Langley: Aviation Pioneer (Part 2)." Smithsonian Libraries. (https://www.sil.si.edu/ondisplay/langley/part_two.htm)

Office of Science and Technology Policy, The White House. "Statement on National Space Transportation Policy." August 5, 1994. (https://www.globalsecurity.org/space/library/policy/national/launchst.htm)

NASA Office of Inspector General, Office of Audits. "NASA's Management of the Artemis Missions." Report No. IG-22-003. NASA. November 15, 2021. (https://oig.nasa.gov/docs/IG-22-003.pdf)

Davenport, Christian. "NASA Watchdog Takes Aim at Boeing's SLS Rocket; It Says Backbone of Trump's Moon Mission Could Cost a Staggering $50 Billion." *The Washington Post*. March 11, 2020. (https://www.washingtonpost.com/technology/2020/03/10/nasa-boeing-trump-moon-cost/)

Berger, Eric. "NASA Has Begun a Study of the SLS Rocket's Affordability [Updated]." Ars Technica. March 15, 2021. (https://arstechnica.com/science/2021/03/nasa-has-begun-a-study-of-the-sls-rockets-affordability/)

Miller, Amanda. "NASA Faces Up to Huge Cost Overruns for Its SLS Heavy Lift Rocket." *Room: Space Journal of Asgardia*. March 11, 2020. (https://room.eu.com/news/nasa-faces-up-to-huge-cost-overruns-for-its-sls-heavy-lift-rocket)

Wall, Mike. "'Artemis Is Here:' Vice President Pence Stresses Importance of 2024 Moon Landing." Space.com. November 14, 2019. (https://www.space.com/nasa-artemis-moon-program-mike-pence.html)

Sheetz, Michael. "Trump Wants NASA to Go to Mars, Not the Moon Like He Declared Weeks Ago." CNBC. June 7, 2019. (https://www.cnbc.com/2019/06/07/trump-wants-nasa-to-go-to-mars-not-the-moon-like-he-declared-weeks-ago.html)

Grush, Loren. "Trump Repeatedly Asks NASA Administrator Why We Can't Go Straight to Mars." The Verge.

July 19, 2019. (https://www.theverge.com/2019/7/19/20701061/president-trump-nasa-administrator-jim-bridenstine-artemis-mars-direct-moon-apollo-11)

Davenport, Christian. "Trump Pushed for a Moon Landing in 2024. It's Not Going to Happen." *The Washington Post*. January 13, 2021. (https://www.washingtonpost.com/technology/2021/01/13/trump-nasa-moon-2024/)

Foust, Jeff. "Changing NASA Requirements Caused Cost and Schedule Problems for Gateway." *SpaceNews*. November 12, 2020. (https://spacenews.com/changing-nasa-requirements-caused-cost-and-schedule-problems-for-gateway/)

NASA Office of Inspector General, Office of Audits. "NASA's Development of Next-Generation Spacesuits." Report No. IG-21-025. NASA. August 10, 2021. (https://oig.nasa.gov/docs/IG-21-025.pdf)

Mahoney, Erin. "NASA Prompts Companies for Artemis Lunar Terrain Vehicle Solutions." NASA. August 31, 2021. (https://www.nasa.gov/feature/nasa-prompts-companies-for-artemis-lunar-terrain-vehicle-solutions)

Foust, Jeff. "Just off a call..." @jeff_foust Tweet. Twitter. May 26, 2020. 2:44 pm. (https://twitter.com/jeff_foust/status/1265353156206231556)

Rupar, Aaron. "Jen Psaki's Space Force Comment and the Ensuing Controversy, Explained." Vox. February 5, 2021. (https://www.vox.com/2021/2/5/22268047/jen-psaki-space-force)

Foust, Jeff. "White House Endorses Artemis Program." *SpaceNews*. February 4, 2021. (https://spacenews.com/white-house-endorses-artemis-program/)

Berger, Eric. "White House Says Its Supports Artemis Program to Return to the Moon [Updated]." Ars Technica.

February 4, 2021. (https://arstechnica.com/science/2021/02/senate-democrats-send-a-strong-signal-of-support-for-artemis-moonprogram/)

Smith, Marcia. "Biden Administration 'Certainly' Supports Artemis Program." Space-PolicyOnline.com. February 4, 2021. (https://spacepolicyonline.com/news/biden-administration-certainly-supports-artemis-program/)

Garver, Lori. "New NASA Administrator Should Reject Its Patriarchal and Parochial Past." Op-ed. *Scientific American*. April 12, 2021. (https://www.scientificamerican.com/article/bill-nelson-isnt-the-best-choice-for-nasa-administrator/)

Axe, David. "NASA Veterans Baffled by Biden Pick of Bill Nelson to Lead Agency." The Daily Beast. March 19, 2021. (https://www.thedailybeast.com/nasa-veterans-baffled-by-reported-biden-pick-to-lead-agency)

Feldscher, Jacqueline with Bryan Bender. "Bolden Would Have 'Preferred' to See a Woman Lead NASA." Politico Space. *Politico*. March 26, 2021. (https://www.politico.com/newsletters/politico-space/2021/03/26/bolden-would-have-preferred-to-see-a-woman-lead-nasa-492250)

Smith, Marcia. "Nelson Greeted with Accolades at Nomination Hearing." Space-PolicyOnline.com. April 21, 2021. (https://spacepolicyonline.com/news/nelson-greeted-with-accolades-at-nomination-hearing/)

U.S. Senate Committee on Commerce, Science, & Transportation. "Nomination Hearing to Consider the Presidential Nominations of Bill Nelson to Be National Aeronautics and Space Administration Administrator...." April 21, 2021. (https://www.commerce.senate.gov/2021/4/nomination-hearing)

Bartels, Meghan. "Biden Proposes $24.7 Billion NASA Budget in 2022 to Support Moon Exploration and More."

Space.com. April 9, 2021. (https://www.space.com/biden-nasa-2022-budget-request)

Gohd, Chelsea. "NASA to Land 1st Person of Color on the Moon with Artemis Program." Space.com. April 9, 2021. (https://www.space.com/nasa-sending-first-person-of-color-to-moon-artemis)

Sadek, Nicole. "NASA Wants $11 Billion in Infrastructure Bill for Moon Landing." Bloomberg Government. June 15, 2021. (https://about.bgov.com/news/nasa-wants-11-billion-in-infrastructure-bill-for-moon-landing/)

Foust, Jeff. "Nelson Remains Confident Regarding Funding for Artemis." *SpaceNews*. October 3, 2021. (https://spacenews.com/nelson-remains-confident-on-nasa-funding-for-artemis/)

Foust, Jeff. "Revised Budget Reconciliation Package Reduces NASA Infrastructure Funds." *SpaceNews*. October 29, 2021. (https://spacenews.com/revised-budget-reconciliation-package-reduces-nasa-infrastructure-funds/)

Davenport, Christian. "Citing China Threat, NASA Says Moon Landing Now Will Come in 2025." *The Washington Post*. November 9, 2021. (https://www.washingtonpost.com/technology/2021/11/09/nasa-moon-artemis-spacex-china/)

NASA Office of Inspector General, Office of Audits. "NASA's Management of the Artemis Missions." Report No. IG-22-003. NASA. November 15, 2021. (https://oig.nasa.gov/docs/IG-22-003.pdf)

Press Release. "As Artemis Moves Forward, NASA Picks SpaceX to Land Next Americans on Moon." Release 21-042. NASA. April 16, 2021. (https://www.nasa.gov/press-release/as-artemis-moves-forward-nasa-picks-spacex-to-land-next-americans-on-moon)

Shepardson, David. "U.S. Watchdog Rejects Blue Origin Protest Over NASA Lunar Contract." Reuters. July 30,

2021. (https://www.reuters.com/business/aerospace-defense/us-agency-denies-blue-origin-protest-over-nasa-lunar-lander-contract-2021-07-30/)

Roulette, Joey. "Jeff Bezos' Blue Origin Sues NASA, Escalating Its Fight for a Moon Lander Contract." The Verge. August 16, 2021. (https://www.theverge.com/2021/8/16/22623022/jeff-bezos-blue-origin-sue-nasa-lawsuit-hls-lunar-lander)

Roulette, Joey. "Blue Origin Loses Legal Fight Over SpaceX's NASA Moon Contract." *The New York Times*. November 4, 2021. Updated November 10, 2021. (https://www.nytimes.com/2021/11/04/science/blue-origin-nasa-spacex-moon-contract.html)

Jewett, Rachel. "Senate Appropriations Directs NASA to Pursue Second HLS With $100M." Via Satellite. October 19, 2021. (https://www.satellitetoday.com/space-exploration/2021/10/19/senate-appropriations-directs-nasa-to-pursue-second-hls-with-100m/)

Brown, Mike. "Blue Origin New Glenn Specs, Power, and Launch Date for Ambitious Rocket." Inverse. July 23, 2021. (https://www.inverse.com/innovation/blue-origin-new-glenn-specs-power-launch-date-for-ambitious-rocket)

Bergin, Chris. "Amid Ship 20 Test Success, Starbase Prepares Future Starships." NasaSpaceflight.com. November 14, 2021. (https://www.nasaspaceflight.com/2021/11/ship-20-success-prepares-future-starships/)

Bender, Maddie. "SpaceX's Starship Could Rocket-Boost Research in Space." *Scientific American*. September 16, 2021. (https://www.scientificamerican.com/article/spacexs-starship-could-rocket-boost-research-in-space/)

Ferguson, Sarah. “Destination Mars.” *Foreign Correspondent*. ABC (Australian Broadcasting Corporation) News. September 30, 2021. Updated November 1, 2021. (https://www.abc.net.au/foreign/destination-mars/13565384)

Gross, Jenny. “Satellite Monitoring of Emissions from Countries and Companies ‘Changes Everything,’ Al Gore Says.” *The New York Times*. November 3, 2021. Updated November 6, 2021. (https://www.nytimes.com/2021/11/03/climate/al-gore-cop26.html)

“Climate Change: How Do We Know?” *Global Climate Change: Vital Signs of the Planet*. NASA. (https://climate.nasa.gov/evidence/)

Voosen, Paul. “NASA’s New Fleet of Satellites Will Offer Insights into the Wild Cards of Climate Change.” Science. May 5, 2021. (https://www.science.org/news/2021/05/nasas-new-fleet-satellites-will-offer-insights-wild-cards-climate-change)

Freedman, Andrew. “Al Gore’s Climate TRACE Finds Vast Undercounts of Emissions.” Energy & Environment. Axios. September 16, 2021. (https://www.axios.com/global-carbon-emissions-inventory-surprises-cb7f220a-6dfd-4f88-9349-5c9ffa0817e9.html)

“‘The First Earthrise’ Apollo 8 Astronaut Bill Anders Recalls the First Mission to the Moon.” The Museum of Flight. December 20, 2008. (https://www.museumofflight.org/News/2267/quotthe-first-earthrisequot-apollo-8-astronaut-bill-anders-recalls-the-first)

“John F. Kennedy Moon Speech—Rice Stadium.” September 12, 1962. (https://er.jsc.nasa.gov/seh/ricetalk.htm)

Sagan, Carl, “Pale Blue Dot: A Vision of the Human Future in Space,” Random House, 1994.

後記

Smithberger, Mandy, and William Hartung. “Demilitarizing Our Democracy.” TomDispatch. January 28, 2021. (https://tomdispatch.com/demilitarizing-our-democracy/)

Public Citizen. “If you’re spending ...” @Public_Citizen Tweet. Twitter. January 7, 2021. 1:29 pm. (https://twitter.com/public_citizen/status/1347248913464532992?lang=en)

NEXT 322

挑戰引力：我如何改革 NASA、開啟太空新時代

Escaping Gravity: My Quest to Transform NASA and Launch a New Space Age

作者　洛瑞・加弗（Lori Garver）
譯者　葉文欽
資深編輯　張擎
責任企劃　林欣梅
封面設計　木木 Lin
內頁排版　張靜怡
人文線主編　王育涵
總編輯　胡金倫
董事長　趙政岷
出版者　時報文化出版企業股份有限公司
108019 臺北市和平西路三段 240 號 7 樓
發行專線｜ 02-2306-6842
讀者服務專線｜ 0800-231-705 ｜ 02-2304-7103
讀者服務傳真｜ 02-2302-7844
郵撥｜ 1934-4724 時報文化出版公司
信箱｜ 10899 臺北華江橋郵局第 99 信箱
時報悅讀網　www.readingtimes.com.tw
人文科學線臉書　http://www.facebook.com/humanities.science
法律顧問　理律法律事務所｜陳長文律師、李念祖律師
印刷　勁達印刷有限公司
初版一刷　2024 年 7 月 19 日
定價　新臺幣 660 元

時報文化出版公司成立於一九七五年，並於一九九九年股票上櫃公開發行，於二〇〇八年脫離中時集團非屬旺中，以「尊重智慧與創意的文化事業」為信念。

ISBN 978-626-396-298-9 ｜ Printed in Taiwan

挑戰引力：我如何改革 NASA、開啟太空新時代／洛瑞・加弗（Lori Garver）著；葉文欽譯 .
-- 初版 . -- 臺北市：時報文化出版企業股份有限公司，2024.07 ｜ 512 面；14.8×21 公分 .
譯自：Escaping Gravity: My Quest to Transform NASA and Launch a New Space Age
ISBN 978-626-396-298-9（平裝）｜ 1. CST：加弗（Garver, Lori, 1961-）2. CST：美國國家航空暨太空總署
3. CST：回憶錄 4. CST：航太業 5. CST：航空工程｜ 785.28 ｜ 113006775